本书为中央高校面上项目"新时代重大法治问题研究"（2019CDSKXYFX0040）成果

重大法学文库

电动汽车及车联网业务政策法律问题研究

Research on Policy and Legal Issues of
Electric Vehicle and Vehicle Network Operation

胡德胜　王江　著

中国社会科学出版社

图书在版编目(CIP)数据

电动汽车及车联网业务政策法律问题研究 / 胡德胜，王江著 . —北京：中国社会科学出版社，2020.12

（重大法学文库）

ISBN 978-7-5203-7315-9

Ⅰ.①电… Ⅱ.①胡…②王… Ⅲ.①电动汽车—汽车工业—产业政策—研究—中国②电动汽车—汽车工业—法规—研究—中国 Ⅳ.①F426.471②D922.294

中国版本图书馆 CIP 数据核字（2020）第 192553 号

出 版 人	赵剑英
责任编辑	梁剑琴
责任校对	季　静
责任印制	郝美娜

出　　版		中国社会科学出版社
社　　址		北京鼓楼西大街甲 158 号
邮　　编		100720
网　　址		http://www.csspw.cn
发 行 部		010-84083685
门 市 部		010-84029450
经　　销		新华书店及其他书店

印　　刷		北京君升印刷有限公司
装　　订		廊坊市广阳区广增装订厂
版　　次		2020 年 12 月第 1 版
印　　次		2020 年 12 月第 1 次印刷

开　　本		710×1000　1/16
印　　张		15.5
插　　页		2
字　　数		260 千字
定　　价		88.00 元

凡购买中国社会科学出版社图书，如有质量问题请与本社营销中心联系调换
电话：010-84083683
版权所有　侵权必究

《重大法学文库》编委会

顾　问：陈德敏　陈忠林
主　任：黄锡生
副主任：张　舫
成　员：黄锡生　刘西蓉　秦　鹏　张　舫
　　　　王本存　程燎原　陈伯礼　胡光志
　　　　曾文革　齐爱民　宋宗宇　杨春平
　　　　张晓蓓　焦艳鹏　张　燕

出版寄语

《重大法学文库》是在重庆大学法学院恢复成立十周年之际隆重面世的，首批于2012年6月推出了10部著作，约请重庆大学出版社编辑发行。2015年6月在追思纪念重庆大学法学院创建七十年时推出了第二批12部著作，约请法律出版社编辑发行。本次为第三批，推出了20本著作，约请中国社会科学出版社编辑发行。作为改革开放以来重庆大学法学教学及学科建设的亲历者，我应邀结合本丛书一、二批的作序感言，在此寄语表达对第三批丛书出版的祝贺和期许之意。

随着本套丛书的逐本翻开，蕴于文字中的法学研究思想花蕾徐徐展现在我们面前。它是近年来重庆大学法学学者治学的心血与奉献的累累成果之一。或许学界的评价会智者见智，但对我们而言，仍是辛勤劳作、潜心探求的学术结晶，依然值得珍视。

掩卷回眸，再次审视重大法学学科发展与水平提升的历程，油然而生的依然是"映日荷花别样红"的浓浓感怀。

1945年抗日战争刚胜利之际，当时的国立重庆大学即成立了法学院。新中国成立之后的1952年院系调整期间，重庆大学法学院教师服从调配，成为创建西南政法学院的骨干师资力量。其后的40余年时间内，重庆大学法学专业和师资几乎为空白。

在1976年结束"文化大革命"并经过拨乱反正，国家进入了以经济建设为中心的改革开放新时期，我校于1983年在经济管理学科中首先开设了"经济法"课程，这成为我校法学学科的新发端。

1995年，经学校筹备申请并获得教育部批准，重庆大学正式开设了经济法学本科专业并开始招生；1998年教育部新颁布的专业目录将多个部门法学专业统一为"法学"本科专业名称至今。

1999年我校即申报"环境与资源保护法学"硕士点，并于2001年获准设立并招生，这是我校历史上第一个可以培养硕士的法学学科。

值得特别强调的是，在校领导班子正确决策和法学界同人大力支持下，经过校内法学专业教师们近三年的筹备，重庆大学于2002年6月16日恢复成立了法学院，并提出了立足校情求实开拓的近中期办院目标和发展规划。这为重庆大学法学学科奠定了坚实根基和发展土壤，具有我校法学学科建设的里程碑意义。

2005年，我校适应国家经济社会发展与生态文明建设的需求，积极申报"环境与资源保护法学"博士学位授权点，成功获得国务院学位委员会批准。为此成就了如下第一：西部十二个省区市中当批次唯一申报成功的法学博士点；西部十二个省区市中第一个环境资源法博士学科；重庆大学博士学科中首次有了法学门类。

正是有以上的学术积淀和基础，随着重庆大学"985工程"建设的推进，2010年我校获准设立法学一级学科博士点，除已设立的环境与资源保护法学二级学科外，随即逐步开始在法学理论、宪法与行政法学、刑法学、民商法学、经济法学、国际法学、刑事诉讼法学、知识产权法学、法律史学等二级学科领域持续培养博士研究生。

抚今追昔，近二十年来，重庆大学法学学者心无旁骛地潜心教书育人，脚踏实地地钻研探索、团结互助、艰辛创业的桩桩场景和教学科研的累累硕果，仍然历历在目。它正孕育形成重大法学人的治学精神与求学风气，鼓舞和感召着一代又一代莘莘学子坚定地向前跋涉，去创造更多的闪光业绩。

眺望未来，重庆大学法学学者正在中国全面推进依法治国的时代使命召唤下，投身其中，锐意改革，持续创新，用智慧和汗水谱写努力创建一流法学学科、一流法学院的辉煌乐章，为培养高素质法律法学人才，建设社会主义法治国家继续踏实奋斗和奉献。

随着岁月流逝，本套丛书的幽幽书香会逐渐淡去，但是它承载的重庆大学法学学者的思想结晶会持续发光、完善和拓展开去，化作中国法学前进路上又一轮坚固的铺路石。

陈德敏
2017年4月

目 录

第一章 绪论 ……………………………………………………………（1）
  第一节 电动汽车及车联网发展的内核技术 ……………………（1）
    一 泛在电力物联网 …………………………………………（1）
    二 5G 技术与车联网 …………………………………………（4）
    三 自动驾驶 …………………………………………………（8）
    四 区块链 ……………………………………………………（19）
  第二节 电动汽车及车联网发展的外部条件 ……………………（24）
    一 政策支持 …………………………………………………（26）
    二 经济前提 …………………………………………………（29）
    三 社会环境 …………………………………………………（30）
    四 技术支撑 …………………………………………………（32）

第二章 电动汽车产业政策法律的域外管窥 …………………………（33）
  第一节 欧盟的电动汽车产业政策法律 …………………………（33）
    一 欧盟电动汽车产业政策法律梳理 ………………………（33）
    二 欧盟电动汽车产业政策法律解析 ………………………（37）
  第二节 碳排放引导下的英国充电基础设施政策 ………………（39）
    一 工作场所充电补助计划 …………………………………（41）
    二 家庭充电补助计划 ………………………………………（43）
    三 出租车充电补助计划 ……………………………………（44）
  第三节 美国的电动汽车产业政策法律 …………………………（44）
    一 美国电动汽车产业政策法律的发展沿革 ………………（44）
    二 美国电动汽车产业政策法律缕析 ………………………（45）

第三章 电动汽车"充电模式"与"换电模式"的政策法律问题 (48)

第一节 "充电模式"与"换电模式"的对象限缩 (48)
一 纯电动汽车的行业界定 (49)
二 纯电动汽车的发展概况 (49)

第二节 "充电模式"与"换电模式"的政策演进 (50)
一 政策制定的理论基础 (51)
二 政策演进的阶段性回溯 (52)

第三节 "充电模式"与"换电模式"的政策缕析 (54)
一 政策文本筛选 (54)
二 关键内容分析 (61)

第四节 电动汽车"充电模式"与"换电模式"的政策研判 (64)
一 "充电模式"与"换电模式"发展政策的顶层设计 (64)
二 "充电模式"与"换电模式"政策发展的现实基础 (68)
三 "充电模式"与"换电模式"的商业模式及其固定 (68)
四 "充电模式"与"换电模式"发展政策的制度补缺 (69)

第四章 充电基础设施的法律属性及其保护问题 (72)

第一节 充电基础设施的基本认识 (72)

第二节 充电基础设施的法律属性 (73)
一 充电桩的法律属性 (77)
二 充电站的法律属性分析 (79)
三 换电站的法律属性 (82)

第三节 充电基础设施的法律保护 (84)
一 明确充电基础设施的保护主体 (84)
二 确定充电基础设施的保护范围 (86)
三 缕清保护充电基础设施的法律责任 (87)
四 完善《电力设施保护条例》 (91)

第五章 充电基础设施的特许经营问题 (93)

第一节 特许经营的背景 (93)
一 特许经营的产生与发展 (93)
二 特许经营的理论基础 (95)

三　我国特许经营的适用领域 …………………………（97）
第二节　充电基础设施特许经营的基本认识 ………………（99）
一　充电基础设施特许经营的概念 …………………（99）
二　充电基础设施的法律界定 ………………………（100）
第三节　我国充电基础设施特许经营的发展概况及其政策
法律 ……………………………………………………（105）
一　实施充电基础设施特许经营的概况 ……………（105）
二　中央层面特许经营的政策法律 …………………（108）
三　地方层面充电基础设施特许经营的相关政策法律 ………（112）
四　充电基础设施特许经营的发展展望 ……………（115）
第四节　我国充电基础设施特许经营的现实图景 …………（117）
一　充电基础设施特许经营的地方实践 ……………（117）
二　充电基础设施特许经营的多重影响 ……………（118）
第五节　促进充电基础设施发展的法制建议 ………………（121）
一　禁止新设特许经营 ………………………………（121）
二　积极探索其他方式 ………………………………（122）
三　落实相关主体责任 ………………………………（124）
四　完善项目监管体制 ………………………………（125）

第六章　充电基础设施的互联互通问题 ……………………（128）
第一节　充电基础设施互联互通的基本认知 ………………（128）
一　充电基础设施互联互通的概念 …………………（128）
二　充电基础设施互联互通的类型 …………………（128）
三　充电基础设施互联互通的价值 …………………（129）
第二节　充电基础设施互联互通的多重障碍 ………………（129）
一　充电接口的检测机制不明确 ……………………（129）
二　数据开放的风险管控不完善 ……………………（130）
三　充电平台的建设部门不统一 ……………………（130）
四　陈旧设施的改造升级成本高 ……………………（131）
第三节　推进充电基础设施互联互通的基本思路 …………（131）
一　加强充电互联互通顶层设计 ……………………（131）
二　构建充电互联互通技术支撑体系 ………………（132）
三　健全充电互联互通的风险管控体系 ……………（132）

四　完善充电互联互通保障措施…………………………（133）
　第四节　充电基础设施互联互通所涉的法律问题…………（133）
　　一　用户信息安全保护………………………………………（134）
　　二　商业秘密保护……………………………………………（138）
　　三　知识产权保护……………………………………………（148）

第七章　随车配建充电设施的法律问题………………………（152）
　第一节　随车配建充电设施的发展现状……………………（152）
　第二节　随车配建充电桩的法律制度………………………（153）
　　一　随车配建充电桩的规划制度……………………………（153）
　　二　随车配建充电桩的扶持制度……………………………（154）
　第三节　随车配建充电桩的现时困境………………………（155）
　　一　客观层面的困难…………………………………………（156）
　　二　主观层面的障碍…………………………………………（157）
　第四节　推进随车配建充电设施建设的举措………………（158）
　　一　推广以物业公司为主导的共享充电设施建设商业模式……（159）
　　二　对物业公司设定强制性义务……………………………（159）
　　三　填补老旧小区供电能力改造资金缺口…………………（160）

第八章　"车补"改"电补"的法律问题………………………（162）
　第一节　"车补"改"电补"的基本情况……………………（162）
　　一　电动汽车推广应用的补贴政策梳理……………………（162）
　　二　"车补"改"电补"的过程与重点………………………（165）
　　三　"车补"改"电补"的进阶解读…………………………（168）
　第二节　"车补"改"电补"存在的政策缺失………………（169）
　　一　政策的衔接性不足………………………………………（169）
　　二　政策落地有待推进………………………………………（170）
　第三节　"车补"改"电补"的制度展望……………………（170）
　　一　企业需积极构建内部新体系……………………………（170）
　　二　监管部门需完善相关政策法规…………………………（170）

第九章　"车—桩—网"集群智能系统建设的法律问题………（172）
　第一节　"车—桩—网"集群智能系统建设现状……………（173）
　　一　电动汽车充电对电网的影响……………………………（175）

二　充电基础设施对电网的影响 …………………………………（176）
　三　微电网对电网的影响 …………………………………………（177）
第二节　"车—桩—网"集群智能系统建设的政策支持 ………（178）
　一　政策文件的梳理 ………………………………………………（178）
　二　产业实践的回应 ………………………………………………（181）
第三节　建设"车—桩—网"集群智能系统面临的多样问题 …（184）
　一　现行政策法律规范零散 ………………………………………（185）
　二　V2G 互动成本高 ……………………………………………（185）
　三　电动汽车动力电池衰减 ………………………………………（186）
　四　消费者参与意愿低 ……………………………………………（186）
第四节　"车—桩—网"集群智能建设的因应举措 ………………（187）
　一　引导用户参与有序充电 ………………………………………（187）
　二　提升动力电池储能技术 ………………………………………（188）
　三　完善电价引导机制 ……………………………………………（189）
　四　推动微电网与电网的兼容发展 ………………………………（190）

附录　美国电动汽车产业政策法律的主要内容 ………………（191）
　一　2007 年 ………………………………………………………（191）
　二　2009 年 ………………………………………………………（191）
　三　2010 年 ………………………………………………………（193）
　四　2011 年 ………………………………………………………（195）
　五　2012 年 ………………………………………………………（216）
　六　2014 年 ………………………………………………………（216）
　七　2015 年 ………………………………………………………（217）
　八　2016 年 ………………………………………………………（219）
　九　2017 年 ………………………………………………………（220）
　十　2018 年 ………………………………………………………（221）
　十一　2019 年 ……………………………………………………（222）

参考文献 …………………………………………………………（229）

后记 ………………………………………………………………（234）

第一章

绪　　论

第一节　电动汽车及车联网发展的内核技术

一　泛在电力物联网

（一）泛在电力物联网的概念认知

"泛在电力物联网"这一名词首次出现于国家电网公司2019年年会报告中。国家电网公司提出建设世界一流能源互联网企业的重要物质基础是建设运营好"两网"，即"坚强智能电网"和"泛在电力物联网"。国家电网公司《泛在电力物联网建设大纲》规定："泛在物联"是指任何时间、任何地点、任何人、任何物之间的信息连接和交互。而泛在电力物联网是泛在物联网在电力行业的具体表现形式和应用落地。从以上表述来看，泛在电力物联网存在"泛在"和"电力物联网"两种属性。[1]"泛在"即广泛存在的网络，出自信息领域的泛在网，以实现在任何时间、任何地点、任何人、任何物都能顺畅通信为目标。"电力物联网"不同于"泛在电力物联网"，电力物联网具有明显的行业边界，其内部虽然全面感知、四通八达，但在与电力系统外部的联系上却有着很大的局限性。所以电力物联网只是泛在电力物联网得以实现的技术保障，是"实现电力系

---

[1] 孟祥甫、郭志华、芮光辉、薛晓慧：《关于泛在电力物联网二重性的探讨》，《青海电力》2019年第2期。

统各个环节万物互联、人机交互、打造状态全面感知、信息高效处理、应用便捷灵活的泛在电力物联网"的基础及核心。泛在电力物联网是充分利用大数据、云计算、物联网、移动互联、人工智能、区块链、边缘计算等现代信息技术,并将先进通信技术电力用户及其设备、电网企业及其设备、发电企业及其设备、电工装备企业及其设备连接起来,通过信息广泛交互和充分共享,以数字化管理大幅度提高电力生产、消费以及相关装备制造的安全、质量、先进和效率水平。

（二）泛在电力物联网的关键技术

智能传感及智能终端、一体化通信网络、人工智能等核心技术的进步既是建设泛在电力物联网的必要前提,也是泛在电力物联网建设能取得切实成效的关键技术。

1. 智能传感及智能终端技术

一方面,要精准、更全面地掌握和控制电力设备及其系统的运行,需要研发新的智能传感技术以提升电力设备的可靠性、稳定性,为系统决策及调控提供大数据支撑。另一方面,泛在电力物联网的"泛在"属性会使得电力物联网终端趋于功能的单一化,需要强化边缘计算、物联代理等智能终端技术,实现终端间的协同合作。例如,利用边缘计算的智能分析能力来提升泛在电力物联网对边缘侧数据的处理能力,从而提升系统的响应速度。

2. 一体化通信技术

泛在电力物联网网络构架要求多种网络协议和通信模式的融合,即一体化通信和信息交互,以此来满足广泛覆盖、大数据连接的新需求。目前传统的网络结构已不能适应泛在电力物联网的全面发展,卫星通信等技术成为泛在电力通信网络建设的有力支撑。但是,由于目前的卫星通信连接技术发展还有不足,在一定程度上制约着其在电网中的广泛应用。新协议技术与其他技术融合后形成的一体化通信技术,可以有效促进泛在电力物联网的大数据采集及传输,为泛在电力物联网建设提供技术支撑。

3. 5G 技术及物联网平台

5G 技术具有低延时、高传输的特性,是实现电力设备与不同用户之间零等待泛在连接的最有效技术手段。一方面,5G 技术提供的多样化、差异化的用户接入及服务能在很大程度上满足泛在电力物联网多业务全场景的应用需要。[①] 如当出现电力应急抢救等特殊场景时，基于5G无线通信技术的超高清视频传输就为终端人员进行及时的可视化应急指挥提供网络基础。另一方面，将庞大的电力系统数据与一体化平台连接，将大幅度提升电力信息的实际利用率和相关操作的有效性。总体而言，5G技术可为一体化数据平台提供较好的云端计算及大数据处理，并能够针对电力系统出现的各种故障类问题开展有效的智能诊断。如移动OneNET和"天工"物联网平台等的应用操作。[②]

(三) 发展泛在电力物联网所面临的挑战

1. 网络安全

在电力与能源领域，网络安全问题是重中之重。近年来，对物联网本身以及利用物联网进行网络攻击的事件频频发生。如乌克兰停电事件、美国IOT网络攻击事件等。泛在电力物联网互联互通性强的特点在客观上成为网络攻击的有利条件。具体而言，一是增加了可攻击的路径。无线专网、卫星网络、5G、NB-IOT等网络通信技术的广泛应用，虽然有利于降低终端接入成本，但也多样化了网络攻击的路径。二是智能网络安全漏洞增多。智能终端采用的操作系统、嵌入式设备、芯片等的差异，以及通信协议、规约和接口实现方式的差别，均增大了安全漏洞出现的概率，全面修复系统安全漏洞的难度也会随之增大。三是网络安全的暴露面较大。海量终端及网络接口，将会被部署到用户侧和各级系统节点，这会使恶意攻击者从物理上可接触的点增多，并且这些点很难被全面、及时地进行监控。[③]

2. 业务壁垒

实践中，电网企业下属的各个部门都有相对独立的运行系统和条块分割的单独业务，如何打破各部门以及各业务之间的壁垒，共享数据信息，最终实现运行、维修、营销和财务等业务信息在多部门之间实现共享，这是泛在电力物联网发展面临的另一个重要难题。

[①] 杨挺、翟峰、赵英杰、盆海波：《泛在电力物联网释义与研究展望》，《电力系统自动化》2019年第13期。

[②] 邓学飞、刘洪华：《探索泛电力物联网的关键技术与应用》，《中国科技纵横》2019年第15期。

[③] 许勇刚：《让泛在电力物联网安全落地》，《国家电网》2019年第6期。

3. 商业运营模式

目前，我国电力系统的商业运营模式较为单一，主要是以电网为主体提供电力服务，并进行统一调配、统一调度和试点运行。这样的运行方式在某种程度上既不利于我国电力系统业务的增长和发展，也不能满足电力用户参与电网运行的现实需求，还不适应我国电力市场的快速发展。因此，对我国电网而言，当前急需一种在现有电力服务的基础上，能够得到法律法规的保护，并联动我国电价政策补偿和税收优惠政策的，可以跨部门跨行业的新型商业运营模式。①

二 5G 技术与车联网

(一) 车联网发展中的网络技术

中国信息通信研究院在 2017 年发布的《车联网网络安全白皮书》中指出："车联网是由人员、车辆、道路、通信和服务平台五个要素构成，借助新一代信息和通信技术，可实现车辆与车辆、车辆与道路、车辆与行人、车辆与服务平台的全面网络连接，提升汽车智能化水平和自动驾驶能力，构建新的汽车和交通服务格局，提高交通效率，改善汽车驾乘体验，为用户提供智能、安全、高效的综合服务。"② 车联网系统中主要涵盖传感器技术、车载智能终端平台、人机交互技术、网络通信及应用技术、大数据与云计算技术、车辆定位技术和信息安全技术等关键技术。其中，网络通信技术是车联网发展中的核心技术。网络通信技术包括近距离无线通信技术和远距离移动通信技术。近距离无线通信技术主要有射频识别技术（RFID）、蓝牙技术、WiFi 等；远距离移动通信技术主要有 GPRS 无线通信技术、3G、LTE、4G 以及 5G 等通信技术。③

相较而言，5G 具有低延时、高可靠等优势，5G 技术的推广将加速车联网技术的高速发展。5G 在车联网中的应用可以通过下述三种技术手段得以实现：

一是 V2X（Vehicle to Everything）通信技术。它是智能网联汽车与外

---

① 陈伟彬：《泛在电力物联网基本概念及当前建设中面临的挑战》，《科技创新导报》2019 年第 11 期。

② 中国信息通信研究院：《车联网网络安全白皮书》，2017 年 9 月 21 日。

③ 井骁：《浅析车联网技术与应用》，《上海汽车》2019 年第 4 期。

界进行信息交互以及未来自动驾驶和智能交通运输系统中的基础和关键技术。该技术能突破物理死角并跨越障碍物,实现与其他设施和车辆的远距离信息交互,达到共享实时状态。[1] V2X 包括车与车之间（Vehicle to Vehicle，V2V）、车与路之间（Vehicle to Infrastructure，V2I）、车与人之间（Vehicle to Pedestrian，V2P）、车与网络之间（Vehicle to Network，V2N），共四种信息交互模式。

二是 DSRC（Dedicated Short Range Communication，DSRC）通信技术。DSRC 是一种高效的无线通信技术,它可以实现特定小区域内（通常为数十米）高速运动下的移动目标识别和双向通信。例如车辆的"车—路""车—车"双向通信。通过实时传输图像、语音和数据信息,将车辆和道路有机连接。

为了给汽车提供通信能力,美国在 1999 年已经分配了汽车通信的专用频谱,并基于 IEEE 802.11 协议增加了低时延等特性,完成了专用短距离通信标准的建设。实践表明,DSRC 技术在智能交通系统中的应用,极大地提高了交通出行效率。一方面在车与路之间连接顺畅的情况下,可以根据路况实时提供优化的驾驶路线,并有利于缓解交通压力。另一方面,建立车—车之间的顺畅连接,可以提示车与车之间的安全距离,为提前预警通行前方事故,提高交通安全系数提供了保证。

三是 LTE-V 技术。LTE-V 是基于第四代移动通信技术的扩展技术,是专门为车辆与车辆之间通信协议设立的 V2X 标准。LTE-V 对车辆主动安全应用通信技术的方案进行了重点优化,在帧结构、最大发射功率降低、拥塞控制、信息安全机制等方面取得了较大的突破,优化了系统性能,并通过仿真测试进行了技术验证。以 LTE-V 技术为基础设计形成的基站参与调度的 D2D 通信方案,形成了支持自组织和基站调度两种调度模式下的全场景通信技术方案,可以满足智能交通多样化的应用需求。结合蜂窝和直通技术,可以全面支持行车安全、交通效率、信息娱乐等各种业务形态。调研发现,目前,国内部分智能网联汽车示范区探索了 LTE-V 技术的应用示范,也正在通过部署相关的设备和设施,推动 LTE-V 技术在典型应用场景中的测试工作,客观上推进了技术发展进程。

---

[1] 李俨、曹一卿、陈书平、杜志敏、邱虹、高路、韩斌：《5G 与车联网》,电子工业出版社 2019 年版。

（二）5G 技术与车联网融合发展的历史机遇

1. 5G 技术的快速发展

与 4G 相比，5G 在实际应用过程中表现出更强的性能。理论上 5G 的传输速度每秒钟能够达到数 10GB，是 4G 的数百倍。随着 5G 时代的日益来临，车联网将是 5G 应用的主要场景，5G 的技术优势也为智能网联汽车实现规模化商用提供了强大的重要技术支撑。

5G 技术的优势主要体现在以下几个方面：

其一，5G 融合了认知无线电、大规模 MIMO、全双工通信等一系列新兴技术，具备数据传输速率快、网络覆盖广的优势，因而 5G 车联网可以实现多实体间的信息交互、车载单元（OBU）的多网接入以及车内网、车际网和车载移动互联网的"三网融合"。[①]

其二，5G 将时延降低至毫秒级，减轻了车联网节点之间相互切换压力，节点之间能够进行高质量的无缝切换使连接性能更好，同时可满足自动驾驶的技术要求。

其三，在网络承载能力方面。5G 具备超大带宽和超大连接的能力。基于 5G 技术的强大支撑，车联网可实现负载均衡，使用户获得适宜的频谱并可持续提高用户体验水平。此外，5G 的超大带宽可以为用户提供高质量通信，减少环境干扰，降低因通信距离过长而导致终端间连接中断的可能性，并能够很好地适应速度更快的车辆的通信需求。

其四，5G 技术支撑下的车联网可利用 5G 基站实现其与互联网的连接，并借助 5G 基站的中继功能和大规模的天线阵列及部署范围，为用户提供比 GPS 更加精准的车辆定位，并可有效克服 GPS 系统易受天气影响、网络脆弱等缺点。

其五，5G 技术与车联网相结合，可进一步提升自动驾驶的性能，降低单车部署传感器的成本，减少对高精度传感器的依赖，提高自动驾驶的安全性。

2. 车联网发展的政策利好

目前，我国已将发展车联网作为"互联网+"和人工智能在实体经济中应用的重要方面，并将智能网联汽车定为汽车产业重点转型攻克的方向

---

① 张登银、张敏、丁飞：《面向 5G 车联网连通性关键理论综述》，《南京邮电大学学报》（自然科学版）2018 年第 1 期。

之一。在 2015 年 5 月发布的《中国制造 2025》和 2015 年 7 月发布的《关于积极推进"互联网+"行动的指导意见》以及 2017 年 7 月发布的《关于印发新一代人工智能发展规划的通知》等重要文件中，均提出了要大力发展车联网。在国家发改委发布的《智能汽车创新发展战略》中更是确定了未来车联网发展的目标，即计划到 2025 年，5G-V2X 技术应用能基本满足智能汽车发展的需要。

2018 年 6 月，工信部与国家标准委联合印发了《国家车联网产业标准体系建设指南（总体要求）》《国家车联网产业标准体系建设指南（信息通信）》和《国家车联网产业标准体系建设指南（电子产品和服务）》等一系列文件，确定到 2020 年，基本建成国家车联网产业标准体系。《国家车联网产业标准体系建设指南》将规范车联网产业发展，为车联网产业链确定锚点，营造有利于车联网企业发展的政策环境，以利于抢占车辆网未来发展的制高点。通过调研预计，在 5G 移动通信基础设施建设、汽车电子普及和电动汽车快速发展三大基础之上，车联网市场的爆发性发展会是确定性机遇，可以带动以上述三大板块为基础的全产业链实现高速增长。

调研表明，我国已通过试点和示范区建设的方式，验证 5G 车联网的可行性。基于在汽车制造、通信与信息以及道路基础设施建设等领域的发展积累，我国已经初步形成了覆盖 LTE-V2X 系统、芯片、终端的产业链。工信部、交通部也从车联网、车路协同方面积极推进国家示范区建设。此外，我国还积极参与了国际 5G 通信标准的制定、进一步扩大了宽带网络和高速公路网规模，并借助北斗导航卫星服务进行实际应用探索，从多个方面夯实了推动 5G-V2X 发展的基础，也为相关技术和车联网产业的未来发展奠定了坚实的基础。

（三）5G 时代车联网发展面临的挑战

国内外大型汽车厂商、互联网公司，包括奔驰、谷歌、大众、通用、百度、上汽等，已经敏锐地察觉到 5G 车联网的巨大商机，纷纷加大对自动驾驶技术的研发投入。罗德与施瓦茨、华为在慕尼黑和上海分别测试了 5G-V2X 在远程自动驾驶控制和车辆编队的高效管理上的性能，测试结果表明，5G 车联网可以实现毫秒级别的延迟。国内各通信运营商也已着手 5G 车联网的部署。例如，中国移动在 2019 年首届 5G 自动驾驶峰会上，设立了第一条 5G 自动驾驶车辆测试道路、创建了 5G 自动驾驶联盟并发布了领先计划，推出了中国移动"和路通"智能 ETC 项目。中国电信重庆公司、大唐移动和中国汽研三家企业共同推进5G车联网产业的发展，并在2019年实现了基于5G网络的自动驾驶落地示范应用。尽管5G车联网试验和发展已经取得了一些实在的成果，但由于5G车联网体系结构和产业链的复杂性，其未来发展仍存在诸多挑战。[①]

调研表明，当前，基于5G技术的车联网发展的痛点问题主要体现在以下几个方面：

一是汽车行业内的规范标准尚未统一。由于车联网跨行业和跨领域的发展，其产品还处于待完善阶段。当前，在实践层面主要以试验和小规模应用为主，标准体系的建立还需要国家政府部门、行业协会与学会、企业之通过间积极合作与协力攻关予以解决。

二是车联网的关键技术有待突破。现阶段，高端传感器、数据融合技术、车载操作系统、LTE-V和5G通信技术等都属于产业链的高端，依赖于关键技术取得突破，这就需要政府和产业参与主体能提前做好技术布局，加快核心技术研发，持续提升技术创新力度。

三是交通基础设施建设有待同步加强。车联网的发展需要相应交通基础设施的改造和升级。例如配备路侧单元、基站、红绿灯等，此外，还需要政府大力推进智能网联示范区的建设进程。

四是信息安全方面还有较多隐患。除了其自身安全防护系统外，数据安全和用户隐私保护、安全管理制度等方面也存在较大风险。例如，通过对交通系统的破坏来扰乱交通信号，以及各种用户信息的泄露等。总体来看，信息安全管理问题尚待在法制和技术两个层面有所突破。

五是商业运营模式尚不明晰。国内车联网的商业模式还处于既要有用户规模又必须要有盈利模式的纠结状态。这就需要行业内先摸索出清晰的商业模式，政府通过出台政策、法规的方式，使商业模式得到制度层面的保障，进而从产业层面推动车联网技术的快速发展，以满足消费者日益增长的基于车联网及其周边产品和服务的消费需求。

三 自动驾驶

（一）自动驾驶汽车

2018年，工信部、公安部、交通部发布了《智能网联汽车道路测试

---

① 顾文琰：《5G时代车联网发展的机遇与挑战》，《科技视界》2019年第19期。

管理规范（试行）》，将智能网联汽车、智能汽车、自动驾驶汽车的道路测试纳入统一的规范监管之下。事实上，根据行业内部的普遍共识，智能网联汽车、智能汽车、自动驾驶汽车意指同一概念，具体是指，搭载先进的传感器、控制器、执行器等装置，并融合现代通信与网络技术，实现车与人、车、路、云端等智能信息交换、共享，具备复杂环境感知、智能决策、协同调控等功能，可安全、高效、舒适、节能行驶，并最终可实现替代人来操作的新一代汽车。

（二）自动驾驶技术等级标准

目前，自动驾驶的等级划分标准主要有两种。一是由美国交通部下属的国家高速路管理局（NHSTA）所制定，二是由国际汽车工程师协会（SEA International）所制定。相较而言，后者更受全球汽车生产商及研发机构承认，并被广泛地应用于指导实际生产和技术研发。我国学界和相关产业均认可并接受国际汽车工程师协会制定的标准。

具体来看，国际汽车工程师协会将自动驾驶技术分成 L0—L5 共六个等级：

L0 代表没有任何自动驾驶因素加入的传统人类驾驶。汽车仅能就时速、车前距、盲区等做出预警并发出警告。L0 等级的汽车只能在某个特定时间点起作用，驾驶者仍然需要全程驾驶。

L1 是能够自动加速或实现转向辅助驾驶。这是当前较为常见的自动辅助驾驶。例如，自适应巡航、停车辅助或车道偏离修正都属于这一阶段的常见功能，重点在于这些功能并不能同时进行。

L2 能自动制动并实现转向辅助驾驶。L2 等级的自动驾驶功能和 L1 级类似，不同之处在于其多种功能能够同时进行，实现同步协同。

L3 阶段的自动驾驶是指系统能自动做出所有驾驶操作，可以观察如行人、信号灯、路边状况等路况，并能做出正确决策，只不过系统的介入请求仍需驾驶者提供应答。也就是说，L3 阶段的自动驾驶使用存在限制条件。虽然可以做到在复杂路况、交通拥堵下实现自动驾驶，但在条件没有完全满足的情况下还是需要手动驾驶。通俗地讲，L3 级别意味着系统已经有了初步的"思考能力"，大部分时间是可以完全自动驾驶，只是需要人类"保驾护航"。

L4 与 L3 存在共同点，即使用仍然存在限制条件，但 L4 明显要比 L3 更加先进、更加成熟。即系统能够自动做出所有驾驶操作，自主决策并且不需要驾驶者提供应答，但仅限定于特定的行驶区域。这就意味着车辆可以完全自主上路，无须人类陪同，诸如方向盘、转向装置、油门及刹车等之类的装置也可以取消。

L5 是全域自动驾驶。车辆已经没有任何限制因素，其可以实现全地域、全天候的自动驾驶，可以熟练地应对地理、气候等环境的变化。毫无疑问，L5 是真正可以解放双手、解放人力的自动驾驶级别。

总体来看，L0—L2 可以根据自动驾驶程度的不同被归为第一大类，原因在于这三个等级拥有同一等级的共性，即汽车的驾驶者仍然是主要的"掌控者"和"决策者"，系统只是起着辅助作用，其并不适合复杂的路况，关键的道路判断以及操控指令必须由驾驶者来执行。因此，确切地说 L0—L2 等级的驾驶还不能被称为严格意义上的自动驾驶，其被称为"自动辅助驾驶"更为准确和妥当。L3—L5 这三个等级可被划归为第二大类，称得上是真正意义上的自动驾驶。其共同标志在于驾驶者已经变成"旁观者"。换言之，如果说在 L0—L2 阶段，即使驾驶者能有短暂时间让双手和双脚休息，但是视线依然不能离开前方，精神也需要保持高度紧张以便随时随地进行人工干预，那么在 L3—L5 阶段就完全无须驾驶者接管，从而实现真正的、完全的自动驾驶。

（三）自动驾驶智能网联汽车的核心技术

1. 三大关键技术

智能网联汽车包含了诸如车辆整体感知、驾驶辅助、车路协同等多种关键技术。总体来看，智能网联汽车应当具备以下三大功能，即摄像头和传感器能够代替驾驶者的眼睛和耳朵；执行系统可代替人的手脚；决策系统替代人的大脑。基于上述三大功能，自动驾驶关键技术就可分为以下三类，分别是环境感知技术、中央决策技术和底层控制技术。[1]

就环境感知技术而言，环境感知包括车辆本身状态感知、行人感知、信号感知、道路感知等。其主要是运用传感器融合等技术来获取车辆行驶中有关环境的有用信息，例如车流信息、行车标志信息、周边车辆时速信息和车道状况信息等。环境感知技术离不开相应的传感器，传感器将外界的各种信号转化成能够被识别的电信号。但单一传感器在复杂的路况和交

---

[1] 黄钰峰、高艺鹏：《我国智能网联汽车技术及测试现状分析》，《智能网联汽车》2019 年第 15 期。

通环境下无法完成全部的环境感知，所以必须整合各类型的传感器，其中，最重要的就是道路感知模块。该模块将先进的通信技术、信息传感技术、计算机控制技术结合起来系统利用，为自动驾驶汽车提供真实可靠的路况信息。

中央决策技术是自动驾驶汽车决策控制系统的核心。自动驾驶汽车决策控制系统，是指利用感知信息来进行决策判断，确定适当的工作模式以及制定相应控制策略，替代人类驾驶员做出驾驶决策。其技术功能在于给自动驾驶汽车下达相应的任务。例如，在车道保持、车道偏离预警、车距保持、障碍物警告等系统中，需要预测汽车与其他车辆、车道、行人等在未来一段时间内的状态。驾驶者在驾驶过程中所面临的路况与场景是多种多样的，且不同的驾驶者会对不同的情况作出不同的应对决策，因此，自动驾驶决策算法的优化需要非常完善且高效的人工智能模型以及大量的有效数据。

底层控制系统也叫执行系统，负责执行汽车的加速、转向等具体操作。其背后是一套均衡理论，即通过调动汽车的所有控制系统，将汽车的行驶状态始终控制在某种均衡状态。底层控制技术包括转向控制及制动控制。以其在纯电动汽车上的作用机理为例，当电机工作时，控制系统会根据车速传感器等反馈的数据与经过图像识别后与规划好的路径进行实时对比与调节。当遇到障碍物时，控制系统会根据车辆自身与障碍物的距离及位置关系给执行部件发布指令。例如，当前方汽车突然刹车，则可以通过减少电池的放电电流值，从而减小输出扭矩，也可以配合可控制动系统从而实现纵向上的减速。[①]

2. 关键技术

除上述自动驾驶的三大关键技术之外，自动驾驶汽车的发展还离不开其他先进技术的支撑。具体包括无线通信技术、高精度地图与定位技术、先进驾驶辅助技术、信息安全与隐私保护技术、智能互联技术、人机界面技术、信息融合技术、车载网络技术等。在上述技术种类中，驾驶辅助技术和车路协同技术既是自动驾驶汽车发展中的技术基础，也是目前亟须重点推进并实现技术突破的关键。

---

① 尚文军、盛军辉、龚岩松：《无人驾驶汽车图像识别与底层控制技术》，《电脑迷》2018年第3期。

就辅助驾驶技术而言，目前，我国智能网联汽车还处于初级阶段，以辅助驾驶为主，通过利用辅助驾驶系统（ADAS），已经实现了智能化辅助驾驶，并开始进入自动驾驶环节。简单来说，辅助驾驶系统就是在车辆遇到紧急情况时，在驾驶者主观反应前作出主动判断和预防措施，以达到预防和辅助的作用。辅助驾驶系统包括车道保持辅助系统、自动泊车辅助系统、刹车辅助系统、倒车辅助系统和行车辅助系统。车道辅助系统是对行驶时保持车道提供的支持，该系统是为在高速公路和条件良好的乡间公路上行驶而设计的，因此它约在车速高于 60 千米/小时才开始工作；自动泊车辅助系统是为了减少车后盲区所带来的危险。刹车辅助系统是指其传感器通过分辨驾驶员踩踏板的情况，识别并判断是否引入紧急刹车程序，由此该系统能立刻建立起最大的刹车压力，以达到可能的最高刹车效果，从而实现理想的制动效果；倒车辅助系统是以图像、声音的直观形式告知驾驶者与障碍物的相对位置，解除因后视镜存在盲区带来的困扰，从而为驾驶者泊车提供方便，消除安全隐患。

辅助驾驶系统的主要技术有以下三类：一是传感器技术，作为实现高级辅助技能的核心部件，传感器用来检测汽车状态，从而预知危险。其作为系统的"眼睛"，具有传递诉求和保证安全的作用，技术组成较为复杂，主要有摄像头、雷达、超声波、夜视传感器和 V2X。二是集成技术，其可以对汽车转向、制动进行集成，在安全且高配置的技术条件下，集成技术可以提升汽车安全性能。三是人机互动界面技术（HMI），这种技术是人工智能的重要体现，其需要将正确的车况信息及时传递给驾驶者，并且与车本身系统进行完全融合，良性的技术应用能够提升驾驶的安全性、舒适性以及便利性，进而起到优化驾驶体验的效果。[①]

3. 车路协同技术

车路协同，是指采用先进的无线通信和新一代互联网技术，全方位实施车与车、车与路动态实时信息交互，并在全时空动态交通通信信息采集与融合的基础上开展车辆主动安全控制和道路协同管理，充分实现人、车、路的有效协同，保证交通安全，提高通行效率，从而形成的安全、高

[①] 吉星、李维晋：《智能网联汽车技术应用与发展趋势》，《时代汽车》2019 年第 7 期。

效和环保的道路交通系统。①

  2019年6月，世界交通运输大会车路协同自动驾驶国际论坛上，中国公路学会自动驾驶工作委员会发布了《车路协同自动驾驶发展报告》，这是行业内首份系统介绍车路协同自动驾驶的报告。该报告阐述了车路协同技术的发展现状及未来发展方向，并提出了适合中国发展的车路协同自动驾驶的有关政策与建议。②

  首先，车路协同系统具有三个维度：一是实现车与车、车与人以及车与道路之间的信息交互共享即网络互联化；二是车联自动化，包含了不同程度的车辆自动化驾驶阶段；三是系统集成化，即考虑到车辆与道路供需之间的不同程度的分配协同。这三个维度共同构建了车路协同系统，可以安全高效地共同执行车辆道路环境感知、预测、决策以及控制功能。其次，车路协同自动驾驶需经历以下四个由低到高的发展阶段：第一阶段是信息交互，可实现车路之间的信息交互与共享，即道路可以在汽车还未到达路口前就知悉相关的路面信息；第二阶段是感知、预测和决策协同，在第一阶段的基础上可实现车路协同感知、预测和决策功能，尤其是在复杂的交通环境中能够帮助汽车做决策；第三阶段是控制协同，在前两个阶段的基础上可实现高级的车路协同控制功能，未来可以运用在公路、城市道路与普通轿车和大巴车等上；第四阶段即车路一体化，可以使车辆和道路实现全面协同，即实现车路协同感知、车路协同预测、车路协同决策以及车路协同控制等完整的系统功能。除上述提到的车路协同自动驾驶中的环境感知技术、融合与预测技术以及智能决策技术外，网络安全技术也同等重要，特别是当汽车的车载设备以无线方式与互联网或其他设备连接时随之产生的网络安全问题。

  针对自动驾驶的网联安全，世界各国都积极作出应对对策，例如，美国在2013年所制定了世界首部汽车智能网联信息安全标准（SAE J3061）；欧洲则从汽车、开放式信息平台与通信环境三个层面构建智能网联信息安全防护体系；在我国，交通运输部IDS标委会发布的《智能网联驾驶信息

---

 ① 清华大学新闻网：《交通运输总部工程师周海涛调研清华智能车路协同系统》，2014年9月22日（http：//news.tsinghua.edu.cn/publish/thunews/9649/2014/20140924160326470844646/20140924160326470844646_html）。

 ② 中国公路学会自动驾驶委员会：《车路协同自动发展报告》，2019年6月18日。

安全标准体系框架》，对自动驾驶车辆的网络安全从测试方法、安全标准等多个方面给出了明确具体的标准和规范。[1]

（四）自动驾驶汽车发展的现状与趋势

1. 国内发展现状

目前，我国智能网联汽车产业发展仍处于初级阶段。但在未来汽车产业发展趋向智能化、网联化、电动化、共享化的总体形势下，智能网联汽车将会成为汽车产业发展方向和战略的制高点，成为世界汽车产业发展协同创新的重要载体。

国内智能网联汽车发展的主体思路是以政策规定先行，开放道路实测，建设测试基地，推动汽车智能化网联化技术发展与产业应用。[2]

一方面，在国家政策层面，由工信部主导智能网联汽车技术标准、国家发改委主导发展战略协同，推进行业发展。通过发布《中国制造2025》《新一代人工智能发展规划》《中国汽车产业中长期发展规划（2016—2025年）》《智能汽车产业创新发展战略》《车联网（智能网联汽车）产业发展行动计划》等，从顶层设计、标准法规、技术突破、示范运行等各方面作出详细规划和安排。例如，2015年5月，国务院发布的《中国制造2025》中制定了智能网联汽车技术路线图，计划到2020年，初步形成以企业为主、市场为导向、政产学研用紧密结合、跨产业协同发展的智能网联汽车自主创新体系；到2025年，基本建成自主的智能网联汽车产业链与智慧交通体系。2018年，国家发改委发布《智能汽车创新发展战略（征求意见稿）》，提出了智能汽车的发展愿景，即到2020年，智能汽车新车占比达到50%；到2025年，中国标准智能汽车体系全面形成；到2035年，中国标准智能汽车享誉全球，率先建成智能汽车强国，全民共享"安全、高效、绿色、文明"的智能汽车社会。

另一方面，在工信部与发改委主导的政策标准下，各地普遍先行先试，积极开展道路测试示范。目前北京、上海、杭州、重庆等地已经开展示范应用研究基地。2015年6月由工信部批准的国内第一个智能网联汽

---

[1] 中国公路学会自动驾驶工作委员会：《车路协同自动驾驶发展趋势及建议》，《智能网联》2019年第4期。

[2] 徐树杰、丁田妹、杜志彬、黄晓延：《关于我国智能网联汽车发展若干建议》，《时代汽车》2019年第4期。

车试点示范应用落成于上海安亭;① 2016 年 1 月,北京首个智能汽车与智慧交通示范区建设项目启动,百度公司在示范区域内开展了无人驾驶测试工作。

此外,智能网联汽车示范应用牌照的颁发,被视为智能网联汽车从技术成熟向商业化、市场化跨出的坚实一步,意味着智能网联汽车将会逐渐进入市民生活。截至 2018 年年底,中美两国政府已向近百家企业发放了自动驾驶测试牌照;2019 年 9 月 16 日,在上海举行的世界智能网联汽车大会上,上汽、宝马、滴滴就获得了上海市有关部门颁发的智能网联汽车示范应用牌照。②

2. 国际发展现状

目前,全球主要发达国家已将智能网联作为未来汽车产品的战略发展方向,相继制定了详细的发展规划和产业政策,制定和修改了智能网联汽车的相关法规。

美国的交通创新一直处于领先地位,其在自动驾驶方面也颁布了许多政策法规。2016—2018 年,美国发布三项自动驾驶发展的政策,明确了美国发展自动驾驶的基本策略,即"不干预自动驾驶的技术路径选择,将关注点置于确保产业安全发展和消除既有制度对创新障碍"。2018 年 10 月,美国发布了《准备迎接未来交通:自动驾驶汽车 3.0》(*Preparing for the Future of Transportation:Automated Vehicles 3.0*),其中规定了美国未来自动驾驶汽车发展的六大原则和五项战略,为未来自动驾驶汽车的发展提供政策性指导。

欧盟、英国及荷兰也相继出台了相关政策法规。但是,欧洲其他国家暂未发布在自动驾驶汽车方面的重大政策法规。总的来看,相较美国在智能网联汽车发展中的激进态势,欧洲智能网联汽车的发展及相关政策法律均较为保守。2018 年 4 月,荷兰出台了《自动驾驶测试法(草案)》,英国于 2018 年 7 月制定了《电动与自动汽车法》,欧盟也在《阿姆斯特丹宣言》中为自动驾驶汽车发展绘制了蓝图,并于 2018 年 5 月发布了《通往自动化出行之路:欧盟未来出行战略》,要求 2020 年以后,乘用车搭载驾驶疲劳侦测系统、注意力分散侦测系统、紧急制动警示系统、自动车速

---

① 曹晓昂:《2017 年智能网联汽车产业盘点》,《汽车纵横》2018 年第 1 期。
② 刘回春:《自动驾驶智能网联汽车频频亮相》,《中国质量万里行》2019 年第 10 期。

控制系统与车道维持辅助系统等 11 款安全辅助系统，实现高速公路自动驾驶；2030 年完成自动驾驶进入社会的目标。

3. 发展趋势展望

就技术发展趋势来看，随着技术的不断发展，智能网联汽车技术将会逐步成为电动汽车行业发展的关键技术，在未来其技术的延展主要会有以下几个趋势：

一是关于 AI 技术的应用。[①] 目前，智能网联汽车正在加快脚步运用以"深度学习"方法为代表的 AI 技术，深度学习方法需要大量的数据，同时对采集和存储数据要求非常之高，运用深度学习方法并不意味着完全抛弃传统的学习方法，其原因在于，深度学习方法存在着一定的缺陷，例如，不确定的边界条件和不清晰的内在机理等。为此，应当是深度学习方法与传统方法相结合，并运用于智能网联汽车技术中来提升其系统的安全性与可靠性。具体而言，只有逐步提升系统的环境感知、数据采集以及处理模块的应用，才能保证行车安全。

二是高速公路自驾与低速自驾系统将会率先予以应用。[②] 在未来智能网联汽车发展的过程中，驾驶系统可以根据道路状况进行自我调整，最典型的就是高速公路与低速区域自动驾驶模式。例如，在高速公路自动驾驶的模式中，因其拥有清晰的车道线及指示牌等良好的较为简单的交通环境，所以其系统运行也较为顺畅，一旦遇到异常情况，自动驾驶系统可以及时获取车辆所处的相关交通环境状况，也可以进行报警、紧急制动等应急处理；在低速行驶区域内，自动驾驶系统的作用在于其高度精确的定位设置，利用 V2X 通信技术，实现低速区域内自动驾驶，保障车辆运行安全。在实践中，大多运用于景区观光车以及通勤车等。

就政策法规的发展趋势来看，目前，我国智能网联汽车产业处于初步探索阶段，政策法规也处于不完善甚至空白阶段。基于上述国际政策法规发展的现状分析，我国政策法规的发展趋势将会遵循先从宏观层面出发，构架顶层设计，再在微观层面通过借鉴国际之成熟经验，打造符合我国国情，满足智能网联汽车产业发展需要的法律法规体系。

具体来看，在宏观层面，我国未来倾向于在已有的法律法规上针对自

---

① 张翔、李智：《智能网联汽车技术的发展现状及趋势》，《汽车与配件》2018 年第 8 期。

② 冯帅：《智能网联汽车关键技术及其趋势研究》，《中国科技纵横》2019 年第 14 期。

动驾驶汽车作出调整，在不改变整体汽车行业之大蓝图的基础上，适应自动驾驶技术产业发展的规定。在微观层面，需要进行以下几个方面的调整：一是在产业发展环境优化方面，未来自动驾驶汽车的落地实现都依赖于良好的产业发展环境，这就促使我国从国家层面对智能网联汽车的产业发展环境发布指导性政策并加快落实步伐。二是在安全方面，未来自动驾驶汽车的安全不仅包括传统的性能安全还包括信息安全。信息安全不仅是车辆联网化应当关注的重点，也是人们对接受自动驾驶汽车的最大障碍以及最大担忧。我国目前尚未制定关于自动驾驶汽车例如数据收集方面的法律法规，未来我国将会把安全放在此产业发展的首位，从国家层面到地方，全面落实并积极进行引导其发展，最终使得自动驾驶汽车被广大群众所认可。三是关于自动驾驶汽车事故责任方面，现阶段我国尚未对自动驾驶 L3、L4 级别的相关事故责任建立相关制度，未来，针对此方面我们可以借鉴国际成熟经验，例如英国的《电动与自动汽车法》以及日本的《自动驾驶相关制度整备大纲》中关于自动驾驶汽车发生事故时的责任认定方法及保险理赔制度等。①

（五）自动驾驶汽车发展带来的机遇与挑战

随着 5G 技术的快速发展以及日渐成熟，基于 5G 技术的可靠性、低延迟、大宽带的数据通信能力以及 V2X 技术的传输特性等特点，中国汽车技术研究中心设立了智能网联示范区，并设计出了国内首个 5G+V2X 物联网无人驾驶技术项目试验场，其基于车辆于路况之间的信息共享交互，结合平台高精度地图运算等，实现了 L4 级别无人驾驶业务在 5G 网络下的应用。②

5G 给车联网自动驾驶带来的优势之处主要是其感知层面和决策层面的增强。

一方面，自动驾驶的感知需要高精度亚米级定位，因为自动驾驶需要车辆本身对周围路况具有积极主动的判断力、快速敏捷的反应力、安全可靠的决策能力，这些特性就需要运用 5G 技术低延迟的特征加以推进。现

---

① 公维洁、李乔、于胜波：《国际智能网联汽车政策法规动态及展望》，《智能网联汽车》2019 年第 3 期。

② 白云龙、杨开欣、陈晓韦、董海博、郭谨玮：《5G+V2X 车联网自动驾驶》，《电脑知识与技术》2019 年第 8 期。

阶段我国自动驾驶技术主要运用于单车，而单车智能所依赖的传感器只能检测到视距范围内的物体，其很容易受天气等条件制约，从而使传感器很难获取准确有效的信息。而基于 5G+V2X 通信技术则可把单一感知范围扩大到可视距离之外，并能实现对路况及整体交通环境的全面且精准感知。

另一方面，基于 5G 技术自动驾驶在决策层面有了巨大的突破，其一，其可以让多个自动驾驶车辆进行协同决策、合理策划行动方案。具体来说，例如自动驾驶汽车，当在高速公路内车道行驶需变道驶离高速公路时，可以通过 V2V 通信技术与周边车辆进行协商，请求周边车辆避让从而使其能够安全撤离。其二，5G 技术可以让处于终端的服务人员参与到自动驾驶车辆的决策中来。从这个角度来说，交通环境的复杂性以及偶然突发事件的出现如果仅仅只是靠人工智能来解决是远远不够的，机器无法代替人类的决策，那么基于 5G 高可靠、低延时、大宽带的技术特征，可将交通现场的传感器数据及实时图像传送到终端服务中心，由服务中心的专业人员远程操控车辆，直至危机解除，自动驾驶系统能够再次接管车辆。①

当前，自动驾驶汽车发展还面临着五大挑战。2019 年 5 月 29 日，在第六届国际智能网联汽车技术年会上，清华大学李克强教授指出，"一些发达国家通过国家战略协同，通过各方面的推进，已经形成了智能网联汽车发展的先发优势。在我国智能网联汽车发展过程中，特别是产业化发展过程当中，还存在着一系列挑战"。具体来说，主要有以下五大挑战：

（1）智能网联汽车相关标准及政策法规尚不健全。目前我国智能网联汽车产业的发展处于初步探索阶段，一方面，其相关核心产品的标准体系尚未完善且现有标准大多为行业标准，国家层面的标准处于空白状态，且标准大多分散在通信、交通等多个部门，这就导致了其没有完整的标准体系来满足智能网联汽车产业快速发展的刚性需求。另一方面，针对自动驾驶，我国相关法律法规尚未作出调整，在现有的法律法规中尚未有智能网联汽车的规定。例如，《保险法》中未规定关于自动驾驶责任划分及保险理赔制度的规定，《道路交通安全法》中也没有涉及关于自动驾驶安全驾驶等方面的内容。同时，《网络安全法》《标准化法》中对于自动驾驶

---

① 范鹏飞：《基于 5G 通信的车联网自动驾驶关键技术》，《电子技术与软件工程》2019 年第 16 期。

技术产业化的规定都有很大的局限性。

（2）相关核心技术有待提高，产业链尚不完整。我国传统汽车产业在汽车质量和控制能力方面都或多或少存在一定缺陷，主要表现为以下四个方面：第一，智能网联汽车的基础元件及核心技术大多来源于国外；第二，芯片、操控系统等产业链的核心环节存在不足；第三，高性能传感器、汽车 AI 等产业链核心技术的研发力量不够；第四，我国研究智能网联汽车的专业人才匮乏。这些既制约了我国在相关核心技术上取得突破的能力提升，也阻碍了我国智能网联汽车产业链的完善。

（3）商业模式不清晰，产业生态待健全。未来自动驾驶汽车落地，应当怎样合理设定其运营模式？如何解决高精确定位地图下数据的采集及应用的商业模式模糊不清，信息安全保护不全面等问题？此外，在实践中还存在我国智能网联汽车测试场地的投入普遍高，但利用率低、收入模式单一等问题。

（4）智能网联基础设施投资大，建设缓慢且周期长。智能网联汽车具备网联化的特征，其需要人、车、路、网、图交互、协同发展。道路基础设施是网联化的关键，需建立无线通信网络、高精度定位服务等各种基础设施。同时，建设基础设施需要跨部门以及跨产业的协同，因此其建设所需的巨额资金投入以及过长的建设周期等现实挑战都会影响基础设施的建设。

（5）社会大众对自动驾驶汽车的接受程度。未来自动驾驶汽车的大规模商业化应用将会给社会带来深刻的影响。现阶段大众对自动驾驶汽车仍心存顾虑，例如自动驾驶汽车的应用所带来的社会安全问题、失业问题以及由此产生的道德伦理问题，都会一直伴随着整个产业的发展而存在。

四　区块链

（一）区块链核心技术

区块链起源于比特币，由化名为"中本聪"（Santoshi nakatomo）的学者于 2008 年 11 月在密码学邮件组发表的一篇奠基性论文《比特币：一种点对点电子现金系统》[①] 提出，文章阐述了基于 P2P 网络技术、加密技术、时间戳技术、区块链技术等的电子现金系统的构架理念，这标志着比

[①] Nakamoto S.Bitcoin, *a Peer to Peer Electronic Cash System*, https://bitcoin.org/bitcoin.pdf, 2009.

特币的诞生。2009年1月，第一个序号为0的创世区块诞生，随后出现序号为1的区块，并与序号为0的创世区块相连接形成了链，标志着区块链的诞生。作为比特币的底层技术应用，区块链其实可以理解为是一种具有时间顺序的区块数据结构，以密码学的方式保证数据的完整及安全，以智能合约进行编程的一种分布式结构范式。简单来说，区块链是一个去中心化的分布式存储账本。所以从区块链的起源及概念出发，区块链具有去中心化、安全可靠性、开放性以及匿名性等特征。

去中心化是区块链技术的核心优势，其为传统中心化中成本高、低效率以及数据存储不安全问题提供了解决方案。去中心化最本质的特征是其没有中心管制，除自成一体的区块链本身，它不依赖于其他任何第三方管理机构或设施，通过分布式核算和存储，采用点到点之间的传输方式，特别是各个节点都处于平等地位，节点也可以随意登录和退出网络。[①] 区块链中，安全可靠性是指区块链技术采用非对称加密对数据进行保护，保证区块链数据不被人为主观地篡改或伪造。开放性是指除了交易各方的私有信息被加密外，区块链的数据对所有人开放，任何人都可以通过公开的接口查询区块链数据和开发相关应用，因此使整个系统呈现公平透明状态。匿名性是指信息的传递可以匿名进行，即除法律另有规定之外，各区块节点的身份信息不需要公开与验证。[②]

区块链核心技术主要包括以下三种：

一是非对称加密。区块链使用非对称加密技术来满足各个节点之间的安全性需求。首先非对称加密也叫公钥加密，其通常在加密和解密的过程中使用两个非对称密码分别是公钥和私钥。其次，非对称加密技术具有两个特点：一是无论是用哪一个密钥（公钥或私钥）对信息进行加密，只有对应的另一个密钥（公钥或私钥）才可以解开，即一对密钥它们对应且唯一；二是公钥是可以对外公开的，而私钥不仅是保密的而且其他任何人都不能通过公开的公钥推算出私钥。非对称加密技术主要应用于如信息加密、登录认证以及数字签名等场景。比如，区块链中的各个节点在传输

[①] 唐兰文、王耀东、田儒贤：《基于区块链技术的车联网研究》，《电脑知识与技术》2018年第10期。

[②] 姚忠将、葛敬国：《关于区块链原理及应用的综述》，《科研信息化技术与应用》2017年第2期。

信息的时候都有一对这样的密钥，信息发送者使用公钥对信息加密后，接受者利用自己的私钥对信息进行解密。

二是共识机制。共识机制是指在分散的去中心化系统中使得各个节点针对区块数据的有效性达成共识。简单来说，共识机制就是一种证明算法，为了使各个节点达成共识，则需要证明区块的正确性。目前区块链主要有五大类共识机制：工作量证明（POW：proof of work）、权益证明（POS：proof of stake）、股份授权证明（DPOS：delegated proof of stake）、瑞波共识机制（Ripple Consensus）以及验证池（Pool），它们适用于不同的场景以求在效率和安全中取得平衡。[①]

三是智能合约。智能合约是指基于非对称加密技术之后那些不可被篡改或伪造的数据，其可自动执行一些已经预定好的规则与条款。具体来说，智能合约的本质就是一些存在于区块链里的程序。以区块链为基础的智能合约的优势在于成本和执行上的高效率以及防干扰的安全性，能自动高效地运行区块链的共识机制。区块链的应用离不开智能合约，而智能合约的运行也离不开区块链，两者互相提供便利。智能合约可以解决日常生活中如违约、保险等事项，以保险为例，利用智能合约，以数据管理的角度来看，其能有效地帮助保险公司提高风险管理能力。[②]

（二）区块链技术在车联网中的应用

车联网需要在新一代信息和通信技术的基础上，对车、人、路进行信息融合，进而将这些信息共享给周围其他车辆。随着车联网所依赖的通信技术的发展，对安全性、可靠性的要求越来越苛刻。而区块链技术的出现为车联网安全提供了另一种路径。例如，我们将区块链的去中心化特性结合在车联网中，使车与车之间的通信更加直接与准确。总体来看，区块链技术给车联网带来了三大发展机遇，即安全性的增强、透明性的增加以及大数据的管理。具体来说，区块链技术在车联网中的应用主要体现在以下几方面：

一是V2V通信。车辆网络是一类特殊的移动自组网（MANET），目

---

① 朱岩、甘国华、邓迪：《区块链关键技术中的安全性研究》，《信息安全研究》2016年第12期。

② 万予龙、匡芬：《基于区块链技术的车联网安全体系结构探究》，《网络信息安全》2019年第1期。

前国内外对车辆网络的研究大多基于车载自组网（VANET），而实现车与车的直接通信是车载自组织网络（VANET）采用 ad-hoc 的网络形式。[①] 在顶层，利用车载单元（OBU）和路侧单元（RSU）实现车与路基设施的通信。目前 V2V 通信主要由 DSRC 与 C-V2X 两种技术途径来实现，为了使车辆整个系统的正常运行，可以将区块链去中心化的特质运用于 V2V 通信中，即利用车载单元之间的通信来实现车与车之间的直接对话；利用区块链的非对称加密技术，例如将车牌作为唯一标识运用到车联网中，以此来保障车辆之间共享信息的隐私性；同时区块链中的智能合约还可通过制约车辆通信双方权利与义务的方式被运用于车联网中。

二是车险理赔。在实践中，区块链技术还可被应用于处理车联网系统中最常出现的套牌、冒牌问题。首先，假如在车联网系统中将每一辆车都看作一个节点的话，那么每一辆车都能被精准地定位，车联网的车辆就可以被实时且准确地追踪。其次，基于准确的追踪信息，可以通过智能合约来规定被追踪车辆的权利与义务，从而抑制或避免套牌、冒牌车辆的上路。同时，如果发生交通事故，区块的每个节点都能如实地记录事故现场的真实信息，从这个角度来说，基于该技术可以帮助实现快速且高效的事故事实认定以及责任划分，从而提高理赔效率和保障各方权益。

三是车联网安全体系。随着车联网的快速发展，车联网面临着越来越多的安全问题，其中在数据安全、通信安全、车辆终端安全以及应用服务安全四个方面尤为明显，而将区块链技术引入车联网安全体系中能在一定程度上提升车联网的安全性。首先在数据安全上，车联网的数据泄露问题是需要解决的核心问题，可以将采集的具有私密性的数据通过区块链非对称加密技术予以保护，由于在此技术中，只有通过数据所有者授权的情况下才能接触访问，并且要想入侵区块链网络难度是非常大的。其次在通信安全上，通过采用区块链共识机制中的瑞波共识机制（Ripple Consensus）可以防止恶意加入，以及确保新加入车辆通信的真实可靠性。最后针对车辆终端安全，在车联网中可以将车辆车牌作为全网唯一标识，效仿区块链

[①] 杨柳青：《区块链技术在车联网中的应用研究》，《中国新通信》2018 年第 6 期。

的分布式共识机制，使车辆节点在一定区域及时间内完成网络的自我维护。①

（三）基于区块链技术下的车联网发展困境

在车联网中由于车辆自身移动的特性，使车载通信具有例如环境复杂、移动区域受限、网络的频繁接入与中断等特点，基于这些特点，目前车联网发展面临以下问题：第一，车载移动互联网基础设施建设成本以及能源消耗大；第二，车联网中存在多种网络通信协议，而这种协议的标准尚不统一；第三，安全问题。当然，区块链的出现，为车联网的安全提供了另一种发展模式，基于区块链技术下的车联网安全体系有了很大的完善空间。

"区块链+车联网"两者的融合，助力了车联网产业的发展。然而，随着对产业研究的不断深入，车联网想要最终实现"车—人—环境"的和谐统一，就需要更多的新技术融合以及现有技术的提升，所以，基于区块链技术下车联网发展仍面临以下挑战：

1. 技术挑战

目前，区块链技术还处于实践开发阶段，想要成熟地运用于车联网产业中还存在着以下技术挑战：一是由于区块链必须储存大量的数据信息以此来验证数据，那么随着区块链中的区块数量增加，其体系就会越来越庞大，相应的验证区块信息就需要更多的时间以及更多的成本；二是区块链中51%攻击问题，即只要不能掌握全部节点的51%，就无法人为肆意地篡改或伪造网络数据，但不可否认其仍然存在着被篡改的可能性，特别是根据区块链的共识机制原理，如果同时加入两个区块时，随着其后续区块的不断增多，就会产生交叉区块链，其中较长的链会被验证，而短的那条就会被废弃。基于此种情况，只要有人设计出更长的交叉链就有可能篡改数据信息。② 所以区块链安全性问题，虽然不容易破解，但不是绝无可能。汽车行业是一个特殊的行业，车联网想要进一步发展，核心就在于安全问题。综上所述，不能只看区块链技术将会给车联网带来的巨大机遇而盲目应用，还应当同时正视技术的不足给产业带

---

① 万予龙、匡芬：《基于区块链技术的车联网安全体系结构探究》，《网络信息安全》2019年第1期。

② 陈毅洋：《区块链技术及其应用挑战研究》，《中国管理信息化》2019年第22期。

来的挑战。

2. 非技术挑战

除了存在技术挑战外，融合区块链的车联网还面临着以下非技术挑战：首先在法律政策层面，区块链的去中心化特征及自我管理等淡化了国家监管的概念，对现行法律有一定的冲击。对区块链技术应用，不同国家更是持不同态度，例如我国关于区块链的相关法律法规，只有国家互联网信息办公室于2019年1月10日发布的《区块链信息服务管理规定》。基于"区块链+车联网"在目前是一种新型融合产业，其在发展的初始阶段特别是区块链技术的发展态势还未明确清晰定位时，就需要与现有法律制度进行融合。但在技术进步与法律法规等规范之间存在时间差，现有的法律就无法对潜在的问题进行制约，随之会在一定程度上引发一系列的法律问题。其次在社会层面，一是对用户来说，"区块链+车联网"作为一种新型数字技术虽有利于经济的增长，但用户更加关注"区块链+车联网"技术的出现是否符合个体长期以来养成的习惯，以及是否可以提高自身的满意度。二是对社会整体而言，"区块链+车联网"技术若想推广并且良好地发展下去，首先需要社会主体的深刻认知和肯定，以及技术本身的发展形态与社会发展动态相适应。最后，"区块链+车联网"的兴起和发展需要庞大数量的人才，例如仅就区块链技术岗位人员来说，其不仅要具备GO、python等语言基础，还要熟悉共识算法、密码学、分布式计算、智能合约、数据挖掘等有关技术，所以未来发展技术人才数量的不足也将是一项大挑战。

第二节　电动汽车及车联网发展的外部条件

随着全球范围内能源紧张、环境污染等问题日益严峻，世界各国积极推进包括电动汽车在内的新能源汽车技术研发与生产活动。我国已将新能源汽车发展置于国家优先发展的位置。党的十九大报告提出要建设美丽中国，推进绿色发展；要壮大我国节能环保产业、清洁生产产业、清洁能源产业。除此之外，我国政府还提出构建市场导向的绿色技术创新体系。新能源汽车产业早已被列为我国战略性新兴产业之一。在《中国制造2025》行动纲领中，新能源汽车也被作为国家的重点发展领域进行推进。

近年来，我国新能源汽车呈现出快速发展的态势。自2015年起，我国新能源汽车的产销量上升至全球第一，并多年蝉联全球新能源汽车销量第一；截至2017年年底，全国范围内新能源汽车保有量为153万辆，在我国汽车总保有量中占比0.7%；截至2019年6月底，我国新能源汽车保有量已上升至344万辆，占汽车总量的1.37%，和2018年同期相比，增长了72.85%。其中，纯电动汽车保有量为281万辆，占新能源汽车总量的81.74%。[1] 新能源汽车已经成为我国实现节能减排、振兴经济及转变产业结构的重要突破口。

新能源汽车高速发展的同时，还带动着整个新能源汽车产业链的发展。近年来，我国新能源动力电池、电力驱动系统等方面发展较为迅速，这反过来为推进我国新能源汽车产业的进一步发展壮大提供了零部件支持。以动力电池举例，如表1-1所示，2018年全球动力电池装机量前十的企业是宁德时代、松下、比亚迪、LG化学、AESC、三星SDI、国轩高科、力神、孚能、比克。其中，我国就有7家企业进入前十名。同时，我国宁德时代以23.54GWh的装机量，25.4%的市场占有率摘得全球动力电池装机量桂冠。[2] 2018年我国所销售的新能源汽车中，绝大部分均配套我国自主研发的驱动电机及控制器产品。目前，我国新能源纯电动乘用车的相关技术发展速度较快，在乘用车的可靠性、安全性能、续航里程以及动力水平等方面发展迅速，已接近国际先进水平。同时，我国纯电动汽车的经济效益及综合效益水平也在不断提高。

表1-1　　　　2018年全球动力电池装机量Top10　　　　单位：GWh

排名	电池企业	国家	装机量	同比增长	市场占有率	主要客户
1	宁德时代	中国	23.54	96.2%	25.4%	北汽、上汽、广汽等
2	松下	日本	23.3	133.0%	25.2%	特斯拉、大众、福特等
3	比亚迪	中国	11.6	61.1%	12.5%	比亚迪
4	LG化学	韩国	7.5	66.7%	8.1%	现代、捷豹、通用等
5	AESC	中国	3.7	108.3%	4.0%	日产

---

[1] 新浪财经：《全国新能源汽车保有量目前已达344万辆》，2019年7月14（http://finance.sina.com.cn/chanjing/cyxw/2019-07-04/doc-ihytcerm1281002.shtml）。

[2] 搜狐网：《全球动力电池Top20排行榜：20强中国占16席》，2019年2月14日（https://www.sohu.com/a/294642135_131990）。

续表

排名	电池企业	国家	装机量	同比增长	市场占有率	主要客户
6	三星SDI	韩国	3.5	25.0%	3.8%	宝马、大众
7	国轩高科	中国	3	-6.0%	3.2%	奇瑞、江淮、北汽等
8	力神	中国	2.1	131.0%	2.3%	江淮、长安、东风
9	孚能	中国	2	53.8%	2.2%	北汽、长城、江铃等
10	比克	中国	1.8	12.5%	1.9&	北汽、长城、东风等

资料来源：起点研究院。

新能源汽车产业的发展绝非偶然事件，这是世界政治经济发展的大势所趋，是对全球环境问题、能源结构转型的必然回应，也是我国生态文明建设、供给侧改革的重要布局。

一 政策支持

从21世纪初，我国政府便对电动汽车的发展进行了重点关注，在政府层面上提出了多项促进包括电动汽车在内的新能源汽车产业发展的相关政策，将产业发展放到国家发展的高度，并通过战略与投资、市场激励（推广运用示范、补贴和税收减免等刺激手段）、法规和标准等一系列手段，促进产业发展，形成了较为完善的政策体系。[①] 2001年至今，在一系列政策措施的有力支持下，我国新能源汽车产业发展迅速。特别是从2009年启动"十城千辆"工程以来，产业发展更为迅猛，政策出台数量与力度逐年增加。

（一）战略与投资政策

早在2001年，我国政府就启动了《国家"863"计划电动汽车重大专项》，确立了我国新能源汽车"三纵三横"的技术路线（"三纵"是指混合动力汽车、纯电动汽车以及燃料电池汽车；"三横"是指多能源动力总控制系统、电机及其控制系统和电池及其管理系统），并指明了我国新能源汽车的研发及产业化思路；其后，我国先后发布了《国家中长期科学和技术发展规划纲要（2006—2020）》《汽车产业调整和振兴规划》《电动汽车发展共同行动纲要》《节能与新能源汽车产业发展规划（2012—

---

① 刘颖琦、王静宇、Ari Kokko：《电动汽车示范运营的政策与商业模式创新：全球经验及中国实践》，《中国软科学》2014年第12期。

2020）》等文件，布局新能源汽车产业发展战略，并于 2010 年将新能源汽车产业确定为国家七大战略性新兴产业之一，明确其国家层面的战略地位。

2012 年 3 月，科技部出台《电动汽车科技发展"十二五"专项规划》，提出了建立"三纵三横"产业技术创新联盟，加强电动汽车产业所涉及的汽车企业、关键零部件企业、能源运营商以及高校和科研院所之间的合作，建立产业创新联盟，推动电动汽车走向产业化，从政策层面对技术研发予以支持和战略把握。《"十二五"国家战略性新兴产业发展规划》等政策也从技术研发和创新层面对新能源汽车产业发展提供了战略支撑。特别是 2015 年出台的《中国制造 2025》更是将"节能与新能源汽车"作为重点发展领域，明确提出要形成从关键零部件到整车制造的完整工业体系和创新体系。

在投资领域，我国为新能源汽车研发方面投入了大量的资金。从 2001 年起开始通过国家"863 计划"组织研发包括电动汽车在内的各种新能源汽车，累计投入 20 多亿元。2009 年，国务院提出新能源汽车战略，明确安排 100 亿元支持新能源汽车及关键零部件产业化。2012 年，在《关于组织开展新能源汽车产业技术创新工程的通知》中提出，财政部、工信部、科技部组织实施新能源汽车产业技术创新工程，中央财政从节能减排专项资金中安排部分资金，支持新能源汽车产业技术创新。

（二）市场激励政策

1. 推广应用示范城市

2009 年 1 月，国家发改委、工信部、财政部、科技部等联合出台的《"十城千辆"节能与新能源汽车示范推广应用工程》，对新能源汽车产业发展起到了至关重要的作用，其目的是要在中国的大中型城市的公交、出租、公务、市政、邮政等领域率先推广应用新能源汽车。其后，一系列政策又相继增加了两批"十城千辆"示范城市、"私人购买补贴试点城市"、两批"新能源汽车推广应用示范城市（群）"等示范城市，并配套实施一系列补贴奖励、税收减免及其他相关政策，使得新能源汽车在一些主要城市得以推广应用示范。由此，我国的新能源汽车不仅在示范推广城市数量和范围上逐步扩大，而且通过新增推广应用城市群，实现了区域协同发展，新能源汽车的产业化速度得以加快。

随后，四部委先后于 2014 年 11 月、2015 年 5 月、2015 年 11 月等数次从市场表现、财政补贴资金及地方配套政策落实、组织领导、安全监管等多个角度对推广应用示范城市进行考核。这些推广应用示范城市的设置，与补贴、税收减免等政策激励以及相关考核机制挂钩，促进了政策的落地和实施。

2. 补贴奖励及税收减免等市场激励政策

2006年，财政部发布了《关于调整和完善消费税政策的通知》，其中规定对混合动力汽车等具有节能、环保特点的汽车实行一定的消费税优惠；到2009年，四部委启动"十城千辆"工程，并配套推广应用补贴政策，促进政策实施；其后，相关部委陆续发布并实施各类市场激励政策，意在激励新能源汽车市场表现及产业发展。

至今，业已发布并实施的一系列补贴奖励与税收减免政策，主要包括：税收减免政策方面，除了消费税减免外，还包括车船税减免、免征车辆购置税等三类；推广应用补贴对应示范城市补贴、公共服务领域推广示范，还包括对现行补贴推广政策的年度调整措施等；其他补贴与费用减免方面，主要是充电设施建设奖励与补贴、电动汽车用电价格及充电服务的政策规定、过路过桥费与停车费减免、城市公交补贴对新能源公交车的补贴倾斜等。

值得关注的是，从2016—2020年的补贴政策实行补贴退坡方案，免征车辆购置税政策也从2017年开始阶梯式退出。与此同时，从2014年开始，基础设施建设奖励、电价控制、充电服务费标准、城市公交补助调整等相关政策相继出台，国家政策开始通过价格杠杆和奖励补贴等形式，促进基础设施建设等方面的进一步发展，使得市场激励政策的支持形式变得多样化，更加关注和支持产业的全面发展。

3. 法规与标准规范

2007年和2009年相继发布的《新能源汽车生产准入管理规定》和《新能源汽车生产企业及产品准入管理规则》以及2014年7月出台的《关于加快新能源汽车推广应用的指导意见》明确要求各地区要严格执行全国统一的新能源汽车和充电设施国家标准与行业标准，不得自行制定、出台地方性的新能源汽车和充电设施标准，为破除地方保护、规范市场秩序奠定了基础。[①]

---

① 李苏秀、刘颖琦、王静宇、张雷：《基于市场表现的中国新能源汽车产业发展政策剖析》，《中国人口·资源与环境》2016年第9期。

二 经济前提

2013年9月和10月，习近平总书记先后提出了建设"新丝绸之路经济带"和"21世纪海上丝绸之路"的合作倡议。2015年3月28日，国家发改委、外交部、商务部联合发布了《推动共建丝绸之路经济带和21世纪海上丝绸之路的愿景与行动》。依靠中国与有关国家的双多边机制，借助既有的、行之有效的区域合作平台，"一带一路"高举和平发展的旗帜，积极发展与周边沿线国家的经济合作伙伴关系，共同打造政治互信、经济融合、文化包容的利益共同体、命运共同体和责任共同体。借助"一带一路"这股东风，我国电动汽车企业也在积极地进行海外市场的布局，例如，江淮汽车，早期搭乘"一带一路"这辆快车，与哈萨克斯坦进行投资合作。江淮汽车在哈萨克斯坦组装生产的电动汽车是目前哈萨克斯坦国内唯一的本土生产的电动汽车。哈萨克斯坦地处欧亚大陆腹地，打开了它的市场也就打开了中亚国家乃至西亚到欧洲的市场。《2019年国务院政府工作报告》指出，我国国内生产总值从2017年的82.7万亿元上升至2018年90万亿元，生产总值保持着稳定上升的态势。自2001年12月11日我国正式加入世界贸易组织以来，在这近二十年里，我国按照入世的承诺，大幅降低了汽车整车及零部件的进口关税。轿车整车进口关税从2000年的80%—110%降至15%；汽车零部件的平均关税从2000年的25%左右降至10%；逐步取消了汽车及零部件的进口许可证与配额限制，放宽了对外商投资、外资进入国内汽车贸易领域等的限制，实现了国内汽车市场的大开放。在这样的背景下，我国电动汽车迎来了发展的春天。

2015年12月1日，通过中国政府多年的不懈努力，货币基金组织投票决定，批准人民币加入特别提款权（Special Drawing Right，SDR）货币篮子。到此，人民币成为后布雷顿森林体系时代首个被纳入SDR篮子的新兴市场国家货币，成为继美元、欧元、日元和英镑之后，第五种有特别提款权的货币，这是人民币走上国际化道路的里程碑事件。人民币在SDR货币篮子中的初始比重为10.92%，紧随美元和欧元之后，是SDR货币篮子中的第三大储备货币。从宏观层面来说，加入SDR货币篮子有利于促进人民币国际化，使人民币成为国际贸易中的结算货币，提高人民币作为储备货币的地位；从微观层面来说，这为推进新能源汽车研发、生产、销售的跨境合作提供了有力的货币条件。

2016年1月26日，习近平总书记在中央财经领导小组第十二次会议上首次提出了供给侧结构性改革，强调供给侧结构性改革的根本目的是提高社会生产力水平，落实好以人民为中心的发展思想。自中央提出供给侧改革后，各行各业开始落实供给侧改革的政策，新能源汽车行业也不例外。中国新能源汽车行业已完成了从零到一，从无到有的建设，市场导入期基本结束，行业发展已经进入了需要依靠内动力平稳增长的2.0阶段。在这一阶段，新能源汽车市场从蓝海演变为红海，竞争更加激烈，出现补贴退坡、增速放缓、质疑不断等问题，目前，我国新能源汽车产业处于深陷淤泥的局势。新能源汽车产业的破局之路，必须从积极推行供给侧改革开始，要不断地进行经济升级、环保升级、消费升级，加快去产能、去库存、去杠杆、降成本的步伐，同时还要补齐短板，化解用户焦虑，加强试验验证，确保新能源汽车的安全可靠。

目前，我国政府十分注重国民经济状况的提升以及贫富差距的控制，在中央对地方转移支付、扩大再就业等提高地方福利方面做了大量工作。2017年中央对地方转移支付执行数额为5152.49亿元，2018年中央对地方转移支付数额为62207亿元，同比增长了9%。中央对地方进行转移支付可以提高人民群众的生活水平、增加人民手中可支配货币，从而增强市场的购买力，这对新能源汽车的推广销售具有重要的意义。

三　社会环境

随着经济建设进程的加速推进，中国汽车工业得到了快速的发展。2009年以来，中国稳居全球汽车产销第一大国，2018年汽车产销量分别为2780.9万辆和2808.1万辆，预计在2020年前产销规模将突破3000万辆大关。[①] 与此同时，截至2018年年底，中国汽车保有量已达2.4亿辆，预计在2020年突破2.5亿辆大关。汽车保有量的增长带来了一系列的社会问题，特别是来自能源安全与环境污染的压力，对中国未来汽车工业的发展提出了新的挑战，也为新能源汽车的发展带来了机遇。

从能源安全方面来看，截至2016年年底，全球已探明的石油和天然气分别可供消费50.6年与52.5年，未来全球能源需求将持续增加，能源

---

① 中国网：《2018年汽车工业经济运行情况是怎样的？》，2019年11月20日（http：//guoqing.china.com.cn/zhuanti/2019-03/02/content_74523346.htm）。

供给压力进一步增大。就中国来说，从 2017 年开始，我国就已经超越美国成为全球第一大石油进口国。2018 年中国石油净进口量为 4.4 亿吨，同比增长 11%，石油对外依存度升至 69.8%。预计到 2019 年，中国的石油对外依存度还将继续上升，对外依存度或突破 70%，远超 50% 的安全警戒线。传统燃油汽车成品巨额消耗已成为中国石油对外依存度持续攀升的主力推手之一，严重影响国家的能源安全。[①]

从能源转型方面来看，大力发展新能源发电产业是推进我国能源转型的重要举措。自 2006 年 1 月颁布《可再生能源法》以来，我国新能源发电产业发展迅猛。据行业统计，2018 年，全国可再生能源发电量达 1.87 亿千瓦时，可再生能源发电量占全部发电量比重为 26.7%，同比上升 0.2 个百分点。其中，水电 1.2 万亿千瓦时，同比增长 3.2%；风电 3660 亿千瓦时，同比增长 20%；光伏发电 1775 亿千瓦时，同比增长 50%；生物质发电 906 亿千瓦时，同比增长 14%。在新能源发电量不断上升的同时，电力消纳问题应当引起我们的重视。2018 年，全年弃风电量 278 亿千瓦时，全国平均弃风率为 7%；弃光电量 54.9 亿千瓦时，全国平均弃光率 3%。[②] 虽然近几年的弃风限电、弃光限电问题有所缓解，弃电量逐年递减，但这个数字仍不尽如人意。在这样的背景下，新能源汽车尤其是电动汽车产业的发展具有重要的意义。它可以增加用电量，消纳新能源发电的剩余电力，从下游消费层面助推我国的能源结构转型。

从环境方面来看，汽车尾气排放已经成为环境污染的主要元凶之一。联合国环境署发布的《迈向零污染的地球》报告中指出，全球范围内每年约有 650 万人因空气污染而死亡。另外，传统燃油汽车能耗的增加，使温室气体二氧化碳的排放量逐年增多，全球变暖趋势明显。2019 年中国平均气温较往年高出 0.9 摄氏度。

总的来说，在未来技术进步及对能源和环境关注的驱动下，能源需求将不断变化，全球主要能源结构将发生重大调整，汽车的生态模式也将发生深刻转变，低碳化和可再生化将成为汽车工业发展的必然趋势。发展包

---

① 马建、刘晓东、陈轶嵩、汪贵平、赵轩、贺伊琳、许世维、张凯、张一西：《中国新能源汽车产业与技术发展现状及对策》，《中国公路学报》2018 年第 8 期。

② 国家能源局：《2018 年风电并网运行情况》，2019 年 1 月 28 日（http://www.nea.gov.cn/2019-01/28/c_137780779.htm）。

括电动汽车在内的新能源汽车成为缓解石油资源短缺,解决环境污染问题,实现汽车产业结构调整和转型升级的重要手段。

四　技术支撑

电动汽车的发展不仅有助于实现能源转型和能源革命的政策目标,而且在推动经济和提高产业竞争力以及吸引主要可开发市场的投资等方面具有巨大潜力。电动汽车及车联网的发展离不开泛在电力物联网、5G、自动驾驶以及区块链技术的支撑。同时,政府利好政策的颁布、国内经济的发展、社会的进步都为电动汽车的发展创造了良好的外部环境。

从技术层面来说,泛在电力物联网、5G、自动驾驶以及区块链等技术的成熟和运用为电动汽车及车联网的进一步发展打下了坚实的基础,但也带来了一系列挑战。从政策层面来看,从 2001 年开始,我国政府便对电动汽车的发展给予了重点关注,在政府层面提出了多项促进电动汽车产业发展的相关政策,将产业发展放到国家发展的高度。战略与投资、市场激励和标准等一系列政策法规的出台,为电动汽车的发展提供了制度支撑。从经济层面分析,我国国内生产总值的稳定上升、2001 年"入世"后关税的大幅度下降、"一带一路"合作倡议的提出、人民币加入 SDR 篮子以及供给侧改革等国内经济的发展,推动着电动汽车产业的进步。从社会发展的角度来看,能源安全、能源转型战略的提出,以及空气污染、全球变暖等环境问题的日益严峻,为清洁、零排放的电动汽车的发展创造了外部需求。

第二章

电动汽车产业政策法律的域外管窥

虽然我国电动汽车及车联网业务发展总体上已走在世界前列，但是借鉴域外的先进经验或者有益做法对促进我国电动汽车产业发展仍然具有很大意义。欧盟出台了《关于促进可再生能源的使用2009/28/EC指令》《欧洲低排放流动战略》等政策，以减少碳排放作为导向推动电动汽车及充电基础设施的发展。各成员国根据欧盟的相关指令，制定了符合本国国情的电动汽车及充电基础设施发展政策；与其他成员国相比，英国电动汽车及充电基础设施的政策规定走在了前列，其颁布了《道路停车位（电动车辆）令（北爱尔兰）》《推动未来发展：英国超低排放车辆战略》《自动和电动汽车法》《电动汽车充电基础设施补助计划》等政策与法律。自20世纪70年代以来，美国以能源和环境保护为导向，出台了大量的电动汽车政策法律，并在研发、投资、生产和消费等各个环节实行税收减免，促进电动汽车的推广应用，以减少对石油等化石能源的依赖度。

第一节 欧盟的电动汽车产业政策法律

一 欧盟电动汽车产业政策法律梳理

以欧盟委员会与英国政府政策法规搜索引擎为信息源，以"碳排放"（Carbon Emission）、"电动汽车"（Electric Vehicles）和"充电设施"（Charging Infrastructure）等为关键词进行了全面的检索。最终梳理并筛选出了21份相关政策文本（见表2-1），并对与电动汽车产业发展有关联的文件进行了分类和详细分析。

表 2-1　　欧盟电动汽车及充电基础设施相关政策统计

时间	发布主体	政策名称	主要内容
2001.05.15	欧洲议会和理事会	《可持续的欧洲创造更美好的世界：欧洲联盟的可持续发展战略》	确定了温室气体的排放和交通运输过程中的污染是可持续发展的主要障碍
2002.07.22	欧洲议会和理事会	《第六次社区环境行动计划》第1600/2002/EC号决定	认为有必要采取具体措施来提高能源效率和节能以及完成气候变化运输和能源政策，运输部门需要采取具体措施解决能源使用和温室气体排放的问题
2004.03.31	欧洲议会和理事会	《关于协调公共工程合同授予程序的第2004/18/EC号指令》	旨在刺激清洁和高能效的公路运输车辆的市场。要求符合第2004/17/EC号指令和第2004/18/EC号指令的要求，在充分尊重这些指令在国内法律中的实施的同时，该指令应涵盖订约当局和订约实体购买的道路运输车辆，无论这些当局和实体是公共的还是私人的。此外，该指令还应涵盖根据公共服务合同购买用于执行公共客运服务的公路运输车辆，使成员国可以自由排除小额采购，以免产生不必要的行政负担
2006.06.22	欧盟委员会	《保持欧洲前进——我们大陆的可持续交通发展》	对《2001年运输白皮书》进行了中期审查，该联盟将特别通过连续的欧洲排放标准（欧洲规范）来刺激环境友好型创新，并在公共采购的基础上推广清洁车辆
2006.10.19	欧洲议会和理事会	《能源效率行动计划：实现潜力》	宣布委员会将继续着力于通过提高公共采购的标准的方式促使汽车更清洁、更智能、更安全、更节能
2007.01.10	欧盟委员会	《欧洲的能源政策》	提出了欧盟到2020年与1990年相比将至少减少20%的温室气体。此外，还设立了进一步改进的约束性目标，提议到2020年实现提高20%的能源效率、20%的可再生能源水平和10%的可再生能源在交通运输中的份额，以通过多样化燃料组合提高能源供应的安全性
2007.02.07	欧洲议会和理事会	《减少乘用车和轻型商用车二氧化碳排放的共同体战略的审查结果》	提出了一项全面的新战略，以使国际电联达到其120克/千米的目标，到2012年实现新乘用车二氧化碳排放量的减少
2007.09.05	欧洲议会和理事会	《批准机动车及其挂车以及用于此类车辆的系统、组件和单独技术单元的批准框架（框架指令）2007/46/EC》	考虑到能源和环境的影响，该指令提供了一系列选项。例如，通过设置技术规范来限制能源和环境的影响，鼓励签约当局、签约实体和运营商制定比欧盟法规所规定的更高要求的能源和环境绩效规范

续表

时间	发布主体	政策名称	主要内容
2007.09.25	欧洲议会和理事会	《城市交通的新文化》	指出利益相关者支持通过绿色公共采购促进清洁和节能车辆的市场推广。它提出了一种可能的方法，即基于外部成本的内部化，除了车辆价格以外，还使用与采购车辆相关的能源消耗、二氧化碳排放和污染物排放的综合成本作为奖励标准。此外，公共采购可以优先考虑新的欧元标准。较早使用清洁车辆可以改善城市地区的空气质量；私人和公共采购应考虑到整个生命周期的成本，重点是能源效率。成员国和共同体应根据欧洲议会和理事会第2004/17/EC号指令，就如何从最低价招标转向采购更具可持续性的中间产品，制定并发布公共采购指南
2009.04.23	欧洲议会和理事会	《关于促进清洁道路运输车辆的发展以支持低排放流动性第2009/33/EC号指令》（与EEA相关的文本）	该指令旨在强调电动汽车在促进可再生能源使用中的辅助作用，促进清洁道路运输车辆的发展以实现低排放的目标
2014.01.22	欧洲议会和理事会	《2020—2030年的气候和能源政策框架》	提出到2030年将相较于1990年产生的温室气体排放量减少至少40%；将消耗的可再生能源比例提高到至少27%；节省至少27%的能源；并改善国际电联的能源安全性、竞争力和可持续性。此后，欧洲议会和理事会设定了到2030年可再生资源的能源份额至少占欧盟最终能源总消费量的32%，到2030年欧盟的新能源效率至少为32.5%的发展目标
2014.03.11	欧洲议会和理事会	《乘用车二氧化碳排放监测法规（EC）443/2009》	确定到2020年减少新型乘用车二氧化碳排放的目标
2014.10.22	欧洲议会和理事会	《关于部署替代燃料基础设施的2014/94/EU指令》[与欧洲经济区（EEA）相关的文本]	确定到2020年减少新型乘用车二氧化碳排放的目标。各成员国应在考虑2020年年底登记的电动汽车数量的基础上建立供公共使用的适当数量充电点；确保在2025年12月31日之前，在每个成员国的城市、郊区聚集区和其他人口稠密地区，可以为公众提供更多的公共充电点
2016.07.20	欧盟委员会	《欧洲低排放流动战略》	设定2020年强制性的国家充电基础设施目标。欧盟的可再生能源运输目标确定了每个成员国最低10%的贡献，主要强调发挥生物燃料和电动汽车的作用。而各成员国在其国家中部署电动汽车时，仍然完全自主确定其目标和制定政策

续表

时间	发布主体	政策名称	主要内容
2017.05.31	欧盟委员会	《欧洲在前进：向所有人实现清洁、竞争和互联互通的社会公平过渡的议程》	要增加清洁车辆、替代燃料基础设施和新的出行服务生产和使用；利用欧盟中的数字化和自动化功能为欧盟公民、成员国和相关行业带来多项好处
2017.06.01	欧盟委员会	委员会法规（EU）2017/1151	补充了《关于轻型乘用车和商用车排放的机动车类型批准的第2007/715号法规》以及《关于获得车辆维修和保养信息的指令第2007/46号》，修改了委员会法规（EC）692/2008和委员会法规（EU）No.1230/2012，并废除了（EC）第692/2008号委员会法规（与EEA相关的文本）
2017.11.08	欧盟委员会	《实现低排放移动性——欧洲保护地球，赋予消费者权力》	指出清洁车辆的推广应与公共交通的发展同时进行，以减少道路拥堵，从而减少尾气排放并改善空气质量。并提出了针对供求关系的措施，力图使国际电联走上低排放流动性的道路，增强国际电联机动性生态系统的竞争力
2018.11.05	欧盟委员会	委员会法规（EU）2018/1832	主要修订了改善轻型乘用车和商用车的排放类型批准测试和程序，例如实际驾驶排放的测试和程序，并引入用于监控燃料和电能消耗的装置
2019.05.14	欧洲汽车制造商协会	《电动汽车：欧盟的税收优惠和激励措施》	详细介绍了欧盟各成员国电池电动车、混合动力车、燃料电池电动汽车的税收优惠及激励措施
2019.06.20	欧洲议会和理事会	《关于促进清洁和节能的公路运输车辆的指令（EU）2019/1161》	该指令对2009/33/EC进行了修订。该指令指出新技术的创新有助于降低车辆的二氧化碳排放量，减少空气和噪声污染，同时支持交通运输行业的脱碳。增加低排放和零排放公路车辆的使用量将减少二氧化碳排放量和某些污染物排放量（颗粒物、氮氧化物和非甲烷碳氢化合物），从而改善城市和其他污染地区的空气质量，同时提高竞争力以及推进联盟行业日益增长的低排放和零排放汽车市场的发展。并指出委员会应采取政策措施，推动新兴技术在所有成员国的广泛推广和应用，促进成员国之间的公平竞争和平衡发展
2019.07.03	欧洲议会和理事会	《关于拟议的公民倡议（EU）2019/1183》	提出从2020—2025年，将二氧化碳的排放价格从50欧元/吨提高到100欧元/吨；废除现有的"污染排放者免费配额制度"，并对非欧盟进口商品实行边境调整机制，以提高出口国二氧化碳排放的较低价格；从碳定价中获得的高收入应分配给支持节能和使用可再生资源的欧洲公民，以及减少对低收入者征收的税收等。通过这些举措以达到维护、保护和改善环境质量的目标，并逐步在全球范围内推广以上措施，以处理区域或全球环境问题

二 欧盟电动汽车产业政策法律解析

（一）以减少碳排放为目标导向

一个竞争、安全、脱碳的能源体系是实现可持续发展并不断推动欧盟能源结构转型的保障。2001年5月15日欧洲议会和理事会发布了《可持续的欧洲创造更美好的世界：欧洲联盟的可持续发展战略》。该战略文件将温室气体的排放和交通运输过程中的污染确定为可持续发展的主要障碍。此后，欧盟出台的一系列政策（如《2007年欧洲能源政策》，2019年欧洲议会和理事会支持交通运输行业脱碳的《关于促进清洁和节能的公路运输车辆的EU 2019/1161指令》）都以减少二氧化碳排放为导向，并在交通运输领域确定了明确的发展目标。

2007年1月10日《欧洲能源政策》提出，到2020年欧盟温室气体排放量与1990年相比将至少减少20%，可再生能源在交通运输领域的份额将达到10%。2018年11月5日的《委员会法规（EU）2018/1832》，指出要改善轻型乘用车和商用车的排放类型批准测试和程序，例如实际驾驶排放的测试和程序，并引入用于监控燃料和电能消耗的装置；该文件规定：欧洲委员会考虑到《欧盟运作条约》、欧洲议会和理事会于2007年6月20日发布的《关于对轻型乘用车和商用车的排放（欧5和欧6排放）进行类型批准的欧盟法规（EC）715/2007》，要求新的轻型乘用车和商用车遵守某些排放限制；根据《委员会法规（EU）2017/1151》，欧盟立法中引入了一项新的测试程序，该程序实施了《全球协调一致的轻型车辆测试程序》（WLTP）。WLTP包含更严格、更详细的条件，以供型式认可时的执行排放测试；根据欧盟（EU）2016/427、（EU）2016/646和（EU）2017/1154法规，在实际驾驶条件下测试车辆排放的新方法是RDE测试程序；由监测实验室的测试程序得出的燃料和电能消耗值应补充道路上行驶车辆时的平均实际消耗量的信息。这些信息一旦被上传、收集和汇总，对于评估监管测试程序是否充分反映了现实世界中的平均二氧化碳排放以及所消耗的燃料和电能至关重要。而且，在车辆上的即时燃料消耗信息应有助于道路测试。

不难看出，欧盟在交通运输行业的最终目标是实现脱碳，这为电动汽车的发展提供了良好的政策发展基础。相比之下，我国电动汽车与充电基础设施发展是在以实现生态文明建设的宏观背景下逐步发展起来的，但却尚未规定交通运输领域的碳排放目标。

(二) 电动汽车具体推广领域政策缺失

电动汽车发展伊始，欧盟主要在公共领域推广电动汽车的应用。2006年6月22日，欧盟委员会在《保持欧洲前进——我们大陆的可持续交通发展》中提出在公共采购的基础上推广清洁车辆。欧洲议会和理事会于同年10月19日在《能源效率行动计划：实现潜力》中提出通过提高公共采购标准的方式促使汽车更清洁、更智能、更安全、更节能。然而，经过多年的发展，尽管所有欧洲汽车制造商都在扩大其电动汽车的产品范围，但电动汽车的市场渗透率仍然很低。寻求替代汽油、柴油车的消费者尚未大规模转向可充电汽车（EV），并且在整个欧盟范围内非常分散。欧洲汽车制造商协会（ACEA）最新数据显示，2018年欧洲电动汽车的销量占到汽车销售总量的2%，较2014年增长了1.4%，但市场占有份额依旧很小，并且各成员国之间存在巨大差异。

根据欧盟委员会联合研究中心（JRC）的最新研究证实，"购买价格较高、缺乏充电基础设施和续航里程短是电动汽车产业发展的主要障碍"[①]；在电动汽车的补贴方面，只有12个欧盟国家向电动汽车的购买者提供补助，且这些购买激励措施在欧盟范围内也存在很大差异。如荷兰就根据第2003/96/EC号指令第19条第（1）款"对供应给电动汽车的电力降低税率"，提出了降低的电费税率仅适用于通过充电桩、充电站给电动汽车充电的用电量，而不适用于换电电池用电量。通过降低充电站提供给电动汽车的电费税率，使电动汽车的使用更具吸引力，有助于改善荷兰公众可充电站的商业状况以及国家空气质量。荷兰还明确要求对商业和非商业用途的电动汽车供电实行降低后的税率，通过降低电动汽车的电力成本来促进电动汽车的推广。

(三) 充电基础设施领域政策匮缺

2014年10月，欧洲议会和理事会通过了《关于部署替代燃料基础设施的EU/2014/94指令》与欧洲经济区（EEA）相关的文本，确定了到2020年减少新型乘用车二氧化碳排放的目标。其中规定：成员国应通过其国家政策框架，确保在2020年12月31日之前建立适当数量的供公众

[①] European Commission, *Electric or conventional car? What influences car buyers in the EU?* 2017, https://ec.europa.eu/jrc/en/publication/eur-scientific-and-technical-researchreports/quantifying-factors-influencing-people-s-car-type-choices-europe-results-statedpreference.

使用的充电点，以便电动汽车至少能够在城市、郊区聚集地和其他人口稠密地区内被使用，并尽量可以在成员国确定的网络内被使用。这类充电点的设置数目应考虑到国家政策中规定的到 2020 年年底登记的电动汽车数量。在适当的情况下，应考虑在公共运输站中设置公众可使用的充电点这一特殊需要；委员会同时考虑到电动汽车市场的发展，要求在 2025 年 12 月 31 日之前，在每个成员国的城市、郊区聚集区和其他人口稠密地区，为公众提供更多的公共充电点；各成员国还应在其国家政策框架内采取措施，鼓励和便利部署更多可供公众使用的电动汽车充电点。

但是，欧盟的电动汽车技术及充电基础设施一直都发展缓慢。根据欧洲环境署（EEA）发布的数据显示，截至 2018 年，整个欧盟的车辆充电点和加油点的建设投资仍然严重不足，严重阻碍了低排放和零排放车辆的市场占有率，电动汽车仅占目前所有新车的 1.5%。从数据来看，欧盟现有的 144000 个充电点中，荷兰建有 37037 个，占比 26%；德国建有 27459 个，占比 19%；法国建有 24850 个，占比 17%；英国建有 19076 个，占比 13%；而塞浦路斯只建有 36 个充电点。几乎所有欧盟成员国每 100 公里道路的充电点不到 1 个，电动汽车的市场份额低于 1%。

2018 年 5 月，欧盟委员会发布了欧盟 2021—2027 年度长期预算提案。从该预算提案来看，欧盟将大部分增加基础设施建设预算，用于纯电动汽车、混合动力电动汽车的充电和加油基础设施网络的建设。但从目前欧盟发布的政策来看，其以降低碳排放标准为导向，具有宏观性和指导性，多以指令的形式要求各成员国在欧盟碳排放标准的框架下根据各成员自身的情况制定出发展本国电动汽车基础设施的政策。相较之下，我国在电动汽车充电基础设施领域的相关政策及规划已远远优于欧盟。

第二节 碳排放引导下的英国充电基础设施政策

英国在电动汽车产业与其他欧盟成员国发展相比更为成熟。近年，为减少二氧化碳排放量，实现能源结构清洁化，英国大力推广电动汽车的应用，并建立了低排放车辆办公室（Office for Low Emission Vehicles, OLEV）。该机构协同相关部门制订了宏观的电动汽车计划，颁布并修订了一些适应电动汽车产业发展的法律、政策（见表 2-2）。

表 2-2　　　　　英国电动汽车及充电基础设施相关政策统计

时间	发布单位	政策名称	主要内容
2012.07.11	英国区域发展部	2012 年第 290 号《道路停车位（电动车辆）令（北爱尔兰）》	在《1997 年道路交通法规（北爱尔兰）令》授权下，区域发展部有权在附表规定的道路区域上为电动汽车提供合适的停车位，并规定了可以使用该停车位的条件；在某些情况下，车辆不受条件限制。对违反本命令使用停车位的，在紧急情况下将车辆从停车位中移出以及扣留。对于违反本规则的车辆，根据《2005 年交通管理（北爱尔兰）命令》和《刑罚》的命令、2006 年《收费（规定金额）实施细则》（北爱尔兰），应对车辆使用者罚款 90 英镑
2013.09.04	英国政府	《推动未来发展：英国超低排放车辆战略》	英国为实现能源转型，促进可持续能源发展，提出了长期承诺，以加快英国向使用超低排放汽车过渡。这将给英国在发展经济、改善环境方面带来机遇
2014.01.16	英国区域发展部	2014 年第 7 号《道路停车位（电动车辆）（修订）令（北爱尔兰）》	区域发展部依据《1997 年道路交通法规（北爱尔兰）令》的授权，根据附表列明的道路，为电动车辆提供更多适当的停车位。扩建停车位方面，根据《1997 年道路交通法规（北爱尔兰）令》，运输部既要考虑交通利益，也要考虑邻接财产的所有人和占用人的利益
2014.09.30	英国区域发展部	2014 年《道路停车位（电动车辆）（第 3 号修正案）令（北爱尔兰）》	对 2014 年第 7 号《道路停车位（电动车辆）（修订）令（北爱尔兰）》2014 的补充，在附表列明的道路上扩建停车位
2017.11.16	英国政府	《2017 年财政（第 2 号）法》	该法在第一章第二条规定，根据电动汽车的碳排放量确定电动汽车的征税比例。二氧化碳排放量为 0.1—50 的汽车为 2%；二氧化碳排放量为 51—54 之间的汽车 15%；二氧化碳排放量在 55—59 之间的汽车 16%；二氧化碳排放量为 60—64 之间的汽车 17%；二氧化碳排放量在 65—69 之间的汽车 18%；二氧化碳排放量为 70—74 之间的汽车 19%
2018.09.18	英国政府	《2018 年自动和电动汽车法》	第一章规定了自动驾驶汽车、保险人等的法律责任。第二章对电动汽车充电做了相关规定，包括：公共充电或加油点、访问、标准和连接、大型燃料零售商等；提供公共充电或加油点、公共充电或加油点用户的信息、传输与充电点有关的数据、智能充电。第三章附则

续表

时间	发布单位	政策名称	主要内容
2019.01.21	低排放车辆办公室	《电动汽车充电基础设施补助计划》	该补助计划于2016年10月14日发布，2019年修正。主要内容包括《工作场所充电补助金计划》《出租车充电补助计划》和《家庭充电补助计划》三部分
2019.07	低排放车辆办公室	《插电式出租车补助申请指南》	符合技术标准的出租车有资格获得插件补助

2014年，英国连续三次对2012年第290号《道路停车位（电动车辆）令（北爱尔兰）》作出修正，列明电动汽车道路停车位。2018年，英国政府出台了《自动和电动汽车法》，明确了自动驾驶汽车的概念、电动汽车的保险人的法律责任；并对电动汽车的充电作出相关规定。该部法律指出，"充电点"是一种旨在为车辆充电的设备，该设备能够凭借来自蓄电池的电能运作（或释放该车辆中存储的电）；如果被公众使用，则充电点是公共充电站。该法前半部分主要规定了自动驾驶汽车保险人的法律权利与责任的法律条文以及法律解释；后半部分主要对电动汽车的充电，公共充电、公共充电用户的信息传输，与充电点有关的数据、智能充电等进行了规定。比如，该法可就以下事项对公共充电经营者提出要求：(1) 使用公共充电站的付款方式或其他方式；(2) 公共充电站的性能、维护和可用性；(3) 公共充电站的组件（这些组件提供了车辆接入到这些充电站的方式）。在智能充电点环节，该法规定任何人不得出售或设置充电站，除非符合法律规定；充电点的技术规格必须符合有关的要求，例如充电点的供电能力；经营者必须遵守与安全有关的要求；经营者必须监察及记录能源消耗并符合有关能源效率的规定。

2019年，英国低排放车辆办公室对2016年发布的《电动汽车充电基础设施补助计划》做出修正，明确了《工作场所充电补助计划》《家庭充电补助计划》和《出租车充电补助计划》的相关内容。

一 工作场所充电补助计划

2016年，英国低排放车辆办公室推出了工作场所充电补助金计划（WCS）。在英格兰、威尔士、苏格兰和北爱尔兰的任何企业、慈善机构或公共机构都有资格申请在工作场所为附近员工安装电动汽车充电桩。这是一种基于凭证的计划，旨在为符合条件的申请人提供购买和安装电动汽车充电桩的前期费用支持。

补助金为购买和安装成本的75%，每个充电桩最高可以补贴500英镑，申请人将通过门户网站在线申请该补助。如果资格审查合格，将通过电子邮件为申请人提供唯一的身份凭证代码，然后将其输入低排放车辆办公室授权的WCS安装程序。该身份凭证代码自发出之日起有效期为120天（有效日期印在凭证上），此期间内必须完成充电桩安装，并索取凭证。过期凭证将不予支付。一旦安装了充电点，被授权的安装者将通过在线安装者门户网站代表申请人从低排放车辆办公室申请资助。系统将自动计算申报购买和安装成本的75%，并确认所资助的实际金额。优惠券兑换人员只能是低排放车辆办公室授权的WCS的安装人员并已获得充电桩制造商批准、低排放车辆办公室认可，具体申请流程见图2-1。另外，低排放车辆办公室保留随时终止或更改补助计划的规则（包括补助水平）的权利。

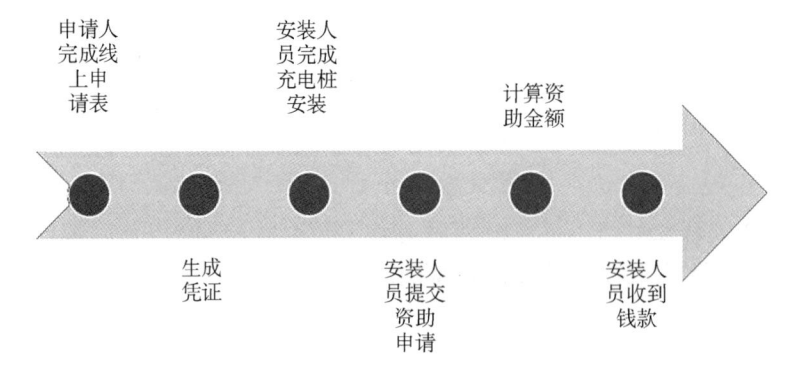

图 2-1　工作场所充电补贴流程①

值得注意的是，即便没有停车位，若获得停车位所有权人口头或书面许可，同时该停车位符合所有其他资格标准，就可以在第三方提供的车库、私人停车场以及路边停车场修建充电点并申请补助金。过去曾申请过拨款计划，并成功安装了充电桩的公司，只要仍然符合资格要求，可以再次申请补助金，直到超出每个公司20个充电桩的限制为止。但是补助金的申请只能是在安装之前，安装完成之后不能申请已安装充电桩的补助金。

---

① 根据 Office for Low Emission Vehicles, *Workplace Charging Scheme-Guidance Document for Applicants, Chargepoint Installers and Manufacturers* 制作。

二　家庭充电补助计划

家庭充电补助金为每个充电点及其安装费用的75%，每辆合格车辆的费用最高为500英镑（含增值税）。政府保留随时终止补助的权利，但提供4周的通知期。在宣布计划结束之后，政府将在此通知期内兑现补助金。仅由低排放车辆办公室授权的安装人员申请，该安装人员还须获得充电点制造商的批准才能申请该补助，并且可以申请的充电点数量是有限制的。

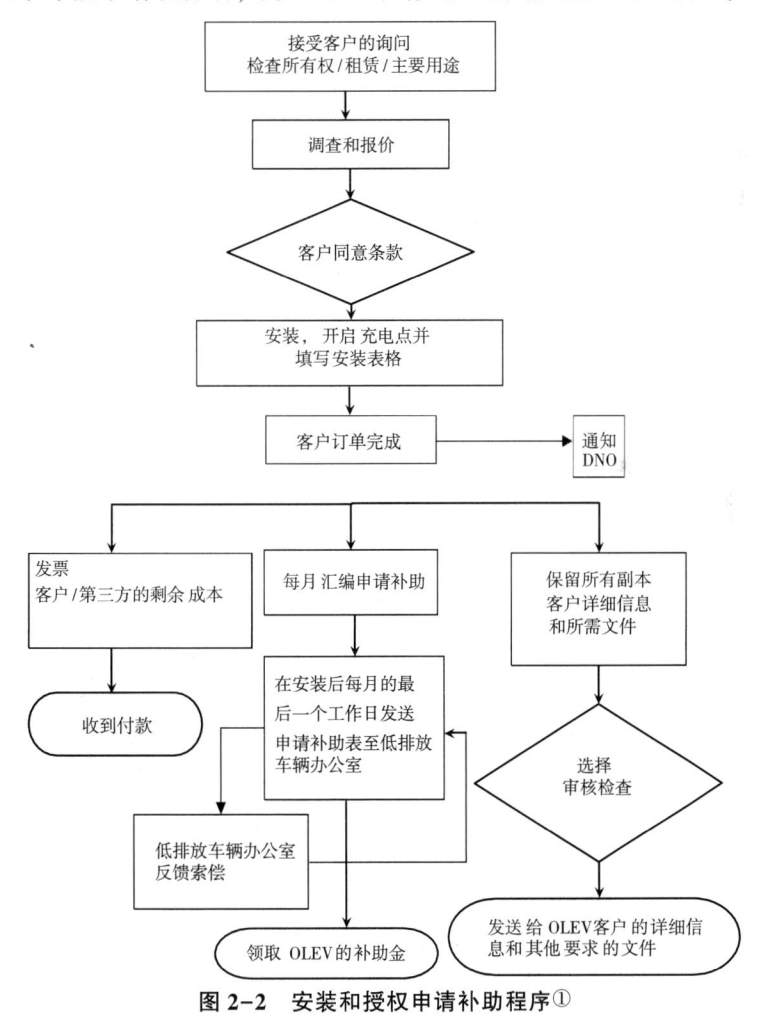

图 2-2　安装和授权申请补助程序①

---

①　根据 Electric Vehicle Homecharge Scheme Guidance for Customers：January 2019 制作。

电动汽车家庭充电计划补助金仅限于每辆符合条件的车辆在家庭住所安装一个装置，单个住所最多可安装 2 个充电点。为了在同一地址拥有两个充电点单元，客户必须同时使用两辆符合条件的电动汽车。但不管在一个场所登记了多少辆汽车，最多只能为 2 个充电点提供补助金。

三　出租车充电补助计划

英国政府为支持电动和混合动力汽车的广泛使用，于 2016 年发布了由低排放车辆办公室负责的关于电动汽车充电基础设施安装的补助计划，该补助计划中包含超低排放出租车基础设施计划。2018 年，为增加超低排放公交车（ULEB）的使用，加快英格兰和威尔士向 LEB 和 ULEB 车队的全面过渡进程，减少补贴支持，政府发布了超低排放公交车方案。此外，政府承诺投资 2.9 亿英镑，在 17 个地方当局（包括大曼彻斯特、布莱顿和霍夫、莱斯特和北部）为超低排放出租车安装了近 300 个充电点和 46 个快速充电点以支持低排放车辆充电，并计划到 2050 年将几乎所有汽车和货车的排放量降至零。2.9 亿英镑的资金将投资于多个项目，其中，1.5 亿英镑用于更清洁的公共汽车和出租车，8000 万英镑用于改善电动汽车的充电基础设施。截至 2019 年 2 月，英国政府已拨款超过 600 万英镑，以支持全国各地的超低排放出租车运营，进一步实现其未来零排放的雄心。

2019 年 7 月，低排放车辆办公室发布《插电式出租车补助申请指南》，该文件指出，英国政府的使命是使英国位于零排放车辆设计和制造的前列，到 2040 年，所有新车和货车都将达到零排放。通过低排放车辆办公室的统计，政府在 2015—2018 年向超低排放汽车（ULEV）投资了近 15 亿英镑。作为其中的一部分，7000 万英镑已用于支持超低排放出租车投入新市场，5000 万英镑已用于支付插电式出租车补助（PiTG），2000 万英镑已用于支持超低排放出租车的收费点基础设施（ULEV 出租车）。

第三节　美国的电动汽车产业政策法律

一　美国电动汽车产业政策法律的发展沿革

20 世纪 70 年代，中东石油危机爆发，全世界陷入石油短缺的境况，为减少对石油的依赖，各国开始关注电动汽车发展。美国也开始将研发仅仅用于航天工业的燃料电池转向了民用发电领域，并作为潜艇等其他大型设备的动力源，同时出台了大量的法律法规及政策以支持电动汽车产业发展。到20世纪80年代，随着能源危机影响逐渐消失，电动汽车研发进展也随之停滞，而与之对应的电动汽车制度的建立与完善也趋向静止。但因全球温室效应等环境污染问题日益突出而提出的环境全球化和能源全球化促使世界各国越发重视可再生能源技术的应用，替代燃料汽车的电动汽车再次迎来了发展的契机。美国在20世纪80年代以后，制定了大量的与电动汽车相关的政策、法律法规，而且根据经济形式以及电动汽车的发展状况，电动汽车相关的政策、法律法规也适时作出了修改。

截至2020年2月，相较其他国家，美国在电动汽车相关领域的政策、法律法规上更为成熟。电动汽车相关立法与能源利用、环境保护、财政税收等制度相互衔接、相互配合，形成了较为完善的电动汽车制度生态体系。

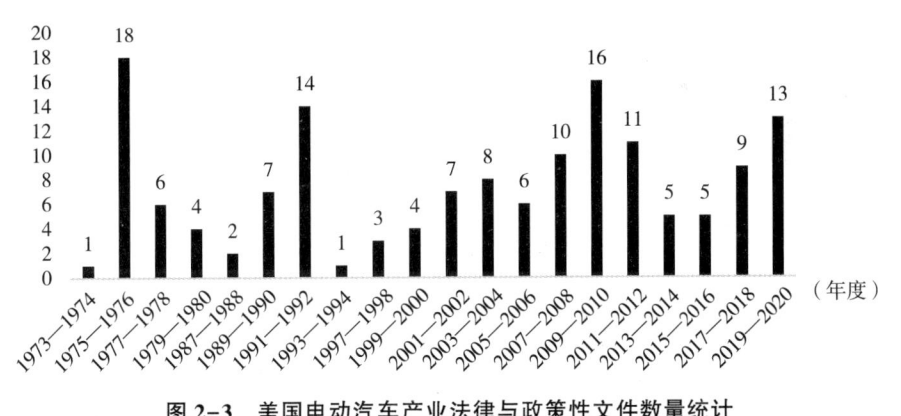

图 2-3 美国电动汽车产业法律与政策性文件数量统计

二 美国电动汽车产业政策法律缕析

为探寻与美国有关的电动汽车产业法律、政策等发展状况，我们通过访问美国国会（CONGRESS. GOV）网站，以关键词"electric vehicle"进行检索，共搜索到1973—2020年共计152个法律与政策性文件（见附录）。美国电动汽车产业制度的特点主要体现在以下方面：

（一）以能源与环境保护为导向的制度迭新

环境保护与能源使用紧密相连，燃油汽车是化石燃料消耗的主要贡献者，汽车尾气排放是全球温室效应的主要缔造者。因此，改变原有的能源相关立法是保证电动汽车发展重要措施之一。如 2019 年颁布的《电力运输委员会和国家战略法》明确要求交通运输部和能源部共同建立一个工作组，工作组可就电动汽车的开发、采用提出建议；而 2019 年修订的《能源机会法》要求能源部长建立分布式能源机会委员会，来实施一项计划以提高分布式可再生能源的储存能力并促进电动汽车产业的发展；同年，新修订的《2019 年分布式能源示范法》则要求能源部将分布式能源与电网进行整合和优化，并注重电动汽车的发展。美国出台众多政策与法律以发展电动汽车及充电基础设施，推广电动汽车及充电基础设施的应用，从而促进环境保护和能源的可持续性利用。

（二）以激励电动汽车发展为导向的财税制度

为促进电动汽车产业发展，美国就电动汽车发展的各个环节规划了一系列的财税政策。总体来看，美国的电动汽车产业居于世界领先地位，其发展经验值得借鉴。

1. 研发环节的财税政策

在电动汽车研发环节，针对不同的研发主体，美国制定了不同的财税政策。例如，对科研机构采取不收税政策；对营利性的企业实行税收减免，并通过研发费扣除、折旧扣除或一次扣除等方式冲抵应缴纳的所得税，以确保科研机构资金链条的稳固，为研发电动汽车核心技术打下坚实的基础。

2. 投资环节的税收政策

在美国，不同类型的科研企业，享受不同的科研待遇，对于诸如电动汽车等涉及可再生能源利用项目的研究企业可以拥有 10% 的抵税权利；对于生产和出售可再生能源设备的企业可以永久享受减免 30% 投资税。同时为了落实美国可持续发展战略，美国联邦政府颁布了用于可再生能源的基金扶持政策，为可再生能源项目提供了充足的资金保证，并还减免了可再生能源项目企业的所得税。这在很大程度上推动了电动汽车产业的发展。

3. 生产环节的税收政策

在生产环节中，美国联邦政府对电动汽车、光伏发电、风力发电等企业实行税收减免政策，如 1992 年《能源政策法》就作出了相应规定。同时，2005年《能源政策法》也规定在涉及电动汽车等新型能源利用的产业中，众多的新型能源企业也享受大量的税收补贴政策，以促进企业在电动汽车、可再生能源和新型能源生产环节的发展。

4. 消费环节的税收政策

美国联邦政府在消费环节对新能源汽车产业采取了最为明显的宏观调控。政府通过税收补贴来鼓励轻型燃料汽车的销售。这一方面可以加快节约型清洁能源汽车的发展，另一方面对减少汽车尾气污染做出绝对的贡献。对于购买节约型能源汽车的消费者，可以享受减免8000美元的税收优惠。这一税收政策的规定，极大地提高了清洁型能源汽车的销售。随后，美国联邦政府将这一范围从单一的清洁型能源汽车扩大到燃料电池汽车领域中，对于中型或者重型的燃料电池汽车同样予以减免优惠。

第三章

电动汽车"充电模式"与"换电模式"的政策法律问题

第一节 "充电模式"与"换电模式"的对象限缩

大力发展节能与新能源汽车,是缩短与先进国家差距,实现我国汽车产业跨越式发展的战略举措。早在2012年7月国务院发布的《节能与电动汽车产业发展规划》中就明确了以纯电驱动为电动汽车产业发展和汽车工业转型的主要战略取向,提出了要重点突破动力电池、电机和电控技术,推进纯电动汽车、插电式混合动力汽车产业化,实现我国汽车工业跨越式发展的要求。2019年12月,工信部牵头制定了《新能源汽车产业发展规划(2021—2035年)(征求意见稿)》,明确了我国新能源汽车未来15年发展的总体目标和阶段目标,划定了发展路线,列明了扶持政策。《新能源汽车产业发展规划(2021—2035年)(征求意见稿)》还提出了关于纯电动乘用车电耗的量化标准。例如,纯电动乘用车新车平均电耗降至12千瓦时/百公里,插电式混合动力(含增程式)乘用车新车平均油耗降至2升/百公里。此外,还提出要大力推动充换电网络建设,加快充换电基础设施建设、提升充电基础设施服务水平、鼓励商业模式创新。

众所周知,纯电动汽车虽在续航里程、充电时间、基础设施等方面与燃油车、插电式混合动力汽车、氢动力汽车相比存在众多弊端,但也有着其他动力汽车所不具备的优势,这也是将发展纯电动汽车上升为国家战略的主要原因。需要强调的是，本章中关于充换电模式的探讨仅仅针对纯电动汽车，关于其他类型电动汽车充换电模式的分析可参见其他章节。

一 纯电动汽车的行业界定

纯电动汽车（Battery Electric Vehicle，BEV），是指完全由可充电电池（如铅酸电池、镍镉电池、镍氢电池或锂离子电池）提供动力源的汽车。与燃油汽车和混合动力汽车不同，纯电动汽车的电动机的驱动电能来源于车载可充电蓄电池或其他能量储存装置。大部分车辆直接采用电机驱动，有一部分车辆把电动机装在发动机舱内，也有一部分直接以车轮作为四台电动机的转子。

二 纯电动汽车的发展概况

（一）我国纯电动汽车的发展状况

根据公安部交通管理局的统计数据，截至 2018 年 9 月，我国新能源汽车保有量达 221 万辆，其中，纯电动汽车 178 万辆，占新能源汽车总量的 80.53%。可见，纯电动汽车占据了新能源汽车销量的绝大多数。从纯电动汽车的用途类型看，乘用型纯电动汽车的市场占有率最大，同时，在全国各地大力推行电动公交、电动环卫车等举措的推动下，商用纯电动汽车的销售量增幅也十分明显，在整个纯电动汽车保有量中的比重也在稳步提高。

（二）域外纯电动汽车的发展情况

美国是全球规模最大的电动汽车市场之一。目前，插电式混合动力汽车是美国电动汽车市场销量和增幅最大的产品类型，纯电动汽车的销售量和保有量均处于相对少数。美国的电动汽车发展由通用、福特和克莱斯勒三大汽车公司为主导，凭借这三大汽车公司雄厚的技术开发力量和先进制造条件，通过汽车、机电、电子、控制和材料等行业的分工合作，开发出电动汽车的各种总成和技术单元。20 世纪 90 年代，上述三大汽车公司达成协议，成立"先进电池联合体"，共同致力于纯电动汽车的研究。但经过多年的技术探索，核心的蓄电池技术还是未能获得实质性突破，以通用为代表的汽车厂商不再积极鼓励发展纯电动汽车，转而对燃料电池车技术进行研究。克林顿政府曾制订了发展电动车的"新一代汽车伙伴（PNGV）计划"，集中研究电池驱动的纯电动汽车。但鉴于当时蓄电池技术还未能获得关键性突破，纯电动汽车一次充电后的续驶里程短，充电时间长，降低电池造价困难，在技术上也难以解决处理废旧电池二次污染、回收困难的问题，而且电池价格昂贵，因而商业化进展缓慢。2009年奥巴马上台后又转向了率先实现混合动力车商业化、燃料电池车作为远期目标的电动汽车发展战略。在国家战略的引导下，美国各类电动汽车技术成果颇丰，先后提出了针对纯电动汽车与混合动力汽车的四大类标准，并形成了世界上最完善的燃料电池汽车标准体系。与此同时，美国国家实验室还在继续进行纯电动汽车先进驱动系统、先进电池及其管理系统等的深入研究。截至2019年，美国小型、低速、特种用途的纯电动汽车的技术研发和产品开发仍在持续发展中。

与美国相比，欧洲市场更崇尚纯电动汽车。1990年，欧洲"城市电动车"协会成立，旨在帮助各城市进行电动汽车可行性研究、要求安装必要设备和指导设备的运行维护。在20世纪90年代初期，欧洲纯电动汽车的标志性产品是电动标致106车型，这种纯以镍镉电池为动力的汽车迅速地在欧洲各国，尤其是在各国的各级政府部门当中收获了大量拥趸。这一成就与法国政府给予纯电动汽车高度重视和支持，出台了许多鼓励研发和生产产业化的优惠、支持、补贴和扶持政策有密切关联。到1995年年底，欧洲第一批纯电动汽车实现了批量生产。1996—2000年，欧洲纯电动汽车从5890辆增长到16255辆，其中法国、瑞士和德国的保有量处于前列。综合来看，纯电动汽车在欧洲取得了一定的发展，但由于没能成功地解决续航里程短的问题，其大规模、商业化发展的进程还是相对缓慢，为此，部分汽车企业也开始致力于其他清洁能源汽车的开发和产业化，反映在销量上，混合动力车型在欧洲的销量在近15年内取得了大幅增长。

第二节　"充电模式"与"换电模式"的政策演进

新能源汽车产业是我国战略性新兴行业之一。2001年我国将新能源汽车研究项目列入国家"十五"期间的"863"重大科技课题。2008年中国历史上第一款量产的新能源汽车比亚迪F3 DM上市。充电设施作为电动汽车发展的配套基础设施，在发展伊始便面临"充电模式"与"换电模式"之争，国家也在充电和换电领域分别进行政策探索。从2009年至今，《节能与新能源汽车产业发展规划（2012—2020年）》《"十二五"国家战略性新兴产业发展规划的通知》《推动重点消费品更新升级畅通资源循环利用实施方案（2019—2020年）》《新能源汽车产业发展规划（2021—2035年）（征求意见稿）》等标志性文件的出台，引导我国充电基础设施朝不同方向发展。据此，可将我国充电基础设施政策分为"政策探索发展阶段""政策稳步形成阶段"和"政策成熟体系化阶段"三个阶段。

一 政策制定的理论基础

(一) 凯恩斯的政府干预理论——公共政策供给

凯恩斯在宏观经济学的理论框架下，从劳动、资本、技术、制度、资源等生产要素层面，系统探讨实现总供给的结构优化和规模增长，进而推导出供求平衡的路径。亚当·斯密在《国富论》中明确地从市场失灵的角度论述了公共产品，他认为，建设并维持某些公共事业及某些公共设施，这种事业与设施，在由大社会经营时，其利润常能补偿所费而有余，但若由个人或少数人经营，就绝不能补偿所费。亚当·斯密认为，市场中不存在一个能把私人利益转化为社会利益的看不见的手，只有依靠看得见的手即政府对经济的全面干预，才能有效弥补市场配置资源的缺陷。提高全要素生产率改革，发挥市场在资源配置中的决定性作用，我们需要树立市场经济的根本特征是根据市场的供求关系来调节和分配生产要素的意识。同时，我们需要认识到市场的固有缺陷，需要更好地发挥政府的作用，以政府"有形之手"构建和维护使市场"无形之手"充分发挥作用的体制机制。

制定公共充电桩的政策，不能脱离其为公共服务基础设施的属性。公共充电桩的供给数量，离不开政府通过行政手段和经济手段进行的调控。电力设施是关系民生的重要基础性设施，应当由作为公共服务的提供者的政府负责供给。其他市场主体均以经济利益为行为导向，对公众有充电需求但盈利不足，甚至不能盈利的充电桩，他们并无足够的投资意愿和动力。政府应责无旁贷且理所应当地肩负起为社会提供公共充电服务的责任。需要强调的是，政府的主体责任可以由其承担，也可以通过政府采购、公私合作等方式实现。在公共充电桩的供给中，政府可通过经济补贴、财政扶持、政策倾斜等方式鼓励和引导各类市场主体积极参与充电桩基础设施的建设，以多样化的方式发挥政府在资源配置中的宏观调控职能。

(二) 交易成本理论——减少政策阻碍

以罗纳德·科斯为代表的新制度经济学学派主张通过降低企业交易费用降低经营成本，促进企业发展，推动经济增长。制度性交易成本是企业交易成本的重要部分，它是指企业在运转过程中因遵循政府制定的各种制度、规章、政策而需要付出的成本。如果规范性制度不合理会给企业带来经济、时间和机会等各种成本，浪费企业的人力和物力，贻误企业的市场机遇。好的法律制度得到良好执行会降低交易成本，如果能大幅降低交易成本，会使企业生发出足够的投资意愿。通过制订合理的充换电政策，营造良好的政策氛围，辅以高效的制度执行机制，必将大幅度降低电动汽车企业和充换电企业的制度性交易成本，促进产业健康、持续且稳定的发展。

二 政策演进的阶段性回溯

(一) 政策探索发展阶段

2009 年至 2012 年 7 月，是我国充电基础设施政策的探索发展阶段。2009 年，"十城千辆节能与新能源汽车示范推广应用工程"启动。杭州率先推出了 30 辆纯电动运营出租车，由国家电网基于纯电动汽车充、换电站"换电为主、插电为辅、集中充电、统一配送"商业模式提供换电服务，以此为基础，不断地探索适合电动汽车发展的充电基础设施服务。2012 年 6 月国务院印发了《节能与新能源汽车产业发展规划（2012—2020 年）》，提出了"协调发展充电设施，探索新能源汽车及电池租赁、充换电服务等多种商业模式"。嗣后，国务院又于 2012 年 7 月印发了《"十二五"国家战略性新兴产业发展规划的通知》，提出"积极推进充电基础设施建设，探索新能源汽车整车租赁、电池租赁以及充换电服务等多种商业模式"，将充电模式作为电动汽车行业发展的主流模式进行推进，奠定了充电基础设施的发展基调。

(二) 政策稳步形成阶段

2012 年 7 月至 2019 年 6 月，是我国充电基础设施政策体系形成阶段。自 2012 年下半年起，在国务院政策的引导下，各部门出台的政策开始倾斜于充电模式的发展。2012年7月至2019年6月,围绕着充电模式发展,国家与各省、市政策密集出台。经整理,我们发现这期间确定了"充电为主,换电为辅"的发展基调,并将充电设施作为城市重要基础设施,从政策奖补、充电站建设规范、充电配套供电设施增容改造、充电设施互联互通以及充电设施末端问题的解决等方面完善充电设施建设,以全力提升充电设施的规模化应用,促进电动汽车充电产业发展。根据中国充电基础设施联盟统计数据,截至2019年6月,联盟内成员在公共领域的充电基础设施已建成41.2万台,其中交流电充电桩23.6万台、直流电充电桩17.5万台、交直流一体充电桩0.05万台。[①] 在一系列利好政策的推动下,我国充电设施行业的发展迅猛。

(三) 政策成熟体系化阶段

以2019年6月国家发展改革委、生态环境部、商务部印发的《推动重点消费品更新升级畅通资源循环利用实施方案(2019—2020年)》的发布为标志,我国充电基础设施政策实现了由"政策稳步形成"到"政策成熟体系化"的跨越。市场的多年检验揭示,"充电模式"和"换电模式"各有优劣(见表3-1)。前述方案提出,要引导企业创新商业模式,推广新能源汽车电池租赁等车电分离消费方式,降低购车成本。聚焦续驶里程短、充电时间长等痛点,借鉴公共服务领域换电模式和应用经验,鼓励企业研制充换电结合、电池配置灵活、续驶里程长短兼顾的新能源汽车产品。可见,"换电模式"的发展再次被提上日程。

除国家层面的密集政策出台外,地方层面也陆续制定了促进"换电模式"发展的专门政策,例如,北京市财政局、交通委员会联合发布了《关于对出租汽车更新为纯电动车资金奖励政策的通知》,提出将对出租汽车更新为纯电动汽车给予最高7.38万元的奖励。该通知还明确了若干项可量化的技术要求,其中,"车辆续航里程原则上不低于300公里,具备充换电兼容技术,以快速更换电池为主"即是代表。一度被忽视的"换电模式"也被提上发展日程。2019年12月3日,工业和信息化部装备工业司发布了《新能源汽车产业发展规划(2021—2035年)(征求意见稿)》,明确表明将大力推动充换电网络建设,加快充换电基础设施建

[①] 中国电动汽车充电基础设施促进联盟:《2019年9月全国电动汽车充电基础设施运行情况(2019)》,2019年10月15日,http://chuneng.bjx.com.cn/news/20191015/1013095.shtml。

设、提升充电基础设施服务水平、鼓励商业模式创新。

表 3-1　　　　　　　　充电模式与换电模式的特性对比

特性	充电模式	换电模式
时间	慢充 4—10 小时，快充 30 分钟	均时 3—5 分钟
安全性	难以实时看守，存在不确定性	24 小时值守，智能监控
电池寿命	长期快充和不专业充放电加剧电池损耗	集中养护
用户体验	用户等待时间较长	能够快速补充能源，满足用户对里程的及时要求
电网	在插充情况下，电动汽车充电负荷有显著的时空随机性，对电网运行和规划有不利影响	可以根据电网需求，在统一管理框架下进行电池充电的优化运行，避免绿色能源损失
场地要求	需要选址准确，多在商业区，租金较贵	需要较大的作业场景，商业区很难布局
产品标准	可适合任意车型电动车充电，但需要充电桩互联互通	电池需要实现标准化、序列化、需要国家强力推动，但目前电池技术、尺寸、接口和布置方式不统一
能源供给	对场地电力需求高，能源供给方式较为固定	光伏、风电等选择方式更多，匹配分布式能源发展趋势
地域拓展	气温较低的情况下容易影响充电效率	对地域气候要求较低
回收	未统一预留电池回收渠道	预留电池回收渠道
成本	无人值守，成本高	需要较多的专业人员与管理人员

第三节　"充电模式"与"换电模式"的政策缕析

一　政策文本筛选

本章的数据文本来源以北大法宝法律数据库、威科先行数据库、无讼法规数据库等为信息源，首先以"新能源汽车""电动汽车""充电基础设施""充电""换电"等与政策演变内容相关的词进行法律法规的检索，再分别对文件全文进行搜索甄别，筛选出与政策演变有关的文本。除此之外，还结合对被调研企业的访谈内容，通过访问国务院的网站与建设部、国家能源局及国家发改委等国务院机构的网站,对前述文本进行补充,以求内容充实可靠。

另外,为确保文本选取的有效性和代表性,又依据下列条件对政策文本进行了二次筛选,具体包括:

第一,本章内容的文本选择范围是包括国务院及国务院各部门在内的国家层面的政策文件,不包括各省、市等地方政策文件。第二,选择文本时紧扣与"充电"和"换电"相关的政策文本。"充电"与"换电"往往规定在同一政策当中,有部分政策文本只提及了"充电"而未涉及"换电"。第三,文本的类型主要是法律法规、发展规划、通知等能直接体现政府意志的规范性文件。第四,政策文本的起止时间为 2012 年 6 月至 2019 年 6 月。

根据上述方法,共筛选出充电模式政策文本共 20 份,如表 3-2 所示。

表 3-2　　　　　　　　我国充电模式政策统计

时间	发布主体	政策名称	主要内容	政策解读
2012.06.28	国务院	《节能与新能源汽车产业发展规划(2012—2020 年)》	探索具有商业可行性的市场推广模式,协调发展充电设施,形成试点带动技术进步和产业发展的有效机制。探索新能源汽车及电池租赁、充换电服务等多种商业模式,形成一批优质的新能源汽车服务企业。积极吸引社会资金参与充电基础设施建设,根据当地电力供应和土地资源状况,因地制宜建设慢速充电桩、公共快速充换电等设施	"协调发展"充电设施,积极吸引社会资金参与充电基础设施建设,"探索"换电模式的发展。可见我国将充电设施作为该阶段发展的重心,同时,也对换电模式进行适当鼓励
2012.07.09	国务院	《"十二五"国家战略性新兴产业发展规划》	新能源汽车产业从 2012—2020 年发展重大行动:积极推进充电基础设施建设,探索新能源汽车整车租赁、电池租赁以及充换电服务等多种商业模式,形成完善的市场推广体系	"积极推进"充电基础设施建设,"探索"换电模式。充电设施技术更为成熟,该阶段我国逐渐将充电作为发展的主流,并在政策上给予积极支持
2014.01.29	住房城乡建设部	《电动汽车充电站设计规范》	批准《电动汽车充电站设计规范》为国家标准,编号为 GB 50966—2014,自 2014 年 10 月 1 日起实施。其中,第 3.2.4、3.2.5、11.0.1、11.0.4 条为强制性条文,必须严格执行	从设计规划的角度对充电站做了专门性规定,在政策层面对充电基础设施进行了制度化规定,以便之后形成统一标准,推动充电模式行业的标准化发展

续表

时间	发布主体	政策名称	主要内容	政策解读
2014.07.14	国务院办公厅	《关于加快新能源汽车推广应用的指导意见》	加快形成以使用者居住地、驻地停车位（基本车位）配建充电设施为主体，以城市公共停车位、路内临时停车位配建充电设施为辅助，以城市充电站、换电站为补充的，数量适度超前、布局合理的充电设施服务体系	明确提出"充电为主，换电为辅"。第一次正式从政策层面确认充电模式和换电模式的政策地位，将充电模式作为该阶段政策的主要支持对象，积极鼓励各个社会主体参与充电设施建设
2014.11.18	财政部、科技部、工业和信息化部、国家发展改革委	《关于新能源汽车充电设施建设奖励的通知》	2013—2015年，对新能源汽车推广城市或城市群给予充电设施建设奖励。对快速充电等建设成本较高的设施适当加大奖励力度；鼓励创新投入方式，采取公私合营（PPP）等建设运营新能源汽车充电设施。奖励资金由地方政府统筹用于充电设施建设运营、改造升级、充换电服务网络运营监控系统建设等领域，不得用于新能源汽车购置补贴等	对充电设施建设予以奖励，国家充电基础设施的建设已经完全转移到了充电设施上，并予以财政支持
2015.03.13	交通运输部	《关于加快推进新能源汽车在交通运输行业推广应用的实施意见》	推动完善充换电配套服务设施。在交通运输行业研究完善新能源公交车"融资租赁""车电分离"和"以租代售"等多种运营模式。鼓励纯电动汽车生产企业或专门的充换电设施运营企业，推行纯电动公交车电池租赁；鼓励新能源汽车生产企业或融资租赁经营企业，推行新能源公交车整车租赁，降低公交企业一次性购买支出	基于商用车的运营特性，政策将"换电模式"发展限缩在新能源公交车领域。明确了换电模式的鼓励发展领域，为换电模式的发展给予了政策上的方向指引
2015.09.29	国务院办公厅	《关于加快电动汽车充电基础设施建设的指导意见》	充电基础设施是指为电动汽车提供电能补给的各类充换电设施，是新型的城市基础设施。要以用户居住地停车位、单位停车场、公交及出租场站等配建的专用充电设施为主体，以公共建筑物停车场、社会公共停车场、临时停车位等配建的公共充电设施为辅助，以独立占地的城市快充站、换电站和高速公路服务区配建的城际快充站为补充，形成电动汽车充电基础设施体系	明确充电基础设施包括充电和换电两部分。并提出建立以专用充电设施为主体、公共充电设施为辅助、城际快充站为补充的充电基础设施体系。未提及换电模式

续表

时间	发布主体	政策名称	主要内容	政策解读
2015.10.09	国家发展改革委、工信部、国家能源局、住房和城乡建设部	《关于印发〈电动汽车充电基础设施发展指（2015—2020年）〉的通知》	我国充电基础设施发展的目标是到2020年，建成集中式换电站1.2万座，分散充电桩480万个，满足全国500万辆电动汽车充电需求。中国新能源汽车将建立"用户专用桩为主+分散式公共充电桩"为辅的模型	为充电设施制定了明确的发展计划和建设模型。将充电模式的发展进一步明确化、具体化，将充电桩建设分为用户专用桩和公共充电桩两大类，使该阶段换电模式的进一步发展更加具有可操作性
2015.12.07	住房城乡建设部	《关于加强城市电动汽车充电设施规划建设工作的通知》	按照"慢充与快充结合、公用与专用结合、近期与远期结合"原则，抓紧制订或完善相关规划，及时将电动汽车充电设施作为城市重要基础设施纳入城市规划，大力推进充电设施建设，推动形成以使用者居住地基本充电设施为主体，以城市公共建筑配建停车场、社会公共停车场、路内临时停车位附建的公共充电设施为辅助，以集中式充、换电站为补充，布局合理、适度超前、车桩相随、智能高效的充电设施体系	将充电设施作为城市重要的基础设施，把充电桩建设纳入城市规划中，为后续电动汽车的整体发展提供了社会基础。同时，将换电站作为电动汽车充电基础设施的补充。充电设施和换电设施都成为城市基础设施的一部分，但充电设施仍然是规划的主体对象
2015.12.28	国家发展改革委	《电动汽车充电接口及通信协议国家标准》	此次5项标准修订全面提升了充电的安全性和兼容性。在安全性方面，新标准增加了充电接口温度监控、电子锁、绝缘监测和泄放电路等功能，细化了直流充电车端接口安全防护措施，明确禁止不安全的充电模式应用，能够有效避免发生人员触电、设备燃烧等事故，保证充电时对电动汽车以及使用者的安全。在兼容性方面，新标准修改了部分触头和机械锁尺寸，但新旧插头插座能够相互配合，直流充电接口增加的电子锁止装置，不影响新旧产品间的电气连接，用户仅需更新通信协议版本，即可实现新供电设备和电动汽车能够保障基本的充电功能	统一了电动汽车充电用电接口及通信协议的技术内容，为电动汽车与充电基础设施的互联互通提供了技术保证基础。统一的标准能够为充电产业整体的产业化、规模化发展提供标准保障，各个充电运营商间的互联互通成为一种可能，充电电动汽车用户的用户体验感也会进一步提升。充电行业整体会得到进一步的发展进步
2016.01.11	财政部、科技部、工业和信息化部、国家发展改革委、国家能源局	《关于"十三五"新能源汽车充电基础设施奖励政策及加强新能源汽车推广应用的通知》	提出详细的建立充电桩的政策奖励条件，要求各部门建立信息上报和公示制度。各省、直辖市、自治区按照要求按月上报新能源汽车及充电设施建设基本情况	提出详细的建立充电桩的政策奖补条件，使充电设施的政策支持能够具体可行。在该阶段，对充电桩的奖励和补贴对于充电基础设施数量的扩充和充电技术的电动汽车销量增长具有推动作用

续表

时间	发布主体	政策名称	主要内容	政策解读
2016.03.30	国家能源局综合司	《关于开展电动汽车充电基础设施安全专项检查的通知》	对电动汽车充电基础设施建设运营企业以及相关充换电设施进行检查,包括电动汽车充电基础设施安全管理、设备设施及监控系统安全运行、建设标准执行等情况	从生产、安装、运营对电动汽车充电基础设施进行全程监管。针对充电设施发展过程中遇到的一些现实问题从政策上给予了解决方案,对于充电设施行业的管理和监督进行制度化的规范
2016.07.25	国家发展改革委、国家能源局、工业和信息化部、住房城乡建设部	《关于加快居民区电动汽车充电基础设施建设的通知》	按"一表一车位"模式进行配套供电设施增容改造,每个停车位配置适当容量电能表。对公共停车位,应结合小区实际情况及电动车用户的充电需求,开展配套供电设施改造,合理配置供电容量	首次在政策中规定居民区供配电设施的增容改造,满足小区用户的充电需求。将充电设施的支持细化、落实到每户居民中,对于充电模式的发展壮大具有积极的推动作用
2016.12.30	国家发展改革委、住房城乡建设部、交通运输部、国家能源局	《关于统筹加快推进停车场与充电基础设施一体化建设的通知》	到2020年,居住区停车位、单位内停车场、公交及出租车场站、公共建筑物停车场、社会公共停车场、纳入充电基础设施专项规划的高速公路服务区配建的充电基础设施或预留建设安装条件的车位比例明显提升,有效满足电动汽车充电基本需求	停车场与充电基础设施进行一体化建设,充电设施纳入基础设施的建设,有效满足电动汽车充电的基本需求。为充电设施产业规模的持续扩大提供了政策上的规范和指引
2017.01.06	国家能源局、国资委、国管局	《加快单位内部电动汽车充电基础设施建设》	加快推进单位内部停车场充电设施建设、做好配套供电设施改造升级、创新单位充电设施投资运营模式、加大对单位内部充电设施的政策支持力度	通过增大财政支持力度,完善充电基础设施建设等方式推动单位电动汽车发展。将充电设施的支持具体化到单位层面,为该阶段充电设施的发展提供了新的方向指引
2018.06.27	国务院	《关于印发打赢蓝天保卫战三年行动计划的通知》	2020年年底前,重点区域的直辖市、省会城市、计划单列市建成区公交车全部更换为新能源汽车。在物流园、产业园、工业园、大型商业购物中心、农贸批发市场等物流集散地建设集中式充电桩和快速充电桩	提出在物流集散地建设集中式充电桩和快速充电桩。为充电设施开辟新的市场提供了政策支持
2018.09.11	住房城乡建设部	《关于发布国家标准〈电动汽车分散充电设施工程技术标准〉的公告》	批准《电动汽车分散充电设施工程技术标准》为国家标准,编号为GB/T 51313—2018,自2019年3月1日起实施	统一分散充电设施工程技术标准,为充电设施的互联互通提供了支撑条件,将进一步推动充电产业的标准化、产业化发展

续表

时间	发布主体	政策名称	主要内容	政策解读
2018.11.09	国家发展改革委、国家能源局、工业和信息化部、财政部	《关于印发〈提升新能源汽车充电保障能力行动计划〉的通知》	力争用3年时间提升充电技术水平，提高充电设施产品质量，显著增强充电网络互联互通能力。居民区千方百计满足"一车一桩"接电需求。充电设施运营企业要全面提升设施运营维护水平，加强管理和资源保障，采购符合标准的充电设备，系统排查现有设施设备运行状态，确保运营安全，积极盘活"僵尸桩"，结合服务场景科学配置车桩比例，切实提升充电设施利用效率和服务能力。继续探索出租车、租赁车等特定领域电动汽车换电模式应用	一方面是增强充电设施的互联互通能力，实现全国充电网络互连；另一方面积极盘活"僵尸桩"，对充电设施进行全程监管和治理。但换电设施仍旧在探索当中
2019.03.26	财政部、工业和信息化部、科技部、国家发展改革委	《关于进一步完善新能源汽车推广应用财政补贴政策的通知》	新能源乘用车国家补贴减少50%左右，叠加技术要求提高，补贴系数下降，实际降幅超过50%。此外，过渡期后，地方补贴取消，转而支持充电设施和相关配套建设	"车补"改"电补"，即将对车企的补贴转为对桩企补贴。"车补"的滑坡并不意味着对充电行业支持的减弱，转而对充电桩设施的补贴也是对电动汽车充电模式政策支持的延续
2019.06.03	国家发展改革委、生态环境部、商务部	《关于印发〈推动重点消费品更新升级畅通资源循环利用实施方案（2019—2020年）〉的通知》	大幅降低新能源汽车成本。加快新一代车用动力电池研发和产业化，提升电池能量密度和安全性，逐步实现电池平台化、标准化，降低电池成本。引导企业创新商业模式，推广新能源汽车电池租赁等车电分离消费方式，降低购车成本。聚焦续驶里程短、充电时间长等痛点，借鉴公共服务领域换电模式和应用经验，鼓励企业研制充换电结合、电池配置灵活、续驶里程长短兼顾的新能源汽车产品	推广电动汽车"车电分离"模式，借鉴换电模式发展过程中的成功经验，推动换电模式的探索和发展，鼓励充电技术的发展创新。政策"推广"换电模式，使得充电模式和换电模式的竞争格局出现了扭转变化的趋势

涉及换电模式的政策与充电模式政策有所重合，换电模式往往和充电模式规定在同一政策文件当中。经过梳理，共筛选出7份提及换电模式的样本文件，如表3-3所示。

表 3-3　　　　　　　　　我国换电模式政策统计

时间	发布单位	政策名称	主要内容	政策解读
2012.06.28	国务院	《关于印发〈节能与新能源汽车产业发展规划（2012—2020年）〉的通知》	探索具有商业可行性的市场推广模式，协调发展充电设施，形成试点带动技术进步和产业发展的有效机制。探索新能源汽车及电池租赁、充换电服务等多种商业模式，形成一批优质的新能源汽车服务企业	"探索"换电模式发展，换电模式作为新兴的一种电动汽车电力补充方式，该阶段的政策的倾向于鼓励探索，支持换电产业的进一步发展
2012.07.09	国务院	《印发"十二五"国家战略性新兴产业发展规划的通知》	积极推进充电基础设施建设，探索新能源汽车整车租赁、电池租赁以及充换电服务等多种商业模式，形成完善的市场推广体系	积极探索换电产业的商业模式探索，为换电模式的进一步发展寻找发展的方向。该阶段仍然处于探索换电模式发展方向的阶段
2014.07.14	国务院办公厅	《关于加快新能源汽车推广应用的指导意见》	加快形成以使用者居住地、驻地停车位（基本车位）配建充电设施为主体，以城市公共停车位、路内临时停车位配建充电设施为辅助，以城市充电站、换电站为补充的，数量适度超前、布局合理的充电设施服务体系	将发展较为成熟的充电模式作为电动汽车电力补充的基本方式，同时，积极引导换电站的建设发展。在"充电为主，换电为辅"的发展规划格局下，积极推动充电设施的发展壮大，配合以换电设施，为电动汽车提供电力基础服务
2015.03.13	交通运输部	《关于加快推进新能源汽车在交通运输行业推广应用的实施意见》	在交通运输行业研究完善新能源公交车"融资租赁""车电分离"和"以租代售"等多种运营模式。鼓励纯电动汽车生产企业或专门的充换电设施运营企业，推行纯电动公交车电池租赁；鼓励新能源汽车生产企业或融资租赁经营企业，推行新能源公交车整车租赁，降低公交企业一次性购买支出	将换电模式限缩在新能源公交车领域。在公共交通领域大力发展换电技术的推广发展，针对公共交通的运营特性寻找到换电模式的重点发展方向
2018.11.09	国家发展改革委、国家能源局、工业和信息化部、财政部	《关于印发〈提升新能源汽车充电保障能力行动计划〉的通知》	继续探索出租车、租赁车等特定领域电动汽车换电模式应用	将换电模式由之前的新能源公交车领域扩充到出租车、租赁车领域
2019.06.03	国家发展改革委、生态环境部、商务部	《关于印发〈推动重点消费品更新升级畅通资源循环利用实施方案（2019—2020年）〉》	引导企业创新商业模式，推广新能源汽车电池租赁等车电分离消费方式，降低购车成本。聚焦续驶里程短、充电时间长等痛点，借鉴公共服务领域换电模式和应用经验，鼓励企业研制充换电结合、电池配置灵活、续驶里程长短兼顾的新能源汽车产品	继续"推广"换电模式，一方面可降低购车成本，另一方面可解决续驶里程短、充电时间长等问题。充分发挥换电模式的优势，推动其进一步发展

续表

时间	发布单位	政策名称	主要内容	政策解读
2019.12.3	工业和信息化部装备工业司	《新能源汽车产业发展规划（2021—2035年）（征求意见稿）》	到2025年新能源汽车新车销量占比达到25%左右，智能网联汽车新车销量占比达到30%，高度自动驾驶智能网联汽车实现限定区域和特定场景商业化应用。纯电动乘用车新车平均电耗降至12千瓦时/百公里，插电式混合动力（含增程式）乘用车新车平均油耗降至2升/百公里	大力推动充换电网络建设。加快充换电基础设施建设、提升充电基础设施服务水平、鼓励商业模式创新

二 关键内容分析

（一）政策发布主体多样

从我国充换电基础设施政策发布的时间跨度来看，我国的充换电基础设施的发展年限较短。从政策发布部门来看，"充电模式"20份政策文件中涉及发布部门约13个（见表3-4）。其中，国务院、国家发展和改革委员会、国家能源局、住房和城乡建设部、工业和信息化部等部门发布的政策文本较多。2012年，国家先后出台的《节能与新能源汽车产业发展规划（2012—2020年）》《"十二五"国家战略性新兴产业发展规划》提出要协调并积极推进充电基础设施发展，为充电模式的推广应用提供了顶层设计。随后，国家发展和改革委员会、国家能源局、住房和城乡建设部、工业和信息化部等部门从政策奖励、补贴、发展规划、标准设立、设施检查及问题处理等多个方面对充电模式的推广应用进行了细化，提供了具体的引导与监管方式。相比之下，我国"换电模式"的政策总量较少，涉及的部门也较少，未形成具体可行的监管与应用模式。

表3-4　　　　　　　我国充电模式政策发布部门统计

序号	1	2	3	4	5	6	7
发布部门	国务院	国务院办公厅	住建部	财政部	科技部	工信部	发改委
总件数	3	2	6	4	3	6	9
序号	8	9	10	11	12	13	
发布部门	交通运输部	国家能源局	商务部	国管局	国资委	生态环境部	
总件数	2	7	1	1	1	1	

(二) 政策推进方式不同

从充电模式政策与换电模式政策的梳理来看，我国出台的换电模式政策都是以探索、引导、鼓励车电分离、以租代售等方式为主。如 2012 年国务院出台的《"十二五"国家战略性新兴产业发展规划》提出"探索新能源汽车整车租赁、电池租赁以及充换电服务等多种商业模式"；2018 年国家发展改革委、国家能源局、工业和信息化部、财政部联合印发《提升新能源汽车充电保障能力行动计划》，仍提出"继续探索出租车、租赁车等特定领域电动汽车换电模式应用"；2019 年国家发展改革委、生态环境部、商务部联合印发的《推动重点消费品更新升级畅通资源循环利用实施方案（2019—2020 年）》提出要推广新能源汽车电池租赁等车电分离消费方式。

相比之下，我国的充电模式政策更为全面，从 2012 年国家提出"协调发展"充电基础设施，到 2015 年国家发展改革委印发《电动汽车充电接口及通信协议国家标准》，统一了电动汽车充电接口标准，再到 2019 年财政部、工业和信息化部、科技部、国家发展改革委联合印发了《关于进一步完善新能源汽车推广应用财政补贴政策的通知》，提出新能源乘用车由车辆补贴转向运营补贴，都在极大程度上推动了电动汽车充电基础设施的发展。另外，国家出台了一系列政策文件从电动汽车充电站规范、充电接口标准、充电设施检查、配套供电设施增容改造、充电补贴、充电互联互通及末端问题治理等方面完善"充电模式"制度，将充电基础设施切实作为城市重要基础设施进行大力发展。在利好政策的引导下，电动汽车充电模式逐渐形成了相对完整的充电产业链和相对稳定的发展体系，并朝着互联互通、规模化、网络化方向发展。

(三) 政策应用领域不同

国家政策对于"充电模式"和"换电模式"的政策应用领域有所不同。2012 年，国家先后出台的《节能与新能源汽车产业发展规划（2012—2020 年）》和《"十二五"国家战略性新兴产业发展规划》中提出"探索新能源汽车整车租赁、充换电服务等多种商业模式"。2015 年 3 月，交通运输部印发《关于加快推进新能源汽车在交通运输行业推广应用的实施意见》，将换电模式的应用领域缩减到新能源公交车领域。2018 年，换电模式的应用范围有所扩充，但从国家发展改革委、国家能源局、工业和信息化部、财政部联合印发的《提升新能源汽车充电保障能力行动计划》来看，换电模式仍在公交车、出租车和租赁车领域探索。相比之下，充电基础设施作为城市重要基础设施，已经在各个领域应用发展。如2015年9月国务院办公厅印发了《关于加快电动汽车充电基础设施建设的指导意见》，提出要以用户居住地停车位、单位停车场、公交及出租车场站等配建的专用充电基础设施为主体；以公共建筑物停车场、社会公共停车场、临时停车位等配建的公共充电基础设施为辅助；以独立占地的城市快充站、换电站和高速公路服务区配建的城际快充站为补充，形成电动汽车充电基础设施体系。2018年国务院印发《打赢蓝天保卫战三年行动计划》，提出要在物流园、产业园、工业园、大型商业购物中心、农贸批发市场等物流集散地建设集中式充电桩和快速充电桩，鼓励充电桩全面建设，大力发展充电模式。

（四）政策发展目标不同

在充电领域，国家出台了明确的发展目标。如2015年国务院办公厅出台《关于加快电动汽车充电基础设施建设的指导意见》，该意见明确提出，新建住宅配建停车位、大型公共建筑物配建停车场、社会公共停车场建设或预留建设充电设施安装条件的车位比例分别为100%、10%、10%；每2000辆电动汽车至少配建一座公共充电站。同年，国家发展改革委、工业和信息化部、国家能源局、住房和城乡建设部联合印发《电动汽车充电基础设施发展指南（2015—2020年）》，提出到2020年，建成集中充换电站1.2万座、分散充电桩480万个，满足全国500万辆电动汽车充电需求，建立"用户专用桩为主+分散式公共充电桩为辅"的模型。2018年，国家发展改革委、国家能源局、工业和信息化部、财政部联合印发了《提升新能源汽车充电保障能力行动计划》，提出要力争用3年时间提升充电技术水平，提高充电设施产品质量，显著增强充电网络互联互通能力。相比之下，"换电模式"并未出台具体的发展目标，仍旧在局部的探索当中。

"充电模式"和"换电模式"目前处于发展阶段，各个利益主体存在多种争议，相关的政策也需要不断调整。世界各国都在发展新能源汽车，尤其是各大国，在新能源发展方向上都不做取舍，各种技术路线并行发展。自我国电动汽车发展以来，在能源供给方面，就一直存在着充电和换电两大技术路线之争。2011年，国家电网公司发布了《基于物联网的电动汽车智能充换电服务网络运营管理系统技术规范》和《国家电网公司

"十二五"电动汽车充电服务网络发展规划》,提出了"换电为主、插充为辅、集中充电、统一配送"的商业运营模式。但受制于当时电动汽车的发展现状和高昂的投入成本及消费者对安全性能的接受程度,此种模式逐渐走入沉寂。2012年国务院印发了《节能与新能源汽车产业发展规划(2012—2020年)》,确立了以充电为主的电动汽车发展方向,之后大多数乘用车企业以充电为主,只有少数企业仍在探索换电模式。2019年6月,国家发展改革委、生态环境部、商务部发布《推动重点消费品更新升级畅通资源循环利用实施方案(2019—2020年)》又使电动汽车的"充电模式"和"换电模式"争议局势出现了变化,该方案明确指出,要推广新能源汽车电池租赁等车电分离消费方式,降低购车成本。基于公共服务领域换电模式和应用经验,鼓励企业研制充换电结合、电池配置灵活、续驶里程长短兼顾的新能源汽车产品。

由此可见,政府在政策层面对于"充电模式"和"换电模式"都给予政策上的支持,只是不同时期阶段的内容各有侧重。政策尚未有明确意见表明支持"充电模式"或者"换电模式",目的在于促进充电模式和换电模式技术的充分发展进步。

第四节 电动汽车"充电模式"与"换电模式"的政策研判

一 "充电模式"与"换电模式"发展政策的顶层设计

(一) 推动生态文明建设的发展目标

站在新的历史起点上,党的十九大提出建设生态文明是中华民族永续发展的千年大计。建设美丽中国,为人民创造良好生产生活环境,必须树立和践行绿水青山就是金山银山的理念,坚持节约资源和保护环境的基本国策。习近平总书记在联合国巴黎气候变化大会等国际场合的郑重承诺和中国政府向联合国递交的国家自主减排贡献文件中的承诺表明,我国未来的能源转型目标为,非化石能源占一次能源消费比重在2020年和2030年分别要达到15%和20%。大力发展新能源,快速提升新能源终端消费比重,是建设生态文明、美丽中国的重要路径。而电动汽车产业的发展是实现能源转型和清洁发展的重要着力点。

电动汽车相关的整体产业链是清洁并可持续的,在推动生态文明建设上具有多方面优势。其一,无论是"充电模式"还是"换电模式",纯电动汽车本身不排放污染大气的有害气体,即使按所耗电量换算为发电厂的排放,除硫和微粒外,其他污染物也显著减少。其二,建设电厂大多远离人口密集的城市,对人类伤害较小,而且便于集中排放、清除各种有害排放物。其三,电力可以从多种一次能源获得,如煤、核能、水力、风力、光、热等,消除人们对石油资源枯竭的顾虑。其四,电动汽车还可以充分利用晚间用电低谷时富余的电力充电,使发电设备日夜都能得到充分利用,有利于减少资源浪费。此外,就充电模式和换电模式的比较来看,换电模式更有利于电池梯次利用、车端梯次利用,能有效提高整个社会综合经济效益。同时,换电站可以消纳风能、光伏等清洁能源,实现全产业链条的清洁化发展。因此,换电模式更加有益于绿色发展。

(二) 维护国家能源安全的重要战略

我国正处于工业化、城镇化进程加快的时期,能源消费强度较高。随着经济规模进一步扩大,能源需求还会持续较快增加,对能源供给形成很大压力,供求矛盾将长期存在,石油天然气等稀有能源对外依存度将进一步提高。我国能源资源人均拥有量较低,资源勘探相对滞后且资源分布很不平衡,影响了能源工业协调发展。另外,我国能源还存在结构不合理的问题,煤炭是我国的基础能源,富煤、少气、贫油的能源结构较难改变。根据国务院办公厅2014年印发的《能源发展战略行动计划(2014—2020)》,我国能源安全的主要任务为:(1)增强能源自主保障能力,坚持立足国内战略,加强能源供应能力建设,将国内供应作为保障能源安全的主渠道。(2)发挥国内资源、技术、装备和人才优势,加强国内能源资源勘探开发,完善能源替代和储备应急体系,着力增强能源供应能力。(3)加强国际合作,提高优质能源保障水平,加快推进油气战略进口通道建设,在开放格局中维护能源安全。(4)牢牢掌握能源安全主动权,不断提高自主控制能源对外依存度的能力,到2020年,基本形成比较完善的能源安全保障体系。

纯电动汽车以电力为驱动源,电力的来源广泛,包括石油、煤炭、水利、核能、太阳能、风能等多种能源,从而极大降低和分散了汽车对石油的依赖。从更深战略层次考虑,如果我国纯电动汽车取代燃油车,可以间接影响世界市场石油价格，同时通过积极输出煤电技术，甚至可能改变全球能源版图，使我国获得更大的全球话语权。因此，推动纯电动汽车的发展，对于保障能源安全、优化能源结构具有重要意义。

（三）国家汽车产业的跨越式发展战略

未来长时间内，全球经济将在不确定性下维持低速增长。在经济、技术、消费等的驱动下，全球汽车产业也将发生重大变革，市场容量增长将会出现波动，产业格局将会继续改变，产业分工会进一步向新兴国家转移，产业形态将联盟化，全球汽车产业竞争将更加激烈。目前，中国汽车产业整体落后于欧美日韩等国家，尤其对核心技术的掌握上差距较大。而大力推动电动汽车的发展可能会给中国汽车产业带来新一轮发展机遇。历史的原因使我国的燃油车在世界上起步较晚，不占优势，想超越世界知名品牌的车企也并非易事。然而，电动汽车走的是另一条技术路线，实现我国汽车产业的"弯道超车"是提高我国汽车产业竞争力的可行途径。我国电动汽车技术通过近年积累已经形成较为成熟的体系，市场发展速度也相当快，有着良好的发展前景。2018年，我国新能源汽车销售125.6万辆，同比增长61.7%，占全球新能源汽车总量的60%，我国成为世界第一大新能源汽车市场。[①] 面对巨大的国内市场和广阔的全球市场，我国可以通过发展电动汽车，提高国内消费的经济增长动力，促进全球市场的开拓。

（四）调动市场和政府在资源配置中的各自优势

党的十九届四中全会提出，坚持和完善社会主义基本经济制度，推动经济高质量发展。必须坚持社会主义基本经济制度，充分发挥市场在资源配置中的决定性作用，更好地发挥政府作用，全面贯彻新发展理念，坚持以供给侧结构性改革为主线，加快建设现代化经济体系。市场化改革方向的表述从过去的"市场是配置资源的基础性作用"改为了"发挥市场在资源配置中的决定性作用"。对市场作用提法的升级，凸显了中央坚持市场化改革方向的决心，这意味着政府会进一步向市场放权，向社会放权，主动、有意识地逐步退出市场，减少非市场干预，加快政府职能转变。

[①] 中国汽车工业协会、中国汽车技术研究中心有限公司、丰田汽车公司：《汽车工业蓝皮书：中国汽车工业发展报告（2019）》，社会科学文献出版社2019年版，第255页。

在经济生活领域，我们要发挥市场主导下政府的有效作用，而不是政府主导下市场的有限作用，这将激发市场活力、理顺政府与市场的关系。只有让市场在资源配置中更大程度、更大范围地发挥决定性作用，市场才有活力，经济才有活力。从现实生活来看，政府在资源配置中的权力过大，对微观经济活动介入过多，会压抑市场与经济发展的活力。所以，从市场发展的规律看，简政放权的政府职能转变是激发经济活力最关键、最重要、最基础的一个问题。发挥市场在配置资源中的决定性作用，本质上就是要发挥"市场形成价格"的作用。如果我们不能够充分发挥市场的决定性作用，价格信号不强，资源配置就会受到各方面的干扰。因此，要重点完善主要由市场形成价格机制的改革，建立现代化市场体系。

处理好市场和政府的关系，也是在"充电模式"和"换电模式"相关政策制定与执行过程中需要重点关注的问题。有些问题的改革应该以市场为主体，比如电动汽车的充电电价机制改革。而有些政策的制订应该积极发挥政府作用，比如涉及公共充电桩建设等公共服务领域的问题。所以，"使市场在资源配置中起决定性作用和更好发挥政府作用"是电动汽车充电模式和换电模式政策制订应该考虑的两个方面。突出市场的作用，同时加强政府宏观调控的能力，才会形成更加有活力的市场机制。因此，在充电模式或者换电模式相应政策涉及的公共服务领域，更好地发挥政府作用，需要进一步厘清政府权责边界，更好地履行公共服务、市场监管、社会管理等职责。

对于电力行业，涉及的不仅仅有市场中的民营企业，还有许多参与市场竞争的国有企业。国有企业是推进国家现代化、保障人民共同利益的重要力量。经过多年改革，国有企业总体上已经同市场经济相融合。同时，国有企业的发展也存在一些问题，需要进一步推进改革。因此，国家提出了一系列有针对性的改革举措：（1）国有资本加大对公益性企业的投入。（2）国有资本继续控股经营的自然垄断行业，实行以政企分开、政资分开、特许经营、政府监管为主要内容的改革，根据不同行业特点实行网运分开、放开竞争性业务。（3）健全协调运传、有效制衡的公司法人治理结构。（4）建立职业经理人制度，更好地发挥企业家的作用。（5）建立长效激励约束机制，强化国有企业经营投资责任追究。（6）探索推进国有企业财务预算等重大信息公开。推动国有企业完善现代企业制度、提高经营效率、合理承担社会责任、更好发挥作用。

二 "充电模式"与"换电模式"政策发展的现实基础

我国电动汽车动力电池技术水平不断提升,本土动力电池厂商已处于全球第一阵营。一方面,动力电池正极材料从磷酸铁锂转向三元材料;另一方面,由普通三元往高镍方向转变,两方面共同促进了动力电池系统能量密度的提升。同时,智能网联取得一定进展,在整合创新技术应用方面,新能源汽车成为汽车行业的"排头兵"。5G通信、北斗导航、传感技术、智慧交通、能源基础设施等相关技术和产业优势的日益增强,为电动汽车的换电和充电服务提供了技术基础。

在电动汽车推广的不同时期,市场和消费者的关注点有所不同。在市场发展初期,鉴于换电模式效率高,能够提高消费者对新能源汽车的接受度,企业更愿意选择换电模式。在市场发展后期,电动汽车动力电池技术水平不断提升,加上充电基础设施配套建设的不断完善,电动汽车充电的成本下降、效率提升,作为理性经济人,在考虑成本、效率都能够满足的条件下,企业会倾向于选择成本更低的充电模式。

换电模式要发展,首先需要提高技术,降低成本,同时要有统一的标准,以适用于不同车型的规模化使用。从整个行业的角度来看,换电技术路线是基于"车电分离"的顶层战略。消费者购买纯电动整车后,电池将由电池管理公司回购,消费者以租赁方式获得电池使用权。纯电动汽车要实现全产业链的可持续发展,就必须利用其可以循环使用的属性,通过梯次利用使得电池资产价值最大化,实现电动汽车的全生命周期管理。2019年6月26日,新能源汽车补贴新政正式实施,相对于2018年的补贴标准,2019年新能源汽车补贴标准的要求更高。这也是按照《节能与新能源汽车产业发展规划(2012—2020年)》的内容计划进行。

电动汽车的补贴退坡,倒逼技术的不断提升,车辆的质量、动力电池能量密度、整车能耗水平等重要的技术标准将进一步提升,电池技术以及BMS、电控、电机的能效等技术也将进一步发展。充电模式和换电模式的发展都有了进一步的技术支持,为换电模式的"重生"带来了新机遇。

三 "充电模式"与"换电模式"的商业模式及其固定

(一)充电行业盈利模式初现

充电设施产业主要存在三种商业模式,即"充电桩+商品零售+服务消费"模式、"整车厂商+设备制造商+运营商+用户"模式、"充电 APP+云服务+远程智能管理"模式。虽然现在充电桩产业仍然处于投入期,但充电服务市场可盈利的商业模式已初步显现。充电设施运营商的主要利润来自服务费、电力差价和增值服务三大部分。目前,大部分运营商的基本利润来源还是服务费和电力差价。但仅仅靠服务费和电力差价盈利的周期过长,充电行业如果要扩大利润空间,需要制订科学的充电桩选址方案和平台驱动策略。电动汽车售后市场不同于传统的售后服务市场,而是"停车补电+移动应用支付"的全新应用场景。充电桩的盈利模式不应局限于充电业务,以充电桩为载体的广告等增值服务及汽车工业大数据等业务也应是电动汽车充电运营商的盈利点。

(二)换电行业运营模式不断探索

电动汽车的换电运营模式关键在于换电网络的构建和运营。换电网络集电池的充电、物流调配以及换电服务于一体,这种一体化的运营结构将促进电池企业的标准化生产,推动能源供给企业的集约化管理,进而显著降低运营成本。以国家电网公司 2011 年颁布的《基于物联网的电动汽车智能充换电服务网络运行管理系统技术规范》为例,换电网络运行需要集中型充电站、换电站、配送站的有效衔接。集中型充电站承担大规模的电池充电功能,电池将被配送至具有小规模充电能力和换电池功能的换电站以及仅具备换电池功能的配送站,从而实现对用户的电池能量供应。

电动汽车换电网络管理系统可保证电动汽车运营高效有序。提升电动汽车能源供给网络的智能化水平,是电动汽车大规模推广的前提和保障。如果规模庞大、动态性高的换电网络管理系统能够优化运行,那么,换电业务运营将会逐步实现盈利。此外,换电模式当前推广还面临着三个问题:一是电池统一标准不一;二是车企换电技术较低;三是推广和运营成本较高。如果经过后续的发展完善可以解决上述问题,那么,电动汽车换电的商业规模将会扩大。总的来说,换电网络的运行仍然处于探索阶段,其运营模式有了初步的雏形,但是仍然需要进一步的实践探索。

四 "充电模式"与"换电模式"发展政策的制度补缺

(一)换电技术研发成为政策支持亮点

根据目前的换电技术,无论是哪一种模式,其换电所需时间都远远短于充电桩充电所需的 20 分钟至数小时的充电时间。加之,主流纯电动汽车的标准箱主要尺寸完全一致，凭借模块式换电技术，换电站对于所有使用标准箱的车型均可以进行换电。该种换电模式可以解决电动汽车换电成本高、时间长及电池充电安全性不足等多种问题。因此，换电技术研发将会成为未来政策支持发展的重点。2019年6月初，《推动重点消费品更新升级畅通资源循环利用实施方案（2019—2020年）》中提出，发展车电分离消费模式的新能源汽车产品、继续支持"充换电"设施建设。随后，北京、杭州等城市率先响应政策的号召。北京市财政局、北京市交通委员会在2019年7月发布《关于对出租汽车更新为纯电动车资金奖励政策的通知》，该通知第2条第2款提出，对出租汽车更新为纯电动车的奖励车辆的技术条件，包括车辆续驶里程原则上不低于300公里，具备充换电兼容技术，以快速更换电池为主。未来车电分离是大势所趋，但现阶段国家相关行业标准不完善对换电模式应用产生了一定影响。近年来，国家已经在充换电设施方面积极推进相关标准的制订和研究，提出不断加快充电互联互通及充电设施安全等标准的制订，但仍存在新旧标准切换、标准不齐全以及政策措施不完善等问题。因此，国家将进一步加快电池标准化问题的研究，推进动力电池充换电技术的应用和推广。

（二）商用车领域换电模式落地

换电模式在一定程度上解决了用户对续航里程不足和充电难的顾虑，对于商用车的发展具有重要意义。因此，未来换电模式将会在出租车、网约车等商用车领域得到推广。换电模式近似于燃油车的能量补充方式，即换即走，直接解决了运营车辆等待充电、影响运营时间的问题。

目前，关于换电模式，企业尚未在私家车领域进行大规模应用，仅在公交车、出租车、租赁车等领域进行推广。具体原因如下：一是公交车、出租车等领域的车型和标准是统一的，可以建立集中的换电站，且电池的型号相同，容易进行换电；二是私家车领域电动汽车类型广泛，动力电池型号各有不同，对电池进行更换的标准不统一，换电难度较大。

（三）乘用车换电模式管理措施的进一步制定

根据艾瑞咨询发布的《2018年中国新能源汽车行业报告》显示，同级别纯电动汽车成本要比燃油车成本高出约30%，并且新能源汽车成本的40%集中在动力电池上。在以"车电分离"为主要方式的换电模式下，可以将动力电池成本大大降低，从而减少用户的购车成本。就成本来说，消费者购买可换电的纯电动汽车，具有更高性价比。同时，通过集中型充电站对大量电池集中存储、集中充电、统一配送，并在电池配送站内对电动汽车进行电池更换服务，车主只需像加油一样定时去"换电"即可，换电全过程只需要几分钟。加之电动汽车告别了高额补贴，低价优势不再，"后补贴时代"的新能源汽车市场中，采取换电模式的电动汽车规模进一步扩大，相应的配套支持政策也会逐步出台。因此，乘用电动汽车换电技术的管理措施也会陆续出台。

（四）电动汽车充电基础设施发展模式的制度确认

就现实情况而言，在较长的一段时间内，由于充电模式成本较低，其仍将是主流。基于电动汽车充电站技术选择、投资收益和商业模式的分析，未来政策扶持充电站建设运营可能将会通过制度来完善充电站牌照管理，明确发放对象、准入机制及标准规范等内容。同时，充电模式具有更多的灵活性。理论上，只要有车位的地方，均可安装充电桩，如住宅、工作场所、休闲娱乐场所、购物中心、公共停车场等，人们可根据自己的出行安排灵活选择充电场地。另外，充电模式技术标准更具有统一性。任一模式均需要相应的技术支撑，技术推广与普遍运用的前提是统一的技术标准。我国从2006年提出研究充电技术标准到2015年发布《电动车充电接口和通信协议》统一技术标准历时10年。因此，我国未来将在政策层面明晰电动汽车充电桩的发展模式，通过政策引导汽车制造商逐渐顺应市场趋势，支持电池研发，以解决当前汽车企业只顾不断获取国家高额补贴而迟迟不愿推广电动汽车的现象，进而推进电动汽车行业整体的发展。

第四章

充电基础设施的法律属性及其保护问题

第一节 充电基础设施的基本认识

"基础设施"是指为社会生产和居民生活提供公共服务的物质工程设施，用于保证国家或地区社会经济活动正常进行的公共服务系统。根据国务院办公厅 2015 年发布的《关于加快电动汽车充电基础设施建设的指导意见》，"充电基础设施"是指"为电动汽车提供电能补给的各类充换电设施，是新型的城市基础设施"。目前，我国充电基础设施主要包括充电桩、充电站和换电站三种类型。

电动汽车保有量的快速增长催生了充电服务市场的迅速发展。随着电动汽车普及度的提高，国家对充电设施的重视程度也日益提高。2012 年国务院发布的《节能与新能源汽车产业发展规划（2012—2020 年）》，提出要科学规划，加强技术开发，探索有效的商业运营模式，积极推进充电设施建设，以适应新能源汽车产业化发展的需要；2014 年国务院办公厅发布的《关于加快新能源汽车推广应用的指导意见》，在加快充电设施建设方面，提出要制订充电设施发展规划和技术标准，完善城市规划和相应标准、充电设施用地政策、用电价格政策，推进充电设施关键技术攻关，鼓励公共单位加快内部停车场充电设施建设以及落实充电设施建设责任；2015 年国务院发布的《关于加快电动车充电基础设施建设的指导意见》提出，到 2020 年，基本建成适度超前、车桩相随、智能高效的充电基础设施体系，满足超过 500 万辆电动汽车的充电需求，建立较完善的标准规范和市场监管体系，形成统一开放、竞争有序的充电服务市场，形成可持续发展的"互联网+充电基础设施"产业生态体系，在科技和商业创新上取得突破，培育一批具有国际竞争力的充电服务企业。《节能与新能源汽车产业发展规划（2012—2020年）》和《关于加快新能源汽车推广应用的指导意见》两个政策文件均用"充电设施"表述，但2015年国务院发布的《关于加快电动车充电基础设施建设的指导意见》将充电设施的表述更改为"充电基础设施"，并将其作为城市发展规划的重要内容，以实现充电基础设施的系统化、全面化发展。

在充电基础设施建设运营过程中，由于充电基础设施法律属性不明确，法律规范适用不明，破坏充电基础设施、盗窃电能等违法行为频发，导致相关主体权益难以得到及时有效的维护。目前，我国电动汽车充换电设施属于大功率、非线性负荷的设备，布局零散、充电无序，影响到电网的电能质量与安全管理。而电网作为国民经济的命脉，其安全运行关系到国家安全。因此，亟须明确充电站、换电站、充电桩的法律属性，将其纳入法律规制范围予以精准调整。

第二节　充电基础设施的法律属性

随着电动汽车的发展，充电基础设施作为连接电动汽车与电网的中间层网络，成为电动汽车推广应用的焦点。有序监管和推进充电基础设施建设对电动汽车的推广应用和电力系统的维护都具有重要作用。明确充电基础设施的法律属性是对其进行有效监管的法律前提。目前我国在中央层面尚未对充电基础设施的法律属性做出规定，但地方层面已经有了部分实践与探索。如宁夏回族自治区、天津市、辽宁省、潮州市、汕头市、珠海市和深圳市等地将充电站、换电站、充电桩及其辅助设施纳入了电力设施的范畴（见表4-1）。2012年颁布的《宁夏回族自治区电力设施保护条例》第3条规定："本条例所称电力设施，是指发电、变电、充（换）电、电力线路、电力专用通讯、电力调度和电力交易场所设施及其有关辅助设施。"率先将充电桩、充（换）电站、电池配送站纳入了电力设施的范畴。2015年颁布的《天津市电力设施保护条例》第2条规定"本条例所称电力设施，是指对社会提供服务的发电设施、变电设施、电力线路设施及其有关辅助设施，包括风力、太阳能等新能源发电设施及其辅助设施,充电站、换电站、充电桩及其辅助设施"。2016 年颁布的《辽宁省电力设施保护条例》第 2 条规定"本条例所称电力设施,是指发电设施、变电设施、电力线路设施、电力专用通信设施、电力交易设施及其有关辅助设施";第 11 条将"充换电站(桩)控制器、蓄电池、逆变器及其有关附属设施"纳入了发电、变电设施及其辅助设施的保护范围,即纳入了电力设施的保护范围。

2015 年颁布的《珠海经济特区电力设施保护规定》第 2 条规定,"本规定所称电力设施,是指发电设施、变电设施、电力线路设施及其辅助设施,包括风力、太阳能等新能源发电设施及其辅助设施,充电站、换电站、充电桩及其辅助设施"。汕头市和潮州市作为具有地方立法权的设区的市,有权对地方电力设施的保护做出规定。2016 年修订的《汕头市电力设施建设与保护条例》第 56 条对电力设施做出解释,"本条例所称电力设施,是指发电设施、变电设施、电力线路设施及其有关辅助设施,包括风力、太阳能等新能源发电设施及其辅助设施,充电站、换电站、充电桩及其辅助设施……"2019 年,潮州市颁布的《潮州市电力设施建设与保护条例》也将充电站、换电站、充电桩及其辅助设施纳入电力设施的范围。此外,2016 年发布的《深圳市电力设施和电能保护办法》第 10 条规定"消雷塔、监测监控设备、充电装置、储能装置、风力和光伏发电设施、微电网及法律法规规定需要保护的其他电力设施属于保护范围"。

表 4-1　　　　地方层面对充电基础设施法律属性的规定

生效时间	名称	颁布部门	主要内容
2012.12.01	宁夏回族自治区电力设施保护条例	宁夏回族自治区人大(含常委会)	第三条　本条例所称电力设施,是指发电、变电、充(换)电、电力线路、电力专用通讯、电力调度和电力交易场所设施及其有关辅助设施。 第十九条　发电、变电、充(换)电设施的保护范围: …… (四)为电动汽车提供电能的各种充(换)电站、电池配送站、充电桩及其有关辅助设施。 第三十条　禁止实施下列危害发电、变电、充(换)电设施安全的行为: …… (六)擅自移动、损坏充(换)电设施和标志,在充(换)电站出入口设置障碍。 第四十二条　违反本条例第三十条、第三十二条、第三十三条、第三十四条规定的,由县级以上人民政府电力管理部门责令停止违法行为,对个人处以三百元以上五千元以下罚款,对单位处以二千元以上一万元以下罚款

续表

生效时间	名称	颁布部门	主要内容
2015.01.01	天津市电力设施保护条例	天津市人大（含常委会）	第二条 本条例适用于本市行政区域内已建和在建电力设施的保护。本条例所称电力设施，是指对社会提供服务的发电设施、变电设施、电力线路设施及其有关辅助设施，包括风力、太阳能等新能源发电设施及辅助设施，充电站、换电站、充电桩及其辅助设施。 第十三条 任何单位和个人不得从事下列危害发电设施、变电设施的行为： …… （二）擅自移动或者损害计量装置、充电站、换电站、充电桩及其附属设施； 第二十九条 违反本条例第十三条第一、二、三项，第十四条，第十五条第二、三、四、五项规定，尚未造成电力设施损坏的，由电力主管部门予以制止，责令其限期改正；拒不改正的，处以五百元以上三千元以下的罚款；拒不改正并造成电力设施损坏的，处以五千元以上一万元以下的罚款，并赔偿损失
2017.02.01	辽宁省电力设施保护条例	辽宁省人大（含常委会）	第二条 本条例适用于本省行政区域内电力设施的保护。本条例所称电力设施，是指发电设施、变电设施、电力线路设施、电力专用通信设施、电力交易设施及其有关辅助设施。 第十一条 发电、变电设施及辅助设施的保护范围： …… （六）充换电站（桩）控制器、蓄电池、逆变器及其有关附属设施； （七）法律、法规规定的其他保护范围
2015.11.01	珠海经济特区电力设施保护规定	珠海市人大（含常委会）	第二条 本规定适用于本市行政区域内已建和在建电力设施的保护。本规定所称电力设施，是指发电设施、变电设施、电力线路设施及其辅助设施，包括风力、太阳能等新能源发电设施及其辅助设施，充电站、换电站、充电桩及其辅助设施。 第七条 电力设施产权人、管理人对其维护管理的电力设施的安全负责，依法履行电力设施保护义务，接受政府和社会的监督。 第二十条 电力供应、使用双方根据平等自愿、协商一致的原则签订供用电合同，确定双方的权利和义务，明确约定产权分界、供用电设施维护责任的划分、违约责任等
2016.10.14	汕头市电力设施建设与保护条例	汕头市人大（含常委会）	第五十三条 违反本条例规定，造成电力设施损害的，电力设施所有人有权要求恢复原状、排除妨害、赔偿损失；造成其他单位损失或者公民人身财产损失的，责任人应当依法承担民事赔偿责任。 第五十六条 本条例所称电力设施，是指发电设施、变电设施、电力线路设施及其有关辅助设施，包括风力、太阳能等新能源发电设施及辅助设施，充电站、换电站、充电桩及辅助设施。电力设施建设，包括电力设施的新建、改建和扩建。电力线路，系电压等级在35千伏及以上的架空输电线路、电缆线路和电压等级在10千伏及以下的架空配电线路、电缆线路的总称。输电线路走廊，是指35千伏及以上高压架空电力线路两边导线向外侧延伸一定安全距离所形成的两条平行线之间的通道

续表

生效时间	名称	颁布部门	主要内容
2019.06.30	潮州市电力设施建设与保护条例	潮州市人大（含常委会）	第二条 本条例适用于本市行政区域内的电力设施规划、建设与保护以及相关监督管理活动。本条例所称电力设施，是指已建或者在建的发电设施、变电设施、电力线路设施、电力通信设施及其有关辅助设施，包括水力、风力、光伏、垃圾发电等新能源、清洁能源发电设施及其辅助设施，充电站、换电站、充电桩及其辅助设施。本条例所称电力企业，包括发电企业、电网经营企业、供电企业。 第五条 电力设施产权人、管理人应当依法履行电力设施建设与保护的义务，增强电力服务能力，改进和完善电力服务，接受政府有关部门和社会的监督

  目前，我国只有少数省市将充电站、换电站、充电桩及其辅助设施纳入了电力设施的范畴，大多数省份都尚未在电力设施保护条例中明确充电基础设施的法律属性。2011年国务院颁布的《电力设施保护条例》第2条规定"本条例适用于中华人民共和国境内已建或在建的电力设施（包括发电设施、变电设施和电力线路设施及其有关辅助设施）"。根据该规定，我国电力设施主要由发电设施、变电设施与电力线路设施构成，而已有的地方性法规、规章对"充电站、换电站、充电桩及其辅助设施"具体属于何种电力设施的规定有所不同。《天津市电力设施保护条例》第13条规定"任何单位和个人不得从事下列危害发电设施、变电设施的行为：（一）擅自进入发电厂、风力及太阳能等新能源发电场所、变电站内扰乱生产和工作秩序；（二）擅自移动或者损害计量装置、充电站、换电站、充电桩及其附属设施；……"将"充电站、换电站、充电桩及其附属设施"包含在"发电设施、变电设施"范围之内。而《宁夏回族自治区电力设施保护条例》第19条规定"发电、变电、充（换）电设施的保护范围：……（四）为电动汽车提供电能的各种充（换）电站、电池配送站、充电桩及其有关辅助设施"。将"充电站、换电站、充电桩及其有关辅助设施"作为与"发电设施""变电设施"并列的电力设施。《珠海经济特区电力设施保护规定》《汕头市电力设施建设与保护条例》《潮州市电力设施建设与保护条例》《深圳市电力设施和电能保护办法》只是将"充电站、换电站、充电桩及其辅助设施"包含在电力设施的范围之内，对于其是属于传统意义上的"发电设施、变电设施、电力线路设施和有关辅助设施"还是与"发电设施、变电设施、电力线路设施和有关辅助设施"并

列的新型电力设施没有明确规定。

一 充电桩的法律属性

(一) 充电桩的概念及分类

充电桩是指为电动汽车提供直流、交流电的充电装置，其输入端与交流电网直接连接，输出端装有充电插头用于为电动汽车充电，由充电桩壳体及底座、断路器、充电枪外壳、接触器、插头、插座和电源模块外壳组成。充电桩可以用电缆固定在地面、墙壁，安装于公共建筑（如公共楼宇、商场、公共停车场等）以及居民小区停车场、充电站内，根据不同的电压等级为各种型号的电动汽车充电。人们可以使用特定的充电卡在充电桩提供的人机交互操作界面上刷卡使用，进行相应的充电、费用数据打印等操作，充电桩显示屏能显示充电量、充电费用、充电时间等数据。

充电桩具有以下特点：（1）交流输入配置漏电保护开关，具备输出侧的过载保护、短路保护和漏电保护功能；（2）交流输入配置防雷器，具备防感应雷的保护功能；（3）交流输出配置交流智能电能表，可以进行交流充电电量计量；（4）配置触摸屏操作界面，充电方式可设置自动充满、按电量充、按金额充和按时间充，启动方式可选择立即启动充电，过程中实时显示充电方式、时间、电量及费用信息；（5）配置运行状态指示器，显示充电桩"待机""充电""结束"正常状态或断路器跳闸（过载保护、短路保护或漏电保护）等异常状态；（6）配置射频读卡器，支持IC卡付费方式，按照"预扣费与实结账"相结合的方式；（7）具备完善的通信功能，充电桩智能控制器通过RS485获取智能电能表的计量信息，完成充电计费和充电过程的联动控制；（8）充电接口配置国标连接器插座。

根据使用性质和对象，充电桩主要分为三类：一是自用充电桩，即指个人在其拥有所有权或使用权（须取得所有权人同意）的专用固定停车位上建设的仅供个人使用的充电桩。目前自用充电桩建设形式主要有个人自建、车企代建和个人委托第三方建设三种形式。二是专用充电桩，是指专为某个法人单位及其职工提供充电服务的充电桩，以及在住宅小区内为全体业主提供服务的充电桩。三是公共充电桩，是指建设在公共停车场（库）结合停车泊位，为社会车辆提供充电服务的充电桩。

(二) 充电桩的法律属性之认定

如上文所述，我国地方部分地区已将充电桩纳入了电力设施的范围，但其是属于传统意义上的"发电设施、变电设施、电力线路设施和有关辅助设施"还是与"发电设施、变电设施、电力线路设施和有关辅助设施"并列的新型电力设施还需要进一步讨论。

"发电设施"是指将其他能源转换为电能的设施设备。火力发电设施、水力发电设施是原有立法保护中的发电设施。近年来,随着风能、光伏等清洁能源的发展和使用,在地方立法实践中,风能设施、光伏设施等新型发电设施已被纳入了电力设施的范畴。如《天津市电力设施保护条例》第2条明确其所称的电力设施包括风力、太阳能等新能源发电设施及其辅助设施;《山西省电力设施保护条例》第2条规定"本条例所称电力设施是指火力、水力、风力、光伏等发电设施,变电设施,电力线路设施,电力交易设施和有关辅助设施"。因此,在风能、光伏等清洁能源不断发展的背景下,发电设施应当包括火力、水力发电设施和风能设施、光伏设施等新型发电设施。充电桩是为电动汽车提供直流、交流电的充电装置,其输入端与交流电网直接连接,输出端装有充电插头用于为电动汽车充电,在此过程中不涉及能源的转换,不属于将其他能源转换为电能的设施设备,亦不属于发电设施。

"变电设施"是指电力系统中变换电压、接受和分配电能、控制电力流向和调整电压的电力设施,包括变压器、开关设备、保护设备等。[①] 变压器是主要变电设施,按照其作用,可分为升压变压器和降压变压器。在电力输送过程中,根据电力输送和用户用电安全的需要,对电压进行升高或降低的变换。变电所和变电站通过其变换电压、接受和分配电能的电工装置,可以有效地把发电厂输送的电力电压转换为电力用户所需的电力电压。开关设备起接通和断开电路设备的作用,包括断路器、隔离开关、自动空气开关、接触器、电磁开关、闸刀开关等。[②] 断路器正常运行时,根据调度指令,可靠地接通或断开工作电路。当系统中发生故障时,在继电保护的装置下,断路器自动断开隔离故障部分,以保证系统中无故障部分的正常运行;隔离开关主要作用是在设备或线路检修时隔离电压,以保证安全;保护设备主要是保护电气设备免受过载或短路电流的损害;制电流或过电压的设备有电抗器、避雷器、避雷针等。充电桩交流输入配置的漏电保护开关,具备输出侧的过

---

① 李志明:《电气工程概论》(第2版),电子工业出版社2016年版,第64页。

② 同上。

载保护、短路保护和漏电保护功能；配置的防雷器具备防感应雷的保护功能；配置的交流智能电能表，可以进行交流充电电量计量。同时，在人们使用特定的充电卡进行刷卡充电、费用数据打印等操作时，充电桩显示屏能显示充电量、费用、充电时间等数据。因此，充电桩不仅具有变换电压、接受和分配电能、控制电力的流向和调整电压的作用，还具有通信、计量等智能作用，这与传统意义上的变电设施有所不同。

"电力线路设施"是指将变、配电所与各电能用户或用电设备连接起来，由电源端（变、配电所）向负荷端（电能用户或用电设备）输送和分配电能的设施。电力线路一般分为架空电力线路和电力电缆线路两种。架空电力线路一般使用无绝缘的裸导线，通过立于地面的杆塔作为支持物，将导线用绝缘子悬架于杆塔上；电力电缆线路一般埋没于地下或敷设在电缆隧道中。充电桩虽然一端与交流电网连接，一端与电动汽车相连接为电动汽车输送电能，具有输送和分配电能的作用，但与传统的电力线路设施不同，充电桩还具有智能控制、电费计算、IC卡付费、通信等多种功能。

综上所述，充电桩虽是为电动汽车提供直流、交流电的充电装置，属于电力设施，但是，与传统的发电设施、变电设施和电力线路设施有所不同，充电桩不仅具有电力输送和配置功能，还具有智能控制、电费计算、IC卡付费、通信等多种功能和作用，是大数据、云计算、移动互联、人工智能等信息技术和智能技术与传统电力设施相结合的产物。因此，应当将充电桩增列为与"发电设施、变电设施、电力线路设施和有关辅助设施"并列的一种新型电力设施，并对之规定不同的保护措施，规定有关各方的法律责任。

二 充电站的法律属性分析

（一）充电站的概念及分类

所谓电动汽车充电站，是指采用将电动汽车通过充电连接装置直接与充电设备相连接进行充电的方式（整车充电模式）为电动汽车提供电能的场所，其一般包括3台及以上电动汽车充电设备（至少有1台非车载充电机），以及相关供电设备、监控设备等配套设备。[①] 充电站按照功能可

[①] 住房和城乡建设部：《电动汽车充电站设计规范［附条文说明］GB 50966—2014》，2014年10月1日，http://www.jianbiaoku.com/webarbs/book/64885/1237455.shtml。

以划分为四个子模块：配电系统、充电系统、电池调度系统和充电站监控系统。充电站主要的用电负荷有充电桩、监控装置、通风装置、站内其他动力设备及照明设施等。随着电动汽车的发展，充电站作为电动汽车运行的重要补给，在近年来得到快速的布局和发展。

充电站依据不同的标准，主要有以下几类：

（1）按照充电速度，充电站可分为快速充电站和普通充电站。

快速充电站包含7个基本结构，分为初级一次侧充电机（为再生储能蓄电池充电）、储能蓄电池、次级二次侧快速充电机（为电动汽车充电）、再生蓄电池检修机、计费控制系统、线缆配电系统和机房。平时（夜间优先）电网电力通过初级一次侧充电机向再生蓄电池进行储能充电，由于储能充电时没有时间要求，因而可用小电流慢速充电，充电电流可根据蓄电池电量自动安排充电时间，最大限度地使用夜间低谷电力。当需要为电动汽车充电时，根据电动汽车的允许最大充电电流和电压，通过次级二次侧快速充电机向电动汽车进行快速充电，由于充电过程是从储能蓄电池向电动汽车"倒电"，而不是直接取自电网，因而对电网没有任何干扰。一般在30—50分钟的时间里，就可以给电动汽车充电60%—70%。普通充电站，又称慢速充电站或常规充电站。此种充电站为电动汽车充电多为交流充电方式，外部提供220V或380V交流电源给电动汽车车载充电机，由车载充电机给动力蓄电池充电。其给电动汽车充电的时间一般为3—8小时。

（2）按照电力供应来源，充电站可分为以传统能源为电力来源的充电站和以光伏等新能源为电力来源的光储充一体化充电站。

以传统能源为电力来源的充电站与电网相连接，由电网为充电站供电。以光伏等新能源为电力来源的光储充一体化充电站包含光伏发电系统、配电系统、充电系统、电池调度系统、充电站监控系统五个子模块。光伏发电系统是整个充电站的重要组成部分，主要经太阳能电池方阵发电，并通过充电装置储存到蓄电池中或直接供给电动汽车充电使用，担负着能源的供给；配电室为充电站提供所需的电源，不仅给充电桩提供电能，而且要满足照明、控制设备的用电需求，内部建有变配电设备、配电监控系统、相关的控制和补偿设备；中央监控室用于监控整个充电站的运行情况，并完成管理情况的报表打印等；充电区主要完成电动汽车充电。

（3）按照用途和使用对象，充电站可分为公共充电站和专用充电站。

公共充电站通常采用快速充电方式，服务社会上的各种车辆，属于没有固定服务对象的充电站。如高速公路服务区充电站、公共停车场充电站等。专用充电站一般采用快速充电与慢速充电相结合的方式，一般服务于某种或某类车型的车辆，属于服务固定对象的充电站。如公交车、环卫、机场、物流车辆充电站等。

（4）按照建设地点，充电站可分为高速公路服务区城际快充站；办公类建筑、大型商场、超市、公园、风景名胜区、交通枢纽及驻车换乘（P+R）等公共停车场充电站。

（二）充电站的法律属性之认定

如前所述，地方部分地区已将充电站纳入了电力设施的范畴。"电力设施"是用于电能生产、输送和分配的载体，而充电站作为给电动汽车提供电能的重要载体，根据充电站的规模和电动汽车的电力需求完成电力配置和终端消费，属于电力设施的范畴。但是，《电力设施保护条例》指出"电力设施"包括发电设施、变电设施、电力线路设施及其有关辅助设施。充电站作为能源转型的新兴产物，与传统的发电设施、变电设施、电力线路设施及其有关辅助设施有所不同。目前我国的充电站主要分为两种类型：一是以传统化石燃料或水能等为电力来源的充电站；二是以风能、光伏等新能源为电力来源的光储充一体化充电站。以传统化石燃料或水能等为电力来源的充电站由大电网供给电能，充电站再将电能按照电动汽车的电力需求予以输送。在这一过程中，充电站与传统的变电设施、电力线路设施及其有关辅助设施相同，完成电力的输送和配置。以光伏等新能源为电力来源的光储充一体化充电站，由光伏发电系统、配电系统、充电系统、电池调度系统、充电站监控系统五个子模块构成，兼具发电、变电和电力输送等多种功能，这与传统的"发电设施""变电设施""电力线路设施"的内涵与外延均有所不同。因此，充电站应属于与"发电设施、变电设施、电力线路设施及其有关辅助设施"并列的新型电力设施。

充电站作为新型电力设施，其是否同时属于电力作业区还需要进一步的探讨。"电力作业区"作为一个行业术语被强调，是在工业文明发展的背景下提出的，具有其独特的内涵。从语义学上讲，"电力作业区"由"电力"与"作业区"两个基本词根构成。"电力系统"是指由发电、输电、配电、用电等一次设备以及保障其运行所需的调度自动化、电力通信、电力市场基础支持系统、继电保护、安全自动装置等二次设备组成的统一整体。各种类型的发电厂发出的电力通过输电和配电环节才能将其送给电力用户使用；输电是将发电厂发出的电能通过高压输电线路输送到消费电能的负荷中心，或进行相邻电网之间的电力互送，使其形成互联网或统一电网，以保持发电和用电或两个电网之间的供需平衡；配电是在消费电能的地区接受输电网受端的电力，然后进行再分配，输送到城市、郊区、乡镇或农村，并进一步分配或供给工业、农业、商业、居民以及特殊需要的用电部门。输电系统和配电系统以及发电厂和用电设备统称为电力系统。① 由此"电力"应当包括电能的生产、运输、配置和终端消费；"作业区"是指为完成既定任务而进行活动的区域。因此，"电力作业区"是指为完成电力生产、运输、配置和终端消费的既定任务而进行活动的区域。而充电站包括配电系统、充电系统、电池调度系统和充电站监控系统四个子模块，根据充电站的规模和电动汽车电力需求完成电力的配置与终端消费。从这一层面讲，充电站似乎属于电力作业区。我们认为，在法律层面上应该将充电站定义为电力设施，将之增列为与"发电设施、变电设施、电力线路设施及其有关辅助设施"并列的一种新型电力设施，并对之规定不同的保护措施，规定有关各方的法律责任。

三　换电站的法律属性

（一）换电站的概念及分类

换电站又称为电动汽车电池更换站，是指采用电池更换模式为电动汽车提供电能的场所。② 由供配电系统、充电系统、电池更换系统、监控系统、网络通信系统和计量系统组成，通过对大量电池集中存储、集中充电、统一配送，在电池配送站内对电动汽车进行电池更换服务。车电价值分离模式是在换电模式上发展起来的，实现了整车价值和电池价值分离。消费者购买纯电动汽车整车后，电池产权将由电池管理公司或车企回购，消费者以租赁方式获得电池使用权，不需要支付电池的成本，仅需支付较低的电池租用成本。

根据不同的标准，我国现有的换电站类型可以分为以下几种：按照功

---

① 李志明：《电气工程概论》（第2版），电子工业出版社2016年版，第63页。
② 住房和城乡建设部：《电动汽车电池更换站设计规范［附条文说明］GB/T 51077—2015》，2015年9月1日，http：//www.jianbiaoku.com/webarbs/book/76813/1923369.shtml。

能不同，可分为兼具充电与换电的充换电站和纯换电站。目前，我国大部分为充换电站，如公交、环卫等商用车充换电站、家庭乘用车充换电站。也有部分企业在建设纯换电站，如北汽新能源和蔚来汽车有限公司。按照换电模式不同，可分为底盘换电和分箱换电。按照智能化程度不同，可分为手工换电站、半自动换电站和全自动换电站。按照电力来源不同，可分为以传统能源为电力来源的换电站和以光伏等新能源为电力来源的光储换电站。

（二）换电站的法律属性之认定

充电和换电作为电动汽车的配套基础设施在电动汽车发展伊始就存在充电模式与换电模式之争，虽然充电模式在近年来实现了大力发展，但实践中仍有不少企业在探索换电模式，并建立了大量的换电站。2019年，国家发展改革委、生态环境部、商务部印发了《推动重点消费品更新升级畅通资源循环利用实施方案（2019—2020年）》的通知，提出"引导企业创新商业模式，推广新能源汽车电池租赁等车电分离消费方式，降低购车成本。聚焦续驶里程短、充电时间长等痛点，借鉴公共服务领域换电模式和应用经验，鼓励企业研制充换电结合、电池配置灵活、续驶里程长短兼顾的新能源汽车产品"。将换电模式提上发展日程。而明确换电站的法律属性是推动换电模式有序发展的必要前提。

与充电桩和充电站相同，目前，我国在中央层面尚未出台相关政策法律明确换电站的法律属性，但部分地方已将换电站纳入了电力设施的范畴。换电站由供配电系统、充电系统、电池更换系统、监控系统、网络通信系统和计量系统组成，是电力系统中变换电压、接受和分配电能的电力设施。其通过对大量电池集中存储、集中充电、统一配送，在电池配送站内对电动汽车进行电池更换服务。目前，我国有充电与换电一体的充换电站和纯换电站。充换电站与充电站的法律属性相同，属于新型电力设施。纯换电站又可分为以传统能源为电力来源的换电站和以光伏等新能源为电力来源的光储换电站。以传统能源为电力来源的换电站与大电网相连接，由大电网供给电能，换电站再将电能输送和配置给各个电动汽车电池。在这一过程中，换电站与传统的变电设施、电力线路设施及其有关辅助设施作用相同，完成电力的输送和配置。以光伏等新能源为电力来源的光储一体化换电站，该类换电站包含光伏发电系统、配电系统、充电系统、电池更换系统、监控系统、网络通信系统和计量系统七个子模块，兼具发电、变电和电力输送等多种功能，与传统的"发电设施""变电设施""电力线路设施"有所不同。

综上所述，换电站应属于与"发电设施、变电设施、电力线路设施及其有关辅助设施"并列的新型电力设施。

第三节 充电基础设施的法律保护

一 明确充电基础设施的保护主体

电力工业是国民经济的重要基础产业，电力设施安全保护是保障供用电安全和维护社会公共安全的重要内容，充电基础设施作为推动电动汽车广泛应用的重要基础电力设施，亟待予以充分的保护。我国《电力设施保护条例》确立了"电力管理部门、公安部门、电力企业和人民群众相结合"的电力设施保护原则，充电基础设施作为新型电力设施，应当受到监督管理主体、电力企业、电力设施所有权人、使用权人和电力设施运维主体的保护。

（一）监督管理主体

我国《电力法》第6条规定"国务院电力管理部门负责全国电力事业的监督管理。国务院有关部门在各自的职责范围内负责电力事业的监督管理。县级以上地方人民政府经济综合主管部门是本行政区域内的电力管理部门，负责电力事业的监督管理。县级以上地方人民政府有关部门在各自的职责范围内负责电力事业的监督管理"。工业和信息化行政管理部门是电力行政主管部门，负责电力设施保护的监督、检查、指导和协调工作，是充电基础设施保护的监督管理主体，其可以委托符合法定条件的组织实施行政处罚。

《电力设施保护条例》第7条规定"各级公安部门负责依法查处破坏电力设施或哄抢、盗窃电力设施器材的案件"。充电基础设施作为影响供用电安全和社会公共安全的重要基础设施，公安机关应当会同电力企业建立健全警企联合保护电力设施工作机制，依法防范和惩处盗窃、破坏充电站、换电站、充电桩及其辅助设施等危害电力安全运行的违法犯罪活动。

同时，发展改革部门、自然资源部门、住房与城乡建设部门、交通部门、林业部门及城市管理行政执法等行政管理部门按照各自职责做好充电基础设施保护工作，加强对充电基础设施的安全管理，具体包括：

一是按照《安全生产法》的要求，建立健全安全生产责任制，加强对充电基础设施建设的监督管理，以防止不符合标准的充电基础设施设备流入市场；二是建立健全充换电运营安全保障体系和监督机制，将充电基础设施纳入安全责任管理体系，加大监管力度；三是建立健全消防管理和隐患排查治理工作制度，加大对私拉电线、违规用电、不规范建设施工等行为的查处力度。定期开展电气安全、技术防控、运维操作、消防及防雷设施安全检查和隐患排查，落实整改责任、措施、资金、时限、预案，及时消除安全隐患。

(二) 电力企业

作为将电动汽车充换电设施从供电设施和受电设施的产权分界点接入公共电网的配套电网工程建设主体，电力企业对推进充电基础设施互联互通，实现充电基础设施的有效运营具有重要作用。

其一，电力企业作为供电企业，应当与充电基础设施使用主体根据平等自愿、协商一致的原则签订供用电合同，确定双方的权利和义务，明确约定产权分界、供用电设施维护责任的划分、违约责任等。其二，根据国民经济与社会发展做好充电基础设施配电线路的增容与改造。由于已有的公共配电网和用户侧配电设施在早期建设时没有考虑到电动汽车的充电需求，电动汽车产业的发展使得部分地区的局部配电网产生了增容改造的需求。充电基础设施作为电力设施，对配电网的增容有影响，不同功率的充电桩对配电网的调度也具有一定影响。电力企业应当按照国家规范和技术标准做好充电基础设施配电线路的增容与改造。其三，充电基础设施作为新型的电力设施，电力企业应当落实各项人防、物防和技防措施，设立并维护电力设施安全警示标志，按照国家规范和技术标准对充电基础设施进行巡视、维护、检修，及时采取措施消除电力安全隐患。

(三) 充电基础设施的所有权主体

充电基础设施包括充电站、换电站和充电桩三种，由于其建设方式、成本及用途不同，所有权主体也有所不同。充电站和换电站由于建设场地占地面积大、建设成本高，往往由电动汽车企业或充电基础设施运营商建设，其所有权人为电动汽车企业或充电基础设施运营商。充电桩按照性质和使用对象不同，分为自用充电桩、专用充电桩和公共充电桩。自用充电桩是指购买和使用电动汽车的个人，在其拥有所有权的专用固定停车位上建设的充电桩及接入上级电源的相关电力设施，此种充电桩的所有权人是购买和使用电动汽车的个人。专用充电桩是指物业服务企业或充电基础设施运营商等单位，在居民区公共区域建设的为全体业主提供服务的充电桩或为某企事业单位提供服务的充电桩及接入上级电源的相关设施，此种充电桩的所有权人是物业、企事业单位或充电基础设施运营商。公共充电桩是指充电基础设施运营商建设在公共停车场（库）结合停车泊位，为社会车辆提供充电服务的充电桩，此种充电桩的所有权人是充电基础设施运营商。

（四）充电基础设施的使用主体

电动汽车用户作为充电基础设施的直接使用主体，是充电基础设施保护的直接责任人，具有规范使用充电基础设施的义务。但目前存在某些电动汽车用户在充电后，不按照规定把充电枪头放回规定位置，导致充电枪头磕碰、开裂；某些电动汽车车主在充电过程中撞上充电桩，导致充电桩桩体被撞歪、电线裸露等损害。规范电动汽车用户的充电行为，对维护充电基础设施、保障充电用能安全具有重要作用。

（五）充电基础设施的运维主体

国家发展改革委、国家能源局、工业和信息化部、住房和城乡建设部于2016年7月发布的《关于加快居民区电动汽车充电基础设施建设的通知》中规定，充电基础设施所有权人应对充电基础设施进行定期维护保养，采取有效措施防止在充电基础设施使用过程中侵害第三者权益。电动汽车企业在协议期内为用户提供自用桩维护保养。充电基础设施所有权人也可与小区物业签订服务协议，由小区物业协助管理、维护充电基础设施，为用户提供相关服务。该通知对居民小区的充电基础设施的运维主体做了规定，即充电基础设施所有权人为运维主体，负责充电基础设施的定期维护保养；电动汽车企业、物业可根据与用户签订的协议为用户提供自用桩保养。以此类推，包括充电站、换电站和充电桩在内的充电基础设施的直接运维主体为充电基础设施的所有权人。同时，所有权人也可以委托第三方定期检查和运行维护，以确保充电设备、配电设备、线缆及保护装置、充电监控系统及运行管理平台的工作状态正常和可靠运行。

二 确定充电基础设施的保护范围

作为新型电力设施，明确充电基础设施的保护范围对预防电力事故，维护人身财产安全和电力安全均具有重要作用。《电动汽车充电站设计规范 B 50966—2014》规定，充电站不应靠近有潜在火灾或爆炸危险的地方，当与有爆炸危险的建筑物毗邻时，应符合现行国家标准《爆炸危险环境电力装置设计规范 GB 50058》的有关规定；该规范还规定充电站不宜设在多尘或有腐蚀性气体的场所，当无法远离时，不应设在污染源盛行风向的下风侧；充电站不应设在有剧烈振动的场所。《电动汽车电池更换站设计规范 GB/T 51077—2015》第 3.0.4 条规定，电池更换站的站址不宜选在有重要文物或开采后对电池更换站有影响的矿藏地点、有潜在火灾或爆炸危险的地方、污染源盛行风向的下风侧；电池更换站选址应满足环境保护和消防安全的要求。电池更换站内的建（构）筑物与站外建筑之间的防火间距应符合现行国家标准《建筑设计防火规范 GB 50016》的有关规定；电池更换站的站址不应选地势低洼和可能积水的场所与有剧烈振动的场所。从上述规定可看出，充电站和换电站在建设和使用过程中应远离有潜在火灾或爆炸危险的地方、剧烈振动场所和污染源盛行风向的下风侧，并应满足环境保护和消防安全的要求。《电力设施保护条例》也规定，任何单位或个人在电力设施周围进行爆破作业，必须按照国家有关规定，确保电力设施的安全。为维护充电基础设施的安全，其保护范围应为：（1）充电站、换电站内发电设施、配电设施、充电设施、通信设施及其有关辅助设施；（2）充电站、换电站外各种专用的铁路、道路、桥梁、码头、避雷装置、消防设施及其有关辅助设施；（3）充电桩的壳体及底座、断路器、充电枪外壳、接触器、插头、插座和电源模块外壳、防雷器、智能电能表及其有关辅助设施。

三 缕清保护充电基础设施的法律责任

（一）民事法律责任

民事责任属于法律责任中的一种，是指民事主体在民事活动中，因民事法律关系主体的违约行为或侵权行为，根据民法内容应当承担的不利民事法律后果或基于法律特别规定而应承担的民事法律后果。充电基础设施作为电动汽车发展的配套设施，涉及电动汽车企业、充电基础设施运营商、电动汽车车主、充电基础设施所有权人、电力企业、充（换）电站场站供应者、第三人等多种主体。这些主体对其实施的与充电基础设施保护和正常运行相关的违约行为与侵权行为应当承担相应的民事责任。根据民事法律规范与《电力法》《电力设施保护条例》的相关规定，充电基础设施保护民事法律责任的承担方式主要有以下几种：

1. 违约法律责任的承担方式

一是支付违约金。在合同一方当事人不履行或不适当履行合同义务时，其需要向对方当事人支付合同先前约定数额的金钱。《合同法》第114条第3款规定，当事人就迟延履行约定违约金的，违约方支付违约金后，还应当履行债务。《合同法》第116条规定，当事人既约定违约金，又约定定金的，一方违约时，对方可以选择适用违约金或者定金条款。

二是损害赔偿。当合同一方当事人出现违约行为，给对方当事人造成财产损失时，违约方需向对方当事人做出经济赔偿。经济赔偿的范围一般包括直接损失和间接损失，但不包括非财产损失，即精神损害。《合同法》第113条规定，当事人一方不履行合同义务或者履行合同义务不符合约定，给对方造成损失的，损失赔偿额应相当于因违约所造成的损失，包括合同履行后可以获得的利益，但不得超过违反合同一方订立合同时预见或者应当预见的因违反合同可能造成的损失。经营者对消费者提供商品或者服务有欺诈行为的，依照《消费者权益保护法》的规定承担损害赔偿责任。《合同法》第119条规定，当事人一方违约后，对方应当采取适当措施防止损失的扩大；没有采取适当措施致使损失扩大的，不得就扩大的损失要求赔偿。

三是继续履行。继续履行是指由法院或仲裁机关作出要求实际履行的判决或下达的特别履行命令，强迫债务人在指定期限内履行合同债务。《合同法》第110条规定，当事人一方不履行非金钱债务或者履行非金钱债务不符合约定的，对方可以要求履行，但有下列情形之一的除外：（一）法律上或者事实上不能履行；（二）债务的标的不适于强制履行或者履行费用过高；（三）债权人在合理期限内未要求履行。

此外，还有其他补救措施。当违约行为发生，不适合采用以上三种补救方式承担责任时，就采用如更换产品、退货、减少价款等方式进行弥补。例如，《合同法》第111条规定，质量不符合约定的，应当按照当事人的约定承担违约责任。对违约责任没有约定或者约定不明确，依照本法第61条的规定仍不能确定的，受损害方根据标的的性质以及损失的大小，可以合理选择要求对方承担修理、更换、重作、退货、减少价款或者报酬等违约责任。《合同法》第112条规定，当事人一方不履行合同义务或者履行合同义务不符合约定的，在履行义务或者采取补救措施后，对方还有其他损失的，应当赔偿损失。

2. 侵权法律责任的承担方式

当侵权行为是妨碍性质的时候，侵权责任的承担方式一般是防御性的，具体而言：一是停止侵害。当侵权行为人实施的侵权行为仍然处于继续状态时，受害人可以依法要求法院责令加害人停止侵害人身或财产权的行为。二是排除妨碍。当侵权行为人实施的侵权行为使受害人的财产权利、人身权利无法正常行使时，受害人有权请求排除妨碍。三是消除危险。当行为人的行为对他人的人身财产安全造成了威胁，或存在对他人人身、财产造成损害的危险时，处于危险中的人有权要求行为人采取措施消除危险。四是返还财产。当侵权行为人没有合法依据，将他人财产据为己有时，受害人有权要求其返还财产。五是恢复原状。恢复原状是指侵权行为致使他人的财产遭到损坏或形状改变，受害人有权要求加害人对受损财产进行修复或采取其他措施，使其回复到原来状态。六是赔偿损失，即当侵权行为人造成他人财产或人身损害时，应当予以赔偿。

(二) 行政法律责任

行政法律责任是指行政法律关系主体因违反行政法上的义务而应当承担的不利法律后果，是行政机关对违反行政法律、法规规范的行为人实施的行政制裁。充电基础设施是能源革命与能源转型背景下兴起的新型电力设施，充电基础设施保护的行政法律责任主要针对的是违反《电力法》及《电力设施保护条例》等法律规范，侵害充电基础设施设备和电能，对社会造成一定程度的危害，但尚未造成犯罪的行为。这既是对违法行为人的惩戒和教育，也是违法行为人应当承担的不利法律后果。

我国《电力法》和《电力设施保护条例》作为电力设施保护的基础性法律规范，对违反电力设施保护的相关行政法律责任作出了规范引导。如《电力法》第70条规定"有下列行为之一，应当给予治安管理处罚的，由公安机关依照治安管理处罚法的有关规定予以处罚；构成犯罪的，依法追究刑事责任：(一) 阻碍电力建设或者电力设施抢修，致使电力建设或者电力设施抢修不能正常进行的；(二) 扰乱电力生产企业、变电所、电力调度机构和供电企业的秩序，致使生产、工作和营业不能正常进行的；(三) 殴打、公然侮辱履行职务的查电人员或者抄表收费人员的；(四) 拒绝、阻碍电力监督检查人员依法执行职务的"；第71条规定"盗窃电能的，由电力管理部门责令停止违法行为，追缴电费并处应交电费五倍以下的罚款；构成犯罪的，依照刑法有关规定追究刑事责任"；《电力设施保护条例》第 30 条规定"违反本条例规定而构成违反治安管理行为的单位或个人，由公安部门根据《治安管理处罚法》予以处罚；构成犯罪的，由司法机关依法追究刑事责任"。天津市和宁夏回族自治区作为率先将充电基础设施纳入电力设施保护范畴的地区，对侵犯充电基础设施保护秩序的行政违法行为作出了具体规定。《天津市电力设施保护条例》第 29 条规定，擅自移动或者损害计量装置、充电站、换电站、充电桩及其附属设施尚未造成、充电站、换电站、充电桩及其附属设施损坏的，由电力主管部门予以制止，责令其限期改正；拒不改正的，处以五百元以上三千元以下的罚款；拒不改正并造成、充电站、换电站、充电桩及其附属设施损坏的，处以五千元以上一万元以下的罚款，并赔偿损失。《宁夏回族自治区电力设施保护条例》第 42 条规定所示，擅自移动、损坏充（换）电设施和标志，在充（换）电站出入口设置障碍的由县级以上人民政府电力管理部门责令停止违法行为，对个人处以三百元以上五千元以下罚款，对单位处以二千元以上一万元以下罚款。

充电基础设施作为电力设施，受到《电力法》与《电力设施保护条例》等法律法规的保护与规制，对于阻碍充电基础设施抢修致使充电基础设施抢修不能正常进行、扰乱充电基础设施正常使用秩序、破坏充电基础设施或利用充电基础设施漏洞盗窃电能等行为危害充电基础设施正常运行与管理秩序，但尚未构成犯罪的，应当依法追究违法行为人的行政责任。

（三）刑事法律责任

刑事责任是所有法律责任中最严厉的一种，是保障电力活动顺利开展的重要屏障，也是保证人民生产生活正常进行的重要方式。充电基础设施的保护关系到电网运行安全与国家安全，对于危害充电基础设施进而危及公共安全的严重违法行为，应当追究违法行为人的刑事法律责任。

目前，我国充电基础设施保护领域的刑事违法行为主要表现为行为人盗窃电能、盗窃或破坏充电基础设施。我国《电力法》第 71 条规定"盗窃电能的，由电力管理部门责令停止违法行为，追缴电费并处应交电费五倍以下的罚款；构成犯罪的，依照刑法有关规定追究刑事责任"；第 72 条规定"盗窃电力设施或者以其他方法破坏电力设施，危害公共安全的，依照刑法有关规定追究刑事责任"。

我国《刑法》中涉及电力设施的罪名主要有盗窃罪和破坏电力设备罪。"盗窃罪"是指以非法占有为目的，盗窃公私财物数额较大或者多次盗窃、入户盗窃、携带凶器盗窃、扒窃公私财物的行为，其以保护财产权及其他权益为目标。"破坏电力设备罪"是指故意破坏电力设备、危害公共安全尚未造成严重后果或者已经造成严重后果的行为，其以保护公共安全为目标。根据《最高人民法院关于审理破坏电力设备刑事案件具体应用法律若干问题的解释》，电力设备是指"处于运行、应急等使用中的电力设备；已经通电使用，只是由于枯水季节或电力不足等原因暂停使用的电力设备；已经交付使用但尚未通电的电力设备。不包括尚未安装完毕，或者已经安装完毕但尚未交付使用的电力设备"。充电基础设施作为电力设施，包括充电站、换电站、充电桩及其有关辅助设施，与电力设备的范围有所不同。同时该解释第3条对"破坏电力设备罪"和"盗窃罪"的定罪予以说明："盗窃电力设备，危害公共安全，但不构成盗窃罪的，以破坏电力设备罪定罪处罚；同时构成盗窃罪和破坏电力设备罪的，依照刑法处罚较重的规定定罪处罚。盗窃电力设备，没有危及公共安全，但应当追究刑事责任的，可以根据案件的不同情况，按照盗窃罪等犯罪处理。"根据上述解释，对于盗窃电能、盗窃或破坏充电基础设施并未危害公共安全但对财产权益造成侵害的，应当按照盗窃罪追究违法行为人的相关刑事责任。

四 完善《电力设施保护条例》

《电力设施保护条例》是对电力设施进行保护、监管、运行的重要法规，充电站、换电站、充电桩及其辅助设施作为与传统"发电设施、变电设施、电力线路设施及其有关辅助设施"并列的新型电力设施，应当受到相关法律法规的保护。但目前无论是《电力法》还是《电力设施保护条例》都尚未将充电基础设施纳入法律规制范畴。根据上述研究，亟须对现有法律法规进行修订，将充电基础设施纳入电力设施保护范围以进行规范引导。

第一，建议将《电力设施保护条例》第2条"本条例适用于中华人民共和国境内已建或在建的电力设施（包括发电设施、变电设施和电力线路设施及其有关辅助设施）"修改为"本条例适用于中华人民共和国境内已建或在建的电力设施（包括发电设施、变电设施、充（换）电设施和电力线路设施及其有关辅助设施)"。

第二,建议将《电力设施保护条例》第 8 条"发电设施、变电设施的保护范围"修改为"发电设施、变电设施、充(换)电设施的保护范围";增加一项作为第四项"(四)为电动汽车提供电能的各种充(换)电站、电池配送站、充电桩及其有关辅助设施"。

第三,建议将《电力设施保护条例》第 13 条"任何单位或个人不得从事下列危害发电设施、变电设施的行为"修改为"任何单位或个人不得从事下列危害发电设施、变电设施、充(换)电设施的行为";并增加一项作为第五项"(五)擅自移动、损坏充电站、换电站、充电桩及其附属设施、标志,在充(换)电站出入口设置障碍"。第五项调整为第六项,修改为"(六)其他危害发电、变电设施、充(换)电设施的行为"。

第五章

充电基础设施的特许经营问题

第一节 特许经营的背景

一 特许经营的产生与发展

（一）国外特许经营的发展历史

特许经营作为一种私人参与基础设施建设的新型制度，其实践可追溯至18世纪，当时涉及的领域有城市供水、公路、铁路、桥梁、运河等。供水方面，1777年法国巴黎政府将给水设施的建设以特许权的方式授予佩里兄弟；[①] 19世纪20年代，英国伦敦就有6家水务公司在运营[②]。供电方面，巴西、智利等国的电力设施主要由当地的私人企业负责建设运营。[③] 交通运输领域，早在17世纪法国国王采用特许经营的方式来建设运营运河。[④] 之后，特许经营制度随着西方国家的对外扩张开始国际化，其

---

① Michael Kerf, R. David Gray, Timothy Irwin, et al., *Concessions for Infrastructure: A Guide to Their Design and Award*, World Bank Technical Paper, 1998.

② James Foreman-Peck, Robert Millward, *Public and Private Ownership of British Industry 1820–1990*, Clarendon Press, 1994.

③ David F. Cavers, James R. Nelson, *Electric Power Regulation in Latin America*, The Johns Hopkins Press, 1959.

④ Michael Kerf, R. David Gray, Timothy Irwin, et al., *Concessions for Infrastructure: A Guide to Their Design and Award*, World Bank Technical Paper, 1998.

中最著名的案例是埃及境内的苏伊士运河。19世纪50年代，法国时驻埃及的外交官投资修建了该运河，并获得了99年的特许期。第二次世界大战后，特许权制度广泛应用于资源开采和公共设施建设领域。①

20世纪70年代以来，许多发达国家的经济经常处于停滞状态，政府无力负担巨大的基础设施和公用事业建设所需的财政支出，加之计算机、信息、互联网等新科学技术的发展削弱了许多领域垄断的根基等原因，西方等发达资本主义国家普遍对政府监管进行改革。改革的核心就是引入竞争，放松政府监管。②

随着政府监管改革的不断发展，特许经营的理论和实践有了进一步的发展。特别是20世纪80年代BOT项目融资模式的出现，将特许经营制度推向了新的发展时期。作为一种新型国际项目融资结构，BOT模式引起了国际金融界的广泛重视。1984年土耳其政府将BOT用于该国公共基础设施项目的私有化。此后，BOT模式引起世界各国尤其是发展中国家的高度重视，例如土耳其、泰国、印度尼西亚、巴基斯坦以及南美一些国家。③

（二）我国特许经营的发展历史

改革开放前，我国长期实行计划经济体制，几乎所有行业都由国家直接控制，由国家对生产生活所需的产品实行计划供应。通过实行改革开放，我国逐渐建立起了社会主义市场经济体制，许多行业和领域开始逐渐实行改革开放，比如，日常生活消费品等行业开始对民间资本和外资开放。但在改革初期，像自来水、电力、公交运营线路、垃圾处理等基础设施和公用事业领域仍主要由国家和政府控制，以政府直接投资设立企业的形式专营相关产品。政府对上述领域实行垄断或控制的初衷是更好地满足社会经济发展的需求，但由于财政压力较大和运营管理不善等多种原因，实际结果与其初衷背道而驰。政府长期的垄断经营结出了相关行业的产品和服务质量长时间处于较低水平这样一个"恶果"，并伴有"政府失灵"

---

① 李响玲：《中国基础设施特许经营法律制度研究》，硕士学位论文，清华大学，2006年，第23页。

② [日] 植草益：《微观规制经济学》，朱绍文等译，中国发展出版社1992年版，第166—168页。

③ 王守清：《BOT知识连载之一项目融资的一种方式——BOT》，《项目管理技术》2003年第4期，第166页。

的情况。①

随着改革开放的进行，特许经营开始在我国兴起。开放初期，中央和地方各级政府陆续出台一系列导向性政策，吸引民间资本和外资参与基础设施和公用事业领域的投资、建设与运营，以改善当时相关领域投资不足、建设运营效率低下的现状。我国早期的特许经营项目于20世纪80年代出现在广东一带。广东深圳沙角B电厂是我国第一个使用BOT方法建设的项目。该项目是一个总装机容量为700兆瓦的燃煤发电厂，由深圳经济特区电力开发公司（深圳市能源集团有限公司前身）与香港合和电力（中国）有限公司于1985年合作兴建，并于1987年投产发电。②

2000年后，随着改革开放的不断深化，我国特许经营制度得到迅速的推广，扩展到了基础设施和公用事业的许多行业与领域。但是，由于受政策、经济发展状况、技术等因素的影响以及新兴产业的出现，特许经营的适用领域也在不断地变化。2015年4月国家发展改革委等部门联合发布《基础设施和公用事业特许经营管理办法》，规定我国境内的能源、交通运输、水利、环境保护、市政工程等基础设施和公用事业领域的特许经营，适用该办法。这一规定也从侧面对特许经营的适用领域作了一个界定。但是，该办法的规定较为概括和模糊。

二 特许经营的理论基础

（一）公共产品理论

产业的性质是决定产业组织的形式、交易方式和类型的重要因素之一；基础设施领域的产品特征和技术特征决定了其产业性质，并导致了其或者不能完全私有化，或者不能（完全）开放竞争。③ 萨缪尔森1954年在《公共支出的纯理论》一文中认为，公共产品是"每个人对这种产品的消费，都不会导致其他人对该产品消费的减少"。这一观点为后来的主流经济学所接受，并得到了延伸发展。公共产品具有效用的不可分割性、

---

① 刘强：《政府特许经营权法律问题研究》，硕士学位论文，西南财经大学，2002年，第25页。

② 深圳能源集团股份有限公司：《深圳市广深沙角B电力有限公司简介》（https://www.sec.com.cn/queryMemberById.do?id=61）。

③ 屈哲：《基础设施领域公私合作制问题研究》，博士学位论文，东北财经大学，2012年，第82页。

受益的非排他性和消费的非竞争性等特征。

根据不同的分类，公共产品可以分为全国性的和地方性的公共产品、具有正外部性的和具有负外部性的公共产品，以及纯公共性产品和准公共性产品。国防、警察、消防等纯公共性物品不能通过市场价格来供给，然而垃圾处理、道路清洁等市政园林服务等准公共性产品却在一定条件下（主要是需求量能够产生适商性产业规模时）可以形成市场价格的物品。

由于基础设施和公用事业多具有公共产品的产业性质，因此政府有必要提供相应的产品和服务。

（二）自然垄断理论

在某种产品的一个或极少数供应商或者某种服务的一个或极少数提供者完全排他性地占有一个市场，而且没有替代者的情形下，就出现或者构成了垄断。主要存在三种垄断：一是经由过度竞争而形成的垄断；二是通过控制关键技术而出现的垄断（例如微软公司的垄断）；三是因需要巨大投资而市场进入机会受限或者因避免资源浪费而导致的自然垄断（例如石油天然气管道输送，能源供应公用设施）。①

早期自然垄断理论认为，自然垄断的形成主要由自然因素和自然条件等引起；现代的自然垄断理论认为，自然垄断的形成是在规模经济作用下产生的，其与企业的生产成本息息相关，当代的自然垄断理论则是基于成本次可加性理论形成的。② 实践中，政府有时通过自己经营进行垄断，有时通过特许经营允许企业实施垄断。基于需要巨大投资而市场进入机会受限或者避免资源浪费的原因，政府实施特许经营而形成的自然垄断才是合理的。

（三）公共利益理论

市场失灵有广义、狭义两种理解。狭义的市场失灵是指由于完全竞争市场机制本身的规律、力量或者原因而发生的导致市场不能充分竞争、造成资源浪费的情形。广义的市场失灵还包括由于完全竞争市场的发挥作用而导致的影响社会公平、稳定和秩序以及妨碍国家安全的情形。为了解决市场失灵问题，政府往往采取监管措施，预防市场失灵及减少由之产生或者造成的危害。

如前文所述，对于一些准公共性产品，在一定条件下政府或者由于财

---

① 胡德胜：《能源法学》，北京大学出版社2012年版，第23页。

② 王永刚：《自然垄断理论研究》，博士学位论文，北京邮电大学，2012年，第12页。

政压力而不能有效供给,或者为了促进新兴产业的发展,采用特许经营的方式,给予特定主体一些鼓励支持政策,激发私人主体投资热情,实现公共性物品的供给,从而保障公共利益。

(四) 公共选择理论

20世纪70年代之前,受凯恩斯主义的影响,西方主流经济学认为,在基础设施领域只有政府才能弥补市场失灵,只有政府才能实现公共产品的有效供给。[1] 但是公共选择理论却认为,有时也会在一定程度上出现政府失灵的情况。政府失灵的原因主要有:政府也是"理性人",政府存在寻租行为;利益集团导致政府失灵;信息的不完备产生政府失灵;缺乏竞争引起政府失灵等。[2]

基于公共产品、自然垄断和公共利益的需要,政府需要对基础设施领域进行干预。但由于存在政府失灵,政府对市场的干预和监管不一定是完全正确的。公共选择理论认为,基础设施的提供应该遵循比较优势原则,政府和市场谁在具体的基础设施领域具有优势就由谁来提供。作为提供基础设施的最佳途径之一,公私合作可以将政府部门和民间资源各自的优点结合起来,使得政府和市场得以互补;特许经营就是公共选择理论下公私合作的一种具体措施。

三 我国特许经营的适用领域

(一) 目前特许经营的适用行业

根据2015年4月国家发展改革委、财政部等部门联合发布的《基础设施和公用事业特许经营管理办法》,我国在能源、交通运输、水利、环境保护、市政工程等基础设施和公用事业领域实行特许经营。同年修订的《市政公用事业特许经营管理办法》对此规定得相对具体,规定我国城市供水、供气、供热、公共交通、污水处理、垃圾处理等行业依法实施特许经营。通过对目前地方政策以及法律的梳理,我们发现我国大多数省份和地区都明确了特许经营的适用领域或行业,不同的地区规定的方式不同,以概括式、列举式或综合式的形式进行规定。省级文件多采用综合式规

---

[1] 屈哲:《基础设施领域公私合作制问题研究》,博士学位论文,东北财经大学,2012年,第83页。

[2] 同上。

定，为省行政区域内的各个地区灵活立法留下空间，市级文件在省级文件的指导下，规定得更为具体。举例而言，江苏省以概括式的形式规定全省行政区域内实施市政公用事业特许经营管理的行业包括城市供水、供气（管道燃气）、公共交通、污水处理、垃圾处理等行业；[①] 甘肃省以概括式的形式规定全省行政区域内的城市供水、供气、供热、公共交通、污水处理、垃圾处理等行业，依法实施特许经营[②]。也有一些省以综合式的形式规定特许经营的适用领域，如湖南省规定全省行政区域内可以实行特许经营的行业限涉及公共资源配置和直接关系公共利益的行业，包括城市自来水供应、管道燃气供应、集中供热，城市污水处理、垃圾处理，城市公共客运以及法律、法规规定的其他行业。[③]

就各省行政区域内的地区而言，一些市对特许经营适用行业规定得较为详细和具体，如云南省玉溪市、辽宁省盘锦市等。玉溪市对特许经营的适用领域规定得非常具体，根据 2014 年玉溪市政府发布的《玉溪市特许经营权管理暂行办法》，玉溪市应当实施特许经营的项目为直接关系公共利益、涉及公共资源配置和有限自然资源开发利用的项目，包括：供水、供气、供热；污水处理，生活垃圾（粪便）、建筑垃圾处置；公园、广场、绿地；公共客运线路及站（场）；公共停车场、洗车场；医疗废物收集和处置；利用城市公共区域或者空间设置户外广告；城市公共汽车、出租汽车经营权；水能、风能、太阳能等能源资源的开发利用；风景名胜区内的项目经营和旅游资源的开发利用；经营性公墓建设和经营；政府投资建设和提供的公用设施和公共服务设施项目；法律、法规、规章规定和市人民政府确定的其他项目。[④] 盘锦市的规定较国内大多数地区而言较为详细和清晰，以专门的目录形式呈现特许经营权的适用领域。2016 年 4 月 23 日，盘锦市政府于发布《关于印发〈盘锦市人民政府特许经营权目录（试行）〉的通知》，附件提供《盘锦市人民政府特许经营权目录（试行）》。该目录规定的特许经营适用领域包括自然资源、社会资源、行政资源以及资产资源四类，并对这四类资源进行逐个分类列举，涵盖多个方

---

① 《江苏省城市市政公用事业特许经营招标投标制度》，2007 年 10 月 18 日。
② 《甘肃省市政公用事业特许经营管理办法》，2004 年 9 月 14 日。
③ 《湖南省市政公用事业特许经营条例》，2008 年 11 月 28 日。
④ 《玉溪市特许经营权管理暂行办法》，2014 年。

面,明确提出"充电站特许经营权",隶属行政资源领域。[①]

由此,根据地方的文件可以得出,各个地方积极贯彻和落实中央关于特许经营的政策及法律的规定,在上级文件的指导下根据当地实际情况进一步细化。目前我国实施特许经营的项目越来越多,适用的种类也越来越多,越来越细化。

(二) 特许经营适用建议

特许经营,作为政府监管的一种特殊方案措施,不能无限制地适用于所有领域,其适用范围应限于公共性产品和政府垄断控制的资源领域。公共性产品也主要是指能够形成价格的准公共产品,如道路清洁,垃圾处理等。这些产品可以在政府的监管下以特许经营的方式由私人提供。由于资源具有稀缺性和规模经济等特征,资源供应行业往往具有自然垄断的属性,比如电信行业和城市供水等。对于这些特殊的行业,可以实行特许经营。同时,由于技术的进步,很多产业性的自然垄断已逐渐转变成业务性的自然垄断,比如油气行业,目前只有运输环节仍具有较强的自然垄断属性,上游的开采和下游销售环节都可以引入竞争。因此,对于特许经营的适用范围,应该根据产业属性、市场需求和技术发展现状等因素综合考虑。

第二节 充电基础设施特许经营的基本认识

一 充电基础设施特许经营的概念

根据2015年9月29日国务院办公厅发布的《关于加快电动汽车充电基础设施建设的指导意见》,充电基础设施是指为电动汽车提供电能补给的各类充换电设施,是新型的城市基础设施。[②] 大力推进充电基础设施建设,有利于解决电动汽车充电难题,是促进电动汽车产业发展的重要保障。特许经营,在我国也被称为特许经营权,是指由权力当局授予个人或法人实体的一项特权。

[①] 《盘锦市人民政府关于印发〈盘锦市人民政府特许经营权目录(试行)〉的通知》,《盘锦市人民政府特许经营权目录(试行)》,2016年4月23日。

[②] 《关于加快电动汽车充电基础设施建设的指导意见》,2015年9月29日。

我国的特许经营通常有两种形式：一是由政府机构授权，准许特定企业使用公共财产，或在一定地区享有经营某种特许业务的权利；二是一家企业有期限地或永久地授予另一家企业使用其商标、商号等专有权利，按合同规定在特许者统一的业务模式下从事经营活动，并向特许人支付相应费用。这里研究的充电基础设施特许经营是指政府特许经营（Concession），有别于第二种形式的商业特许经营（Franchise）。2015年4月国家发展改革委、财政部等六部门联合发布的《基础设施和公用事业特许经营管理办法》中规定，基础设施和公用事业特许经营是指政府采用竞争方式依法授权我国境内外的法人或其他组织，通过协议明确权利义务和风险分担，约定其在一定期限和范围内投资建设运营基础设施和公用事业并获得收益，提供公共产品或公共服务。在分析相关概念定义及政策法律的基础上，这里对充电基础设施特许经营定义如下：充电基础设施特许经营，即充电基础设施特许经营权，是指政府通过市场竞争机制选择充电基础设施项目的投资者或经营者，通过协议明确权利义务和风险分担，约定其在一定期限和范围内投资建设运营充电基础设施并获得收益的权利。充电基础设施特许经营者指依法取得充电基础设施特许经营权的法人或其他组织。充电基础设施特许经营权通常表现为地方政府通过招标、竞争性磋商等方式选出合格的充电基础设施项目投资者或经营者，授予其在一定时间和一定范围内负责筹资、建设、运营充电基础设施，双方签订特许经营权协议。

充电基础设施特许经营的主要特点如下：其一，它是一种"从事经营活动"的资格。地方政府通过授予特许经营权准予企业参与充电基础设施建设、运营等；其二，授权主体为地方政府。地方通常采取招标、竞争性磋商等出让方式，授予企业充电基础设施特许经营权，双方签订特许经营权协议；其三，地方政府让渡公共权力，行使监督管理权。政府最直接、最本质的行政职能就是建设基础设施，提供公共产品和服务，但在充电基础设施特许经营模式下，政府让渡部分公权力给社会资本，企业分担了政府的部分财政压力，同时政府行使对项目建设等方面的监督管理权；其四，它具有垄断性。地方政府授权一家或几家企业在一定期限和范围内参与充电基础设施建设、运营等，造成了特许经营者垄断经营的局面。

二 充电基础设施的法律界定

（一）"基础设施"的界定

"基础设施"一词在我国经济理论界最早出现在钱家骏、毛立本发表的《要重视国民经济基础结构的研究和改善》一文中，该文提到了"基础结构"的概念，也即基础设施。① 实践中，"城市基础设施"一词最早出现在 1983 年中共中央、国务院《关于对北京市城市基础设施总体规划方案的批复》文件中。② 在我国，基础设施（infrastructure）是为社会生产和居民生活提供公共服务的物质工程设施，是用于保证国家或地区社会经济活动正常进行的公共服务系统。基础设施是社会赖以生存发展的一般物质条件，包括交通、邮电、供水供电、商业服务、环境保护等市政公用工程设施和公共生活服务设施等。在我国，公共基础设施专为公众而设置，社会公众可以共享，不允许个人独占或排他，具有公益性、垄断性、收费性、竞争性的特征。

基础设施的内涵十分丰富，其可分为经济性基础设施和社会性基础设施；③ 这里探讨的主要是经济性基础设施。经济型基础设施是指那些直接参与、支持物质生产过程中的基础设施，学界将将基础设施的主要内容划分为六大系统，即能源系统、水资源和供排水系统、交通系统、邮电系统、环境系统和防灾系统。④ 1990 年，我国当时的建设部完成的《不同类型城市基础设施等级划分与发展水平的研究》与世界银行《1994 年世界发展报告——为发展提供基础设施》⑤ 关于基础设施的分类大致相同。

综上，基础设施是一个具有综合性和系统性的工程，除了具有独特的技术特点外，还具有显著的经济与社会属性，例如基础性、混合物品属性、外部性等。⑥ 在一定条件下，需要实施自然垄断式的经营；或者由政府直接垄断经营，或者通过特许授权企业实施垄断经营。

---

① 钱家骏、毛立本：《要重视国民经济基础结构的研究和改善》，《经济管理》1981 年第 3 期。

② 林森木、叶维均、刘岐：《城市基础设施管理》，转引自部建人《城市基础设施的市场化运营机制研究》，博士学位论文，重庆大学，2004 年，第 35 页。

③ Hansen N., "Unbalanced Growth and Regional Development"，转引自部建人《城市基础设施的市场化运营机制研究》，博士学位论文，重庆大学，2004 年，第 35 页。

④ 林森木、叶维均、刘岐：《城市基础设施管理》，经济管理出版社 1987 年版，第 14—15 页。

⑤ 世界银行：《1994 年世界发展报告——为发展提供基础设施》，毛晓威等译，中国财政经济出版社 1994 年版。

⑥ 部建人：《城市基础设施的市场化运营机制研究》，博士学位论文，重庆大学，2004 年，第 36 页。

(二)"公用事业"的界定

"公用事业",源于英文中的"Public Utilities"。按照《韦氏英文大辞典》的释义,"公用事业"是指"提供某种基本的公共服务并且接受政府监管的行业"[1]。从该解释中,我们可以看出,公用事业是为社会公众提供基本公共服务(包括公共产品)的行业或企业,并且公用事业必须受到政府的监管。关于公用事业所包括的范围,学界有狭义和广义之分。狭义的公用事业主要包括供电、供热、供水等事业;广义的公用事业还包括铁路、公路、航空等。

我国关于"公用事业"这一概念最早出现在国家工商行政管理局1993年颁布的《关于禁止公用企业限制竞争行为的若干规定》中。该规定对"公用事业"采取了列举式的规定,将"公用事业"界定为包括"供水、供电、供热、供气、邮政、电信、交通运输等行业"。之后,公用事业的范围经历了扩大和缩小的变化。建设部2002年颁布的《关于加快市政公用行业市场化进程的意见》中,对"公用事业"的范围进行了扩大,将"公用事业"界定为"供水、供气、供热、公共交通、污水处理、垃圾处理等经营性市政公用设施"以及"园林绿化、环境卫生等非经营性设施";建设部在2004年颁布的《市政公用事业特许经营管理办法》又将"公用事业"的定义限定为,"城市供水、供气、供热、公共交通、污水处理、垃圾处理等行业"[2]。根据住房和城乡建设部2015年发布的《市政公用事业特许经营管理办法》,公用事业包括城市供水、供气、供热、公共交通、污水处理、垃圾处理等行业。此外,公用事业具有自然垄断属性、公益性和区域性等特征。[3]

(三) 充电基础设施的界定

根据2015年9月29日国务院办公厅发布的《关于加快电动汽车充电基础设施建设的指导意见》,充电基础设施是指为电动汽车提供电能补给的各类充换电设施,是新型的城市基础设施。充电基础设施主要包括各类集中式充换电站和分散式充电桩。根据2013年9月6日国务院发布的《关于加强城市基础设施建设的意见》,城市基础设施涵盖供水、供气、

---

[1] Webster's unabridged dictionary, random house, 1998, p. 1563.
[2] 李小鹏:《公用事业特许经营权研究》,硕士学位论文,苏州大学,2011年,第10页。
[3] 同上。

供热、电力、通信、公共交通、物流配送、防灾避险等与民生密切相关的领域,如城市管网、排水防涝、消防、城市道路交通、污水和垃圾处理、生态园林等方面的基础设施。城市基础设施是城市正常运行和健康发展的物质基础,对于增强城市综合承载能力、提高城市运行效率等具有积极意义,该意见将充电桩、充电站等界定为配套服务设施,规定推进换乘枢纽及充电桩、充电站、公共停车场等配套服务设施建设。

如前文所述,公用事业具有自然垄断属性、公益性和区域性等特征。[①] 但就充电基础设施而言,其公益性、区域性和自然垄断属性都值得探讨。

公益性方面,虽然充电基础设施(特别是公共类充电基础设施)的建设具有一定的公益性,但同时充电基础设施也具有较强的可经营性。如果经营得好的话,采用适当的商业模式,该产业的盈利空间将不可估量。当前各地正在不断探索充电基础设施的商业模式创新,寻求充电基础设施新的经济增长点,随着互联网企业、科技公司及更多社会资本的进入,以及与地图、金融、服务等行业企业的合作,充电基础设施的功能将越来越完善,智能充电桩、充电 App、微信小程序等也预示着场景化应用将成为一种趋势,[②] 充电基础设施的商业前景十分明朗。

区域性方面,充电基础设施虽然主要是按照行政区域来进行投资建设运营管理,但互联互通却是其建设发展的重要理念,其最终目的是接入能源互联网,促进能源消费转型,保障国家能源安全。因此,充电基础设施的建设应着眼于全国,朝着"全国一张网"的目标迈进,而不是仅仅局限于零散分割的地方市场。

无论是基础设施还是公用事业,自然垄断都是其特征之一,如前文所述,判断一个行业是否具有自然垄断属性以及其强弱,应从该行业的市场需求、建设成本和技术等方面来分析。基于前述理论,这里对充电基础设施是否具有自然垄断的特征作如下分析:

第一,关于充电基础设施的需求方面。

在当前的国家政策推动下,各地都在大力推进充电基础设施的发展,并制订了相应的建设规划。因此,可以预见的是,电动汽车及充电基础设施在

[①] 李小鹏:《公用事业特许经营权研究》,硕士学位论文,苏州大学,2011年,第11页。
[②] 新能源网:《充电基础设施运营需深耕商业模式》,2017年6月28日(http://www.china-nengyuan.com/news/110573.html)。

未来都会有很大的市场需求。根据国家发展改革委、国家能源局等发布的《电动汽车充电基础设施发展指南（2015—2020 年）》中的规定，到 2020 年全国电动汽车保有量将超过 500 万辆。相应地，根据各应用领域电动汽车对充电基础设施的配置要求，经分类测算，2015—2020 年需要新建公交车充换电站 3848 座，出租车充换电站 2462 座，环卫、物流等专用车充换电站 2438 座，公务车与私家车用户专用充电桩 430 万个，城市公共充电站 2397 座，分散式公共充电桩 50 万个，城际快充站 842 座。[①] 就地方而言，以河南省为例，根据《河南省"十三五"电动汽车充电基础设施专项规划》，预计到 2020 年，河南全省电动汽车保有量不低于 35 万辆（标准车），相应地，预计到 2020 年，河南全省将建成各类集中式充换电站超过 1000 座、分散式充电桩超过 10 万个。[②] 截至 2019 年 10 月，河南全省的公共类充电桩为 13993 台，充电站为 779 座。[③] 由此可见，充电基础设施的市场需求是非常巨大的，这也为多家企业共存和盈利提供了可能。

第二，关于充电基础设施技术方面。

通常而言，基础设施和公用事业一般都会具有大量的沉淀成本，比如需要建设相当规模的网络来运输货物或资源，这也需要一次性的大规模投资，从而形成大量的沉淀成本，就充电基础设施而言，与其电网密切相关，但根据现有政策规定，充电基础设施所需的配套电网设施都由电网企业负责接入，这对充电基础设施企业来说就节省了很大一笔资金投入，从这一点来看，充电基础设施的沉淀成本就相对较小，其自然垄断属性较弱。此外，在能源互联网和 5G 技术的背景下，充电基础设施的技术更新迭代越来越快，技术要求也越来越高。比如，充电基础设施与智能电网、分布式可再生能源、智能交通融合发展的技术方案，检测认证、安全防护、电网双向互动、电池梯次利用、无人值守自助式服务、桩群协同控制等关键技术，以及无线充电、移动充电等新型充换电技术及装备等，这也要求相关企业有更强的科技实力支撑。在目前的技术趋势背景下，单个企业很难进行大范围高质量的垄断经营，需要竞争来促进企业对充电设施产

---

① 《电动汽车充电基础设施发展指南（2015—2020 年）》，2015 年 10 月 9 日。
② 《河南省"十三五"电动汽车充电基础设施专项规划》，2016 年 9 月 20 日。
③ 中国电动汽车充电基础设施促进联盟：《中国充电联盟充换电设施统计汇总–201910》（http://www.evcipa.org.cn/）。

品进行升级改造，从而为消费者提供更高质量的充电服务，更好地推动整个充电基础设施产业的发展。

第三，关于充电基础设施的成本方面。

由于技术的进步，企业生产的固定成本呈下降趋势。比如，充电设施相关的硬件和软件设施的建设与运营等成本都会随着互联网、人工智能、大数据等技术的进步而不断下降。这也为其他企业进入这个行业提供了可能性。因此，由于技术的进步，成本的下降，市场需求的增加，充电基础设施这个产业的自然垄断属性和特征并不明显，不应按照自然垄断产业来对待。

综上所述，充电基础设施的公益性、区域性和自然垄断属性都不太明显，因此充电基础设施不应按照完全意义上的公用事业来对待，而应根据充电基础设施的产品属性，鼓励企业竞争，以满足日益增长的市场需求，为消费者提供高质量的充电服务，增强消费者对电动汽车的消费信心，从而更好地推动电动汽车的消费，实现能源转型升级。同时，竞争有助于促进充电基础设施相关技术的进步和升级，有助于推动智能充电桩的建设，起到储能调峰的作用，从而推动能源互联网的发展。

第三节 我国充电基础设施特许经营的发展概况及其政策法律

一 实施充电基础设施特许经营的概况

为实现能源转型和促进节能减排，新能源汽车产业的发展引起了全球各国高度重视，各个国家相继出台政策和法律法规鼓励、支持新能源汽车发展。2017年，全球电动汽车销量超过122.3万辆，我国是全球最大的新能源汽车市场，是推动全球新能源汽车市场发展的主要国家之一。[1] 发展电动汽车是我国从汽车大国走向汽车强国的必由之路，其核心与关键是充电基础设施。尽管我国电动汽车目前仍面临一些诸如核心技术研发、废旧动力电池

---

[1] 中国产业经济信息网：《2017年全球电动车销量首破百万中国成最大助推器》，2018年2月28日（http://www.cinic.org.cn/hy/yw/422464.html）。

回收利用较难等问题,但最关键的问题和"痛点"是充电基础设施的建设、发展问题。充电基础设施作为为电动汽车提供电能补给的配套基础设施,是电动汽车行驶的重要基础和保障,直接影响着电动汽车的应用和普及。只有促进充电基础设施的发展,提高其运营和服务质量,从根本上解决电动汽车推广问题,才能打消消费者的顾虑,从而提高电动汽车的销量。

根据中国电动汽车充电基础设施促进联盟公布的数据,截至2016年2月,该联盟成员单位共上报公共类充电桩60023个,排名前十的省级行政区域所拥有的公共类充电桩数量分别为:广东11876个、北京9027个、江苏7170个、上海5202个、安徽3915个、山东3814个、辽宁2318个、天津2123个、湖北2003个、四川1728个,私人类充电桩51115个。① 从以上数据可以看出,当时全国范围内的充电基础设施的整体发展水平都较低。根据公安部交管局的统计,截至2015年年底,全国新能源汽车保有量达58.32万辆,与2014年相比增长169.48%。其中,纯电动汽车保有量33.2万辆,占新能源汽车总量的56.93%,与2014年相比增长317.06%。② 根据中国汽车工业协会的数据统计,2016年我国新能源汽车保有量达109万辆,与2015年相比增长86.90%。其中,纯电动汽车保有量为74.1万辆,占新能源汽车总量的67.98%,与2015年相比增长223.19%。③ 但根据2015年10月国家发展改革委、国家能源局、工业和信息化部、住房城乡建设部联合发布的《电动汽车充电基础设施发展指南(2015—2020年)》,我国到2020年全国电动汽车保有量将超过500万辆,与电动汽车的发展相适应,2015—2020年需要新建公交车充换电站3848座,出租车充换电站2462座,环卫、物流等专用车充电站2438座,公务车与私家车用户专用充电桩430万个,城市公共充电站2397座,分散式公共充电桩50万个,城际快充站842座。④ 由此可见,当时离预期目标存在较远差距,充电基础设施发展滞后的问题亟须解决。

---

① 中国电动汽车充电基础设施促进联盟:《充电联盟充电设施统计汇总-201602》(http://www.evcipa.org.cn/)。

② 第一电动网:《公安部交管局:全国截至2015年底新能源汽车保有量达58.32万辆》(https://www.d1ev.com/news/shichang/42025)。

③ 第一电动网:《2016年中国新能源汽车保有量109万辆同比增长87%》,2017年4月13日(https://www.d1ev.com/news/shichang/50864)。

④ 《电动汽车充电基础设施发展指南(2015—2020年)》,2015年10月9日。

在新能源汽车保有量不断增加的情况下，充电基础设施的建设任务显得十分迫切。但充电基础设施面临着结构性供给不足、收费模式单一、盈利困难以及市场驱动力不强等诸多问题。对此，国务院及其部委陆续出台相关政策文件，将 PPP 模式引入充电基础设施领域，鼓励政府与社会资本合作，保护投资者初期利益，提高充电基础设施供给量和服务质量，实现公共利益最大化。此外，由于诸如特来电、万帮、中国普天等 2016 年我国充电桩运营数量排名前十的充电基础设施企业均分布在沿海发达地区，为了更好地促进当地的充电基础设施的发展，各地纷纷出台政策来吸引投资者进入当地充电基础设施市场，特别是中西部内陆地区，特许经营就是其中一个较有吸引力的政策激励点。比如河南省就在其出台的《电动汽车充电基础设施建设运营管理暂行办法》中规定对公用充电设施的投资、建设和运营原则上实行特许经营，以此来吸引投资者。

经过几年时间的建设，充电基础设施行业取得了较好的发展，根据中国电动汽车充电基础设施促进联盟公布的数据，截至 2019 年 10 月，该联盟成员单位总计上报公共类充电桩 478132 台，排名前十的省级行政区域所拥有的公共类充电桩数量为：广东 58019 台、江苏 56927 台、北京 55089 台、上海 53938 台、山东 30643 台、浙江 27048 台、安徽 23198 台、河北 19560 台、湖北 15783 台、福建 15570 台；河南等中部内陆省份也达到了 13993 台，居全国第 13 位。此外，截至 2019 年 10 月，该联盟成员单位上报充电站 34489 座，联盟整车企业总计上报私人类充电桩 665753 个。[①] 根据公安部公布的数据，截至 2018 年年底，全国新能源汽车保有量达 261 万辆，与 2017 年相比，增加 107 万辆，增长 70.00%。其中，纯电动汽车保有量 211 万辆，占新能源汽车总量的 81.06%。[②] 同时，根据河南省发展和改革委员会 2019 年 6 月 10 日公布的《关于公布河南省充电设施运营商目录的通知》里的附件《河南省充电设施运营商目录》，河南省充电设施运营商企业达到了 158 家。[③] 由此可见，随着经济的发展，许多

---

① 中国电动汽车充电基础设施促进联盟：《中国充电联盟充换电设施统计汇总-201910》（http://www.evcipa.org.cn/）。

② 第一电动网：《一周热点 | 2018 年新能源乘用车累计销售破 100 万台；新能源汽车保有量达 261 万辆》（https://www.d1ev.com/news/shichang/85862）。

③ 《关于公布河南省充电设施运营商目录的通知》，2019 年 6 月 10 日（http://www.hndrc.gov.cn/2019/06-10/797683.html）。

地区的充电基础设施市场已逐渐发展起来了，投资者也越来越多。

在充电基础设施发展初期，由于新能源汽车、充电基础设施和相关企业等多方面的发展不充分，中央和地方政府纷纷出台政策，采用特许经营等方式来鼓励政府与社会资本合作，但随着新能源电动汽车的市场需求迅速扩大，以及充电基础设施建设的不断加快，充电基础设施行业的市场驱动力日益增强，相关企业越来越多，因此有必要重新审视是否还需要采用特许经营的方式来吸引投资者，以及思考如何引导现有的市场力量来促进充电基础设施高效优质地发展。

二 中央层面特许经营的政策法律

（一）政策法律的梳理

我国政府特许经营始于城市公用事业的改革。根据世界银行的相关统计，30年来我国在能源、交通等领域组织的特许经营项目已有上千个。在此期间，国务院及各部门先后制定行政法规、部门规章等规范性文件（见表5-1），指导特许经营项目的开展。党的十八届三中全会提出"允许社会资本通过特许经营等方式参与城市基础设施投资和运营"，我国于政策层面开始对民营资本解禁。此后中央部委陆续出台一系列文件鼓励政府和社会资本合作（PPP模式）。主要体现：其一，规定地方政府鼓励社会资本参与充电基础设施建设运营等的具体方式。其二，对于社会资本参与充电基础设施建设运营是鼓励、支持的态度。如《关于加快新能源汽车推广应用的指导意见》《关于加快电动汽车充电基础设施建设的指导意见》《关于"十三五"新能源汽车充电基础设施奖励政策及加强新能源汽车推广应用的通知》等文件中的相关规定。其三，提出实施特许经营应遵循公开、公平、公正、公共利益优先等原则。其四，将市场主导理念作为基本原则，提出建立统一开放、竞争有序的市场，反对歧视性待遇和差别对待。如《关于"十三五"新能源汽车充电基础设施奖励政策及加强新能源汽车推广应用的通知》《招标投标法》等文件中的相关规定。

2015年4月25日，国家发展改革委、财政部等六部委联合发布的《基础设施和公用事业特许经营管理办法》是政府特许经营制度的一种变革，为社会资本参与基础设施建设提供了信心，有助于吸引社会资本参与基础设施建设。2015年住房和城乡建设部修订的《市政公用事业特许经营管理办法》旨在规范市政公用事业特许经营活动，加强市场监管，保障社会公共利益和公共安全。2016年1月20日，国家发展改革委与联合国欧洲经济委员会签署PPP合作达成谅解备忘录，鼓励双方在合作推广政府和社会资本合作（PPP）模式方面加强交流合作。[1] 2016年11月28日，国家发展改革委法规司发布《基础设施和公用事业特许经营立法国际调研报告》。根据亚洲开发银行"基础设施和公用事业特许经营立法研究"技术援助项目安排，国家发展改革委法规司、国务院法制办财金司、全国人大财经委法案室组成立法调研团，于2016年7月赴奥地利、法国、比利时，分别与联合国国际贸易法委员会、法国基础设施局、法国国际法律专家协会暨联合国欧洲经济委员会（UNECE）法国PPP最佳实践国际中心（IFEJI & ETIC）、法国基德律师事务所、欧盟委员会增长和贸易总司等进行交流探讨，进一步增进了我国对国际PPP法律制度建设和实践发展的认识和理解。[2]

表5-1　　　　　中央层面有关充电基础设施特许经营的规定

时间	发布主体	政策名称	主要内容	政策解读
2014.07.21	国务院办公厅	《关于加快新能源汽车推广应用的指导意见》	坚持"政府引导，市场竞争拉动"的基本原则，形成统一、竞争、有序的市场环境，建立和规范市场准入标准，鼓励社会资本参与新能源汽车充电运营服务；制定实施新能源汽车充电设施发展规划，鼓励社会资本进入充电设施建设领域；进一步放宽市场准入，鼓励和支持社会资本进入新能源汽车充电设施建设和运营等服务领域。地方政府可通过给予特许经营权等方式保护投资主体初期利益	多次提到鼓励社会资本进入充电设施建设领域。未直接明确鼓励社会资本进入充电设施建设领域的具体方式、程序等；提出地方政府授予特许经营权保护投资主体初期利益与要求建立统一开放、有序竞争的市场的理念是否相悖，有待探讨

---

[1] 国家发展和改革委员会政策研究室：《国家发展改革委与联合国欧洲经济委员会签署PPP合作谅解备忘录》，2016年1月20日（https://www.ndrc.gov.cn/xwdt/ztzl/pppzl/gzdt/201601/t20160120_1032813.html）。

[2] 国家发展和改革委员会法规司：《基础设施和公用事业特许经营立法国际调研报告》，2016年11月28日（https://www.ndrc.gov.cn/fzggw/jgsj/fgs/sjdt/201611/t20161128_1107014.html）。

续表

时间	发布主体	政策名称	主要内容	政策解读
2015.04.25	国家发展改革委、财政部、住房和城乡建设部、交通运输部、水利部、中国人民银行	《基础设施和公用事业特许经营管理办法》	基础设施和公用事业特许经营由政府授予；遵循的原则包括：公开、公平、公正；转变政府职能，强化政府与社会资本协商合作；基础设施和公用事业特许经营的一系列程序性规定；监督管理和公共利益保障；发生争议后的解决方式：协商、调解、行政复议或行政诉讼	适用领域较为宽泛，对充电基础设施特许经营不具有针对性；未提及"充电基础设施特许经营"；没有对"基础设施"的条件、标准、范围等进行限定。部分地区充电基础设施特许经营以该法为依据（如河南）
2015.05.04	住房和城乡建设部	《市政公用事业特许经营管理办法》	实施市政公用事业特许经营，应当遵循公开、公平、公正和公共利益优先的原则。有关特许经营协议的一系列程序性规定；主管部门、获得特许经营权的企业应当履行的责任；监督管理和社会公众的权利；法律责任	未提及"充电基础设施特许经营"；现实中有些地区的充电基础设施特许经营往往将该法作为依据
2015.10.09	国务院办公厅	《关于加快电动汽车充电基础设施建设的指导意见》	近年电动汽车充电基础设施建设方面仍存在认识不统一、配套政策不完善、协调推进难度大、标准规范不健全等问题；坚持"依托市场，创新机制"的基本原则，充分发挥市场主导作用，通过推广政府和社会资本合作（PPP）模式、加大财政扶持力度、建立合理价格机制等方式，引导社会资本参与充电基础设施体系建设运营；工作目标包括到2020年，建立较完善的标准规范和市场监管体系，形成统一开放、竞争有序的充电服务市场；各地应通过PPP等方式，为社会资本参与充电基础设施建设运营创造条件。推广特许经营权等质押融资方式，加快建立包括财政出资和社会资本投入的多层次担保体系。鼓励利用社会资本设立充电基础设施发展专项基金	提升了充电基础设施建设的重要性和地位，提出从总体要求、建设力度、服务体系、支撑保障等方面加强充电基础设施建设；将"依托市场，创新机制"作为基本原则之一，肯定了市场的主导作用；没有提及"充电基础设施特许经营"；虽然提出鼓励政府和社会资本合作，但并未规定具体的合作方式、程序等

续表

时间	发布主体	政策名称	主要内容	政策解读
2015.10.09	国家发展改革委、国家能源局、工业和信息化部、住房和城乡建设部	《电动汽车充电基础设施发展指南（2015—2020年）》	配套支持政策仍需加强。充电基础设施财税支持政策与电动汽车支持政策不匹配，对社会资本吸引力不足；通过政府与社会资本合作（PPP）等方式培育市场主体，引入社会资本建设运营公共服务领域充电基础设施；各有关部门、企业和新闻媒体要通过多种形式加强充电基础设施发展政策、规划布局和建设动态等的宣传，让社会各界全面了解充电基础设施，吸引更多社会资本参与充电基础设施的建设运营	提出了吸引社会资本参与充电基础设施建设运营的方式，如加强配套支持政策、相关部门加强宣传；没有提及"充电基础设施特许经营"
2016.01.11	财政部、科技部、工业和信息化部	《关于"十三五"新能源汽车充电基础设施奖励政策及加强新能源汽车推广应用的通知》	配套政策科学合理。各省（区、市）要切实履行政府应承担的职责，制定出台充电基础设施建设运营管理办法和地方鼓励政策，并向社会公布，加快形成适度超前、布局合理、科学高效的充电基础设施体系；市场公平开放。不得设置或变相设置障碍限制外地充电设施建设、运营企业进入本地市场；鼓励创新投入方式，采取政府和社会资本合作（PPP）模式等建设运营新能源汽车充电设施	明确规定了禁止限制外地充电设施建设、运营企业进入本地市场，具有重要意义；提出从健全政策和立法方面加强充电基础设施建设；鼓励政府和社会资本合作，但未规定合作的方式、程序等

（二）存在的主要问题

我国现有与充电基础设施特许经营相关的文件普遍遵循政府引导、市场主导的基本原则，但就市场发展和建设运营模式而言，充电基础设施特许经营与"市场主导"理念是否相悖值得探讨。我们认为，目前的充电基础设施特许经营政策法律，主要存在三个方面的问题：

第一，充电基础设施特许经营权的授予在某种意义上阻碍了市场竞争。国务院办公厅2014年《关于加快新能源汽车推广应用的指导意见》明确规定，地方政府可以授予社会资本参与充电基础设施建设和运营的特许经营权，保护投资主体初期利益。但是，充分利用市场竞争是促进充电基础设施发展的主要途径之一，因此这一规定与建设统一开放、有序竞争的市场的基本精神存在相悖或然性。

第二，已有规范性文件规定的基础设施建设的行政审批、协议订立、项目实施等程序较为复杂，不利于鼓励、促进社会资本共同参与充电基础设施建设和运营，相反在一定程度上起到了阻碍作用。

第三，现实中充电基础设施特许经营的实施很容易形成特许经营者垄断经营的局面，不利于外地社会资本参与。为了建立公平、开放的市场，2016年《关于"十三五"新能源汽车充电基础设施奖励政策及加强新能源汽车推广应用的通知》明确规定"不得设置或变相设置障碍限制外地充电设施建设、运营企业进入本地市场"。

三 地方层面充电基础设施特许经营的相关政策法律

（一）政策法律缕析

通过分析全国绝大多数省级行政单位发布的"关于进一步加强电动汽车充电基础设施建设和管理的实施意见"与"新能源汽车充电基础设施建设运营管理办法"等形式的政策文件（见表5-2）可以得出，这些文件的基本原则和基本精神与中央层面的文件相一致。绝大多数地方文件中也明确提及市场"统一开放、竞争有序"等，但文件中明文规定采用特许经营的方式来保护投资者初期利益的省份则为少数，仅有河南、湖北、浙江、安徽、山东和广东等几个省份。同时，通过研究发现，地方文件中规定的吸引社会资本的方式主要是政府和社会资本合作机制（PPP），其中包括特许经营、投资补贴、贷款贴息、购买服务等形式，除了PPP之外，还有众筹、招标等方式。由此可见，除了特许经营，能够吸引社会资本的方式还有很多，并不是单一依靠授予特许经营权。某些地方的规定对社会资本更具吸引力，比如上海明文规定今后将结合市场发展情况，逐步放开充电服务费，由市场竞争形成价格，[①] 这一规定对企业而言非常具有吸引力。此外，除了PPP等模式，政府补贴也是吸引社会资本的重要因素，海南最新的文件对建设和运营补贴与省级平台的投资和运营补贴进行了详细的规定。

部分省份关于充电设施技术方面的规定更具前瞻性和引领性。如北

---

① 《上海市电动汽车充电设施建设管理暂行规定》，2015年5月29日。

京、山东、江苏、四川、甘肃在文件中规定，综合运用互联网、人工智能、大数据等技术提升充电服务的智能化水平，促进电动汽车和智能电网间能量与信息的双向互动，这一规定无疑是具有前瞻性的，是从当前最新以及未来的技术视角对充电基础设施的发展进行引导。电动汽车和智能电网间能量和信息的双向互动，既考虑了5G、人工智能等技术的发展要求，也符合能源互联网对充电基础设施的内在需要。该规定也指明了充电基础设施的未来发展方向，对相关企业在技术方面提出了更高的要求。我们有理由相信，类似的规定在未来会出现在全国更多省市的文件中，届时也将对各地的企业提出更高的要求。

多数省份也十分重视省级行业组织的作用，体现为在文件中明文规定其地位和职责，而一些省份则重视电网企业的作用。就行业组织而言，以福建、陕西为例，福建在其相关文件中规定，支持成立福建省电动汽车充电基础设施促进联盟，配合有关政府部门严格充电设施产品准入管理，开展充电设施互操作性的检测与论证；[1] 陕西也在文件中规定，陕西省电力行业协会充电设施分会是充电基础设施相关企业本着共同的意愿建立的非营利的社团组织，强调加强行业自律，促进充电基础设施健康发展。陕西充电基础设施信息智慧车联网平台由陕西电力行业协会充电设施分会建设管理，坚持公益性、非营利的原则，实现各类充电服务平台统一接入，有效整合全省充电信息资源，开放相应的查询和管理权限，为各级政府部门及相关企业、用户提供充电信息服务。[2] 就电网企业而言，《广东省人民政府办公厅关于加快新能源汽车推广应用的实施意见》规定，支持南方电网公司在全省布局建设充换电基础设施。从该条文可以看出，广东省十分重视电网等企业在充电基础设施产业发展中的作用。此外，部分省份提出统一充电设施标识，如贵州和陕西在文件中均明文规定，统一全省充电设施标识，要求省内所有公共、专用充电设施，实行统一的标识。两省提出的充电设施标识分别为"电动贵州、绿色出行""电动陕西、绿色出行"。

---

[1] 《福建省电动汽车充电基础设施建设运营管理暂行办法》，2016年4月27日。
[2] 《陕西省电动汽车充电基础设施建设运营管理办法》，2018年11月28日。

表 5-2　我国地方层面有关充电基础设施特许经营的规定

时间	发布主体	政策名称	主要内容
2016.09.20	河南省人民政府办公厅	《关于印发河南省"十三五"电动汽车充电基础设施专项规划和河南省电动汽车充电基础设施建设运营管理暂行办法的通知》	(二) 基本原则。对公用充电设施的投资、建设和运营，依法依规按照规划实行特许经营，合理制定政府指导价。 第三条　充电设施建设和运营遵循"统一规划、多元投资，特许经营，合理定价，规范标准、配套建设，经济适用、互联互通"的原则。对公用充电设施的投资、建设和运营，考虑其兼具经营性与公益性，原则上实行特许经营，由县级及以上政府授权有关部门或单位（以下简称特许经营实施机构）依法依规按照规划组织实施
2015.04.15	湖北省政府办公厅	《关于加快新能源汽车推广应用的实施意见》	(三) 积极引导企业创新商业模式。 1. 加快售后服务体系建设。各市、州、直管市、神农架林区人民政府可通过给予特许经营权等方式保护投资主体初期利益，商业场所可将充电费、服务费与停车收费相结合给予优惠，个人拥有的充电设施也可对外提供充电服务
2017.01.20	浙江省发展和改革委员会	《浙江省电动汽车充电基础设施建设运营管理暂行办法》	第十二条　地方牵头部门可以按照《基础设施和公用事业特许经营管理办法》的规定，选定充电设施运营商作为特许经营者，对一定区域和期限内的充电基础设施投资建设和运营实施特许经营
2016.01.12	安徽省人民政府办公厅	《关于加快电动汽车充电基础设施建设的实施意见》	(八) 引入社会资本。积极推进政府和社会资本合作，通过特许经营、购买服务等多种方式，吸引各类投资主体建设运营公共服务领域充电基础设施、城市公共充电网络及智能服务平台
2016.05.11	山东省人民政府办公厅	《关于贯彻国办发〔2015〕073号文件加快全省电动汽车充电基础设施建设的实施意见》	(十三) 拓宽多元融资渠道。积极推广以政府和社会资本合作（PPP）等方式，通过特许经营、投资补贴、贷款贴息等形式，吸引社会资本建设、运营充电基础设施
2016.03.28	广东省人民政府办公厅	《关于加快新能源汽车推广应用的实施意见》	(十七) 加快售后服务体系建设。各地市可通过给予特许经营权等方式保护投资主体初期利益，商业场所可将充电费、服务费与停车收费相结合给予优惠，2020年前，充换电服务费实行政府指导价管理，各地市政府价格主管部门制定具体标准和相关收费办法，允许充电服务企业向用户收费，允许个人或企业拥有的充电设施参照充电设施经营企业收费标准对外提供充电服务

注：未在省级政策文件中明文规定采用特许经营这种方式来投资、建设、运营充电基础设施的省份：北京、天津、河北、上海、江苏、福建、海南、山西、内蒙古、吉林、黑龙江、江西、湖南、重庆、四川、贵州、云南、陕西、甘肃、广西、青海、宁夏等。

（二）存在的主要问题

部分省份在鼓励各类社会资本投资或规定充电设施投资面向个人、机关事业单位、人民团体、国有企业及国有控股企业、私营企业、外资企业等各类投资主体公平统一开放的同时，又规定实施特许经营，此种规定是否冲突值得讨论。企业想要投资时，政府却用特许经营将市场分割并圈起来，只允许一家企业进行特许经营，这样的做法可能在某种程度上损害投资者的信心，使投资者面临有钱而无地投的尴尬境地。

与之相对，有些省份的规定具有进步性和参考性。这些省份在规定多主体投资的同时，还规定鼓励企业通过合作、组建联盟或者采用重组兼并的方式来参与竞争。比如，《天津市新能源汽车充电基础设施建设运营管理办法》第 17 条规定鼓励各类社会资本采用多种方式积极参与充电基础设施的建设和运营；第 21 条规定鼓励企业利用现有建设用地通过租赁、合作经营等模式建设充电基础设施等。类似的规定是比较合理的，鼓励社会资本投资，同时囿于市场的生存竞争性，也鼓励企业之间进行合作。此外，一些省份具有鲜明不同的规定，如江苏规定推动优化充电设施布局，重点支持行业龙头企业加大兼并重组力度，形成规模、技术、管理、资金和服务网络等优势，提升充电设施建设运营水平；四川规定加强商业合作和服务模式创新，鼓励企业通过成立联盟、整合重组等方式开展商业合作，结合"互联网+"，打造高效便捷的服务体系。上述规定可以解读为部分地区政府鼓励企业通过竞争来形成一定的规模，甚至垄断，而不是通过采用特许经营等行政手段来形成垄断。企业之间的重组、合作是市场行为，而特许经营更多的是行政手段，不利于发挥市场作用，从充电基础设施的长期健康发展来看，应该坚持市场发挥主导作用。

四 充电基础设施特许经营的发展展望

（一）市场驱动力逐渐增强

市场驱动将成为充电基础设施未来发展的主导因素。2019 年 1 月，中国电动汽车百人会论坛（2019）在北京召开，国家能源局监管总监进行了发言，提出我国充电基础设施未来将借鉴其他国家先进经验，会同有关部委加大协调力度，督促车企深度参与充电运营服务，鼓励、支持充电运营商向充电服务运营商购买配套服务。未来积极支持整车企业更好发挥车企引领作用，促进车桩协同发展。① 同时，在充电价格方面，将进一步充分发挥市场配置资源的决定性作用，放宽市场准入，建设统一、开放、竞争、有序的充电基础设施市场。有些地区的规定对社会资本更具吸引力，比如《上海市电动汽车充电设施建设管理暂行规定》明文规定今后将结合市场发展情况，逐步放开充电服务费，由市场竞争形成价格，② 这一规定对企业而言是十分具有吸引力的。

（二）政策从"补车"走向"补桩"

我国目前的新能源汽车补贴政策针对插电式混合动力乘用车和纯电动乘用车进行补贴，并对新能源车免征购置税，期限自 2018 年 1 月 1 日至 2020 年 12 月 31 日，在此期间的 2019 年 3 月 26 日至 6 月 25 日为过渡期。③ 根据财政部、工业和信息化部、科技部、国家发展改革委于 2019 年 3 月 26 日发布的《关于进一步完善新能源汽车推广应用财政补贴政策的通知》，要求完善补贴标准，通过降低对新能源乘用车、新能源客车、新能源货车的补贴标准，促进产业优胜劣汰；明确规定地方应完善政策，在过渡期后不再对新能源汽车（新能源公交车和燃料电池汽车除外）给予购置补贴，转为用于支持充电（加氢）基础设施"短板"建设和配套运营服务等方面。如地方继续给予购置补贴的，中央将对相关财政补贴作相应扣减。此规定表明我国高度重视充电基础设施的建设与发展，补贴政策由新能源汽车补贴转向充电基础设施补贴。对此，各个地区根据中央要求纷纷转型，出台政策鼓励支持充电基础设施发展，如《上海市鼓励电动汽车充换电设施发展扶持办法》《江西省电动汽车充电基础设施省级补贴资金管理及发放暂行办法》。近年，我国新能源汽车数量增长较快，但作为配套基础设施的充电基础设施则远远跟不上新能源汽车的发展步伐，随着新能源汽车由政策驱动转向市场驱动，新能源汽车补贴下降，政策从"车补"迈向"桩补"。国家未来将把政策重心放在充电基础设施建设、规范等方面，充电基础设施将迎来较好的发展机遇。④

---

① 《国家能源局监管总监李冶在中国电动汽车百人会论坛（2019）发言》，2019 年 1 月 17 日（https：//weibo.com/ttarticle/p/show? id=2309404329384885529984）。

② 《上海市电动汽车充电设施建设管理暂行规定》，2015 年 5 月 29 日。

③ 第一电动网：《2019 国家新能源汽车补贴政策汇总》（https：//www.d1ev.com/activity/butiezhengce.html）。

④ 楚峰：《直击充电基础设施痛点，政策加持下如何破茧》，《运输经理世界》2019 年第 2 期。

（三）重视充电基础设施的运营与服务

我国充电基础设施行业整体上迈入了快速发展阶段，形成了一定的产业基础，但随着新能源汽车的逐步推广，市场对充电基础设施的技术、运营以及服务等方面的水平提出了更高的要求，目前存在充电站偏远且较少、车多桩少、充电设备质量参差不齐、用户充电服务体验不佳等困境，充电基础设施的整体发展水平亟待提高，提高充电基础设施的运营和服务质量尤为关键。2019 年 1 月 11 日至 13 日，以"汽车革命与交通、能源、城市协同发展"为主题的中国电动汽车百人会论坛（2019）在北京钓鱼台国宾馆举行，国家能源局监管总监在中国电动汽车百人会论坛（2019）围绕能源工作和充电基础设施建设作了报告，认为我国充电基础设施虽然发展较快，但仍面临基础不牢固、发展不均衡不充分的问题，充电基础设施在整体的产业链中，仍处于弱势地位，并且指出充电基础设施的总量目前虽然很大，但技术水平依然偏低。[①]

根据 2018 年 11 月国家发展改革委、国家能源局等部门发布的《提升新能源汽车充电保障能力行动计划》，提出为加快推进充电基础设施规划建设，全面提升新能源汽车充电保障能力，未来充电基础设施工作重点在于提高充电基础设施技术质量、提升充电基础设施运营效率、优化充电基础设施规划布局、强化充电基础设施供电保障以及完善充电基础设施标准体系等方面，并通过积极鼓励商业模式创新、持续加大政策支持力度、充分发挥行业协会作用予以保障。在保障措施方面，积极促进整车行业与充电基础设施建设运营行业合作，调动社会资本参与的积极性。引导地方财政补贴从补购置转向补运营，逐渐将地方财政购置补贴转向支持充电基础设施建设和运营等环节。[②]

第四节　我国充电基础设施特许经营的现实图景

一　充电基础设施特许经营的地方实践

我国充电基础设施特许经营是通过特许经营协议将本应由地方政府承

[①] 《国家能源局监管总监李冶在中国电动汽车百人会论坛（2019）发言》，2019 年 1 月 17 日（https://weibo.com/ttarticle/p/show?id=2309404329384885529984）。

[②] 《提升新能源汽车充电保障能力行动计划》，2018 年 11 月 9 日。

担的建设充电基础设施、提供服务的职能转由符合条件的经营者共同承担，从而达到实现公共利益最大化的目的。目前，我国一些地区通过地方政府与企业签订特许经营权协议的方式授予企业充电基础设施项目特许经营权。如广西壮族自治区桂林市电动汽车充电基础设施建设运营特许经营项目（非财政性资金投资项目）采取公开招标选择供应商；[①] 江西省瑞金市电动汽车充电基础设施建设运营项目（国内服务）采用公开招标方式择优选择具有充电站和充电桩投资、建设、运营经验及充电基础设施施工资质的投资商合作成立项目公司，负责投资、建设和运营瑞金市充电站（桩），招标完成后充电基础设施直接由投资方建设；[②] 河南省社旗县电动汽车充电基础设施网络建设运营特许经营权采购招标公告中规定选取特许经营者，负责社旗县行政区域内电动汽车充电基础设施网络建设、运营及维护。[③] 具体而言，以河南省社旗县为例，河南省通力建设工程咨询有限公司受社旗县发展和改革委员会的委托，对社旗县电动汽车充电基础设施网络建设运营特许经营权采购项目进行公开招标，选取特许经营者负责充电基础设施网络建设、运营及维护，特许经营期限为30年，在特许经营期限内，由特许经营者分批投资新建或改扩建、运营社旗县行政区域内电动汽车充电基础设施网络，充分满足社旗县行政区域内电动汽车对充电桩的需求；特许经营期限届满后，原则上可授予特许经营者在一定期限内继续运营或移交政府；特许经营者通过运营回收成本和赚取合理利润。

二 充电基础设施特许经营的多重影响

目前，一些地方政府对充电基础设施实行特许经营，从短期来看可能会有一些即期的益处，如有助于保障投资者初期的利益，激励投资者的投资热情，从而促进当地充电基础设施的发展，在一定程度上促进电动汽车

[①] 全国招标信息网：《桂林市电动汽车充电基础设施建设运营特许经营项目采购公开招标公告》，2019年10月30日（https://bidnews.cn/caigou/zhaobiao-8592781.html）。

[②] 全国招标信息网：《江西省瑞金市国有资产经营有限公司瑞金市电动汽车充电基础设施建设运营项目的公开招标公告》，2019年8月24日（https://bidnews.cn/caigou/zhaobiao-6978575.html）。

[③] 全国招标信息网：《社旗县发展和改革委员会社旗县电动汽车充电基础设施网络建设运营特许经营权采购招标公告》，2018年11月9日（https://bidnews.cn/caigou/zhaobiao-c2594375.html）。

的推广。但从长远来看，地方政府对充电基础设施实行特许经营有着严重的弊端。

（一）对国家电网有限公司的影响

2014年5月，国家电网有限公司（以下简称"国网公司"）宣布向社会资本开放电动汽车充换电桩和分布式电源并网工程两个新能源汽车基础设施市场，明确表示支持社会资本参与各类电动汽车充换电设施建设。但是在一些实行特许经营的地方，由于已有特许经营企业，国网公司等企业很难直接进入该地市场参与充电基础设施的建设运营。国网公司等传统行业主导力量在充电基础设施建设运营方面具有技术、管理经验、资金、网络系统和电力接入等方面的优势，如果所有的地方市场都实行特许经营的话，由于国网公司等国有企业在进入地方市场的速度等方面难以和民营企业进行竞争，将无法发挥国网公司等国有企业的优势，这从整体上来说是对社会资源的一种浪费。此外，原本可以由国网公司垄断建设经营的充电基础设施，现在对社会资本放开后，由于特许经营的存在，国网公司反而无法直接参与地方充电基础设施的投资建设，这在一定程度上对国网公司来说是一种"不公平"。根据现有政策及法律规定，对于充电基础设施的配套电网接入服务统一规定由电网企业负责建设、运行和维护，且不得收取接网费用，虽然规定按照电网输配电价进行回收，但这无疑还是会增加电网企业的经营压力和负担。国网公司作为国有企业，从社会属性来说，国网公司有责任提供相应的配套电网接入服务，支持充电基础设施的建设发展；但从企业属性来说，这种"权利"与"义务"似乎不对等。比如在河南省，国网电动汽车服务有限公司（国网公司子公司）就曾因为在被授予特许经营权的南阳和内乡县等地方直接投资建设运营充电基础设施的企业诉至法院，这明显有悖于国网公司当初放开充电基础设施市场鼓励社会资本投资的初衷，以及国家鼓励建立统一开放、竞争有序的充电服务市场的理念。

国网公司作为充电基础设施建设运营行业的重要力量之一，由于其具有双重属性，其健康发展对整个充电基础设施行业有着重要的作用。

（二）对相关企业的影响

随着国家政策鼓励社会资本进入充电基础设施市场，无论是设备制造、建设运营，还是产业生态服务，充电基础设施产业链上的各环节都涌现出了大量的生产服务企业。根据河南省发展和改革委员会2019年6月

10日公布的《关于公布河南省充电设施运营商目录的通知》中的附件《河南省充电设施运营商目录》，河南省充电设施运营商企业达到了158家。[①]

对于获得特许经营权的企业而言，政府授予企业特许经营权，易使企业缺乏来自同行的市场竞争压力和开展进一步技术革新的动力。出于企业本身的营利考虑，在被授予特许经营的情况下，企业未来的重心将放在如何营利、收回成本等方面，对充电基础设施的技术升级和改造没有迫切感和紧张感。但我国目前的充电基础设施技术水平整体上处于初级阶段，未来还有很大的发展和上升空间，距离与智能电网、分布式可再生能源、智能交通融合发展、实现能源互联的理想状态还相差甚远。

（三）对消费者的影响

特许经营的实施容易造成市场缺乏竞争，市场活力不足，企业技术更新缓慢，服务能力较差，服务水平较低，消费者能够享受到的服务质量不高等问题。比如，在现阶段的技术条件下，电动汽车的充电时间为5小时，但随着技术的发展，充电时间很有可能被缩短至2小时甚至以下。但由于特许经营的存在，被授予特许经营权的企业"独家经营"，出于成本、资金、利润等多方面的考虑，使该企业不愿将过多的资金和经营重心放在充电设施的技术研发和产品的升级改造上，而是设法以最快的速度回收成本，实现盈利，而这将会影响消费者享受到的服务质量，消费者只能从新闻媒体和社交平台上听闻其他地区的"神仙级充电服务"。

（四）对市场和行业的影响

影响市场公平竞争。对充电基础设施实行特许经营，与我国有关法律文件规定的建设统一开放、竞争有序的市场以及发挥市场主导作用等精神与理念相悖，充电基础设施特许经营模式下往往出现地方政府授权几家企业或主要授权本地企业，类似做法均限制了企业之间的公平竞争，不利于发挥市场主导作用。

特许经营容易滋生地方保护主义。充电基础设施特许经营模式易给地方保护、权力寻租留下空间。一些地区的政府实行区别对待，提高外地社会资本参与充电基础设施投资的门槛，使得外地社会资本不愿或不能参与

[①] 《关于公布河南省充电设施运营商目录的通知》，2019年6月10日（http://www.hndrc.gov.cn/2019/06-10/797683.html）。

该地区充电基础设施建设。如云南省楚雄市将当地充电基础设施建设特许经营权授予楚雄市城乡建设投资有限公司，由该公司牵头招募项目合作方建设充电桩，但最终充电桩建设数量位于前列的合作方包括楚雄市公共汽车有限公司、楚雄供电局、楚雄洪熙交通运输公司等，入驻的外地企业仅特来电一家公司，且特来电公司分配的充电桩建设份额极少。

（五）对发展电动汽车的影响

充电基础设施特许经营会影响充电基础设施产品的升级改造和技术研发，并且造成充电服务水平在相当长的一段时期内处于较低的水平，进而影响消费者的充电体验。"充电难，充电慢"等问题就如同一团乌云始终盘旋在消费者的头顶上方，久久不能消散，消费者对电动汽车的消费热情因而始终没有较大的提升，最终影响电动汽车的推广。

第五节 促进充电基础设施发展的法制建议

针对充电基础设施特许经营政策法律中存在的问题，实践中带来的不利影响，我们建议采取如下四个方面的对策措施。第一，在还未实施充电基础设施特许经营的地区应该禁止新设特许经营；第二，积极探索可替代方式或其他可行方案，如完善财税补贴扶持政策，引导已经获得特许经营权的企业与其他企业开展合作；第三，落实相关主体在充电基础设施不同发展阶段的责任；第四，加强政府监管，建立第三方监管和公众参与机制。

一 禁止新设特许经营

通过前述理论和研究分析可得知，充电基础设施特许经营的设置不利于产品的更新升级，不利于保障消费者的权益，与市场自由竞争理念相悖，在一定程度上阻碍了充电基础设施产业化和电动汽车的推广与发展。鉴于充电基础设施特许经营权在我国实行不久，目前并未在全国各地得到普遍推广，所以在还未推广的地区应该及时禁止对充电基础设施设立特许经营。对此，采取的可行性措施包括：从中央层面而言，中央可以在相关政策及法律中增设此禁止性规定，如"为促进充电基础设施市场公平竞争、健康发展，禁止对充电基础设施未实行特许经营的地区实行特许经营";或者对此发布专门性政策文件,并扩大宣传,引起地方政府和社会资本的重视。从地方层面而言,地方政府可以在上级文件的指导下,对此发布专门性政策或出台相关实施细则,指导充电基础设施的发展。在已经实行特许经营的地区,应积极探索可替代方式或其他可行方案,如完善财税补贴扶持政策,引导已经获得特许经营权的企业与其他企业开展合作等;在未实行特许经营的地区,应明确规定禁止采取特许经营的方式开展充电基础设施项目的工作。此外,各地应积极鼓励社会资本采用多种方式参与充电基础设施的建设运营,在不损害相关主体利益的情况下使充电基础设施特许经营慢慢退出市场。

二 积极探索其他方式

(一) 替代性保护措施

基于诚实信用原则和政府公信力等方面的考虑,对于已获得地方政府充电基础设施特许经营权的企业,应在保护其合法权益的基础上,引导其健康地发展充电基础设施。虽然特许经营对于整个充电基础设施行业的发展产生消极影响,但对于已获得特许经营权的企业,不宜直接取消其特许经营权,而应采取替代性的措施,一方面可以保护获得特许经营权企业的合法权益,另一方面还可以促进地区的充电基础设施行业的健康发展,从而更好地推动电动汽车的发展。

目前,我国多数地区的充电基础设施还处于发展初期阶段,特别是中西部等内陆地区,单一的投资主体很难支撑起地区充电基础设施的高质量快速发展,因此需要采取多元投资主体的商业模式来满足高质量的充电服务在资金、技术和管理等方面的发展需求。许多地区的政策文件也明确提到鼓励企业进行合作。例如,上海规定"鼓励电力企业、成品油零售经营企业、电动汽车生产企业、电池制造商、第三方运营商等单位发挥技术、管理、资金、服务网络等方面的优势,组建专业的充电设施建设经营企业"[①];江西规定"鼓励充电服务企业通过与整车企业合作以及众筹等方式,创新建设充电基础设施商业合作模式"[②]。各主体可以根据各自的优

---

① 《上海市电动汽车充电设施建设管理暂行规定》,2015年5月29日。
② 《江西省人民政府办公厅关于加快电动汽车充电基础设施建设的实施意见》,2016年7月16日。

势（见表 5-3）来开展合作，通常的合作模式有"电力企业+石油（石化）+停车场""电力企业+设备制造商+汽车制造商""电力企业+中间服务商+生态服务商"等，[①] 各地应根据当地的实际发展情况选择最适合的合作模式。

具体而言，在经济发展相对落后的地区，应引导并鼓励已获得特许经营权的企业与国网公司、特来电、普天充电等大型充电运营商或其他油气企业合作，采取商务谈判的方式，利用自身的被授予特许经营权、技术和充电设施运营管理等方面的优势，与行业内的其他运营商、设备制造商、产业生态服务商等达成合作协议，明确双方的权利义务，协商确定各自投资比例、风险责任承担范围和收益分配等内容，这样既能保障已获得特许经营权企业的利益，又能促进充电基础设施行业的健康发展。

表 5-3　　　　　　　　充电基础设施合作主体优势分析

合作行业	主要优势
政府单位	以 PPP 模式助力充电基础设施企业筹集资金，获取用地便利
电力企业	进行电网改造及接入，为充电基础设施提供电力支持
设备制造商	为充电基础设施提供充电设备、配电设备及管理辅助设备等
设施运营商	充电基础设施投资、规划、建设、运营，拓展多样盈利模式
土地业主方	提供用地支持
油气企业	能够根据市场发展需求进行充电桩建设
整车厂商	为充电基础设施运营商导流，同设施运营商合作进行汽车销售
零售休闲服务方	为吸引客户，在充电基础设施建设中提供场地支持
金融机构	为充电基础设施市场提供资金支持，提供金融产品以推动行业发展

资料来源：马露：《西安市电动汽车充电站合作运营模式设计及投资决策研究》，硕士学位论文，西安理工大学，2017 年。

（二）激励性政策

政府引导，健全相关扶持政策。根据前面的理论和现行政策规定分析，充电基础设施的自然垄断属性并不明显，特许经营产生的依据之一是保护公共利益，在当前的情况下，对充电基础设施实施特许经营存在许多问题，可能损害公共利益。因此，地方政府应该考虑采用其他方式来吸引

---

① 马露：《西安市电动汽车充电站合作运营模式设计及投资决策研究》，硕士学位论文，西安理工大学，2017 年。

社会资本，而不是特许经营，例如可以采取投资补贴、贷款贴息、购买服务等模式，以及众筹、招标等方式，或者出台更具有吸引力的财政税收政策等。用财税政策来吸引和激励社会资本，既能够吸引社会资本进入充电基础设施市场，也能保存市场竞争的活力，有利于充电基础设施市场的健康发展。多家企业同时存在，共同竞争，既能提高政府财政补助的效率，也能使企业保持竞争力，同时还有利于促进充电基础设施的不断升级优化，为消费者提供更高质量的充电服务，从而助推电动汽车的推广应用。具体而言：根据技术进步、市场成长、商业模式创新情况，完善相关政策，支持各地出台配套的财政奖励办法等，调整优化补贴的方向和力度，着力鼓励和引导社会资本参与充电基础设施建设与运营；坚决破除地方保护，包括规范市场秩序，坚决清理各地区不利于充电基础设施发展的违规政策措施；鼓励各类社会资本采用多种方式积极参与充电基础设施的建设和运营，创新投资和运营机制，采取 PPP、众筹等模式吸引各类投资主体；由地方政府引导，整合辖区内充电基础设施领域的各类资源，鼓励参与的社会资本多元化；强化相关扶持政策的系统性和可操作性，完善支持商业模式创新、加快充电基础设施建设、促进技术创新等方面的政策扶持体系。

三 落实相关主体责任

根据城市基础设施的发展规律，城市基础设施的建设必然经历初始建设、运营维护和扩大再生产建设等阶段，初始建设阶段的主要任务是融资解决初始建设资金的筹集问题；在运营阶段，则是解决运营费用的补偿问题，其中包括生产成本、经营管理费用等；到了扩大再生产建设阶段，其主要任务是解决设备更新改造等，[①] 基础设施的配套设施亦是如此。

在充电基础设施建设前期，做好统筹规划、筹集资金、政策扶持等工作。发改委、经信委等部门应做好充电基础设施的发展规划、投资引进管理和充电基础设施行业管理等工作；地方政府应承担统筹推进充电基础设施发展的责任，根据市场需求和城市规划进行合理布局，出台综合性的发展政策。同时，还应做好充电基础设施的固定资产投资、技术引进和管理

[①] 邵建人：《城市基础设施的市场化运营机制研究》，博士学位论文，重庆大学，2004年，第56页。

人员培训等方面的工作。

在发展中期，做好充电基础设施的运营维护工作。在此阶段，由于商业融资规模较小，政府应做好财政补贴等工作。同时，政府和企业应共同致力于提高充电基础设施的利用率，在充电基础设施发展较好的地区，通过需求预测，尝试采用总量控制等方式，来控制充电基础设施的粗放型发展，迫使企业对已建充电基础设施进行精细化管理和运营，使充电基础设施的利用率达到最大化。对于"僵尸桩"，则应及时清理，重新进行布局规划，不能继续占用土地，浪费资源。

在发展后期，做好充电基础设施的更新升级工作。在充电基础设施发展后期，政府应继续提供财政支持，引导企业对现有的充电基础设施进行升级换代，并实现充电基础设施的智能化，实现互通互联，接入能源互联网，不断提高充电服务能力和水平，为消费者提供最优质的充电服务，持续激发消费者对电动汽车的购买信心和热情，进一步助推电动汽车的发展。

四 完善项目监管体制

(一) 政府加强项目监督管理

首先，政府应加强监督管理，充分发挥监管职能作用。政府在推进充电基础设施建设过程中，应将自身监管监督职能、公共服务职能与社会资本的管理、技术相结合，在有关文件中明确规定经营企业的权利与义务。地方政府有关部门应当根据各自职责负责本部门职权范围内的充电基础设施项目的具体实施和监督管理工作，对充电基础设施运营商执行法律、行政法规、行业标准、产品或服务技术规范以及其他有关监管要求等情况进行监督管理；在有条件的情况下，可以建立由相关部门参加的部门协调机制，以统筹充电基础设施项目的政策措施、组织协调和监督管理工作；也可以授权其他行政机构对充电基础设施经营企业履行法定义务、标准规范等情况，经营企业的经营计划实施情况，充电桩和充电服务的质量和安全生产情况等方面进行监督。其次，规定具体实施细则，避免重复监督。充电基础设施项目涉及的监管主体，除地方政府外，还包括发展改革委、财政、价格、工商、审计、监察、能源等多个单位，还包括由相关行政管理部门组成的行业主管部门等，这些机构和部门都对充电基础设施项目的监管起到了不可或缺的作用。但在实践中从充电基础设施审批，到建设、运营的各个环节，难免存在监管周期冗长，重复监督的问题。对此，地方政府应将相关政策及法律中的监管规定加以具体化和可执行化，增加具体实施细则，或者发布专门政策或规章用以指导各主体的监督管理工作。各个机构应当根据相关规定和各自职责，对充电基础设施项目进行监督和检查，充分发挥岗位作用。

（二）建立第三方监管机制

由于充电基础设施建设项目的特殊性，除了加强政府监管外，还应建立第三方监管机制。第三方监管是指，引入除政府和项目承建方以外的第三方主体对项目进行全周期的监管，特别是在项目运营期的监管。第三方应根据相应的法律文件政策，按照独立监管的原则，运用合理的监管工具对项目进行监管，保障工程项目的社会效应和公众利益，兼顾项目建设效率和企业的公平，提升项目绩效以实现多方共赢。[1] 同时，地方可以出台相应政策授予各地充电基础设施行业组织监管的职能。行业组织应不断完善自身组织机构，提升监管能力。对充电设备生产企业，行业组织应对其企业基本条件、生产条件、技术能力、产品、质量保障等方面严格把关；对充电基础设施运营企业，除了对企业的基本条件、生产条件、技术条件等硬性条件严格把关，还应加强对服务质量、运营安全等方面的监管，保障充电基础设施运营安全和运营效率；同时，还应注重对信息安全的监管，对充电基础设施的社会效益进行定期评估。[2] 由于行业组织多由行业内的相关企业主体组成，其对充电基础设施的实际运作情况更为了解，从专业性的角度来说，无论是对行业内的企业的熟悉情况，还是对产品的具体建设运营环节的掌握，以及产品的服务质量等方面，行业组织都有其不可替代的优势，因此有必要建立行业组织等第三方监管机制。着重加强行业组织对运营期的监管，及时对充电基础设施的运营情况做出评估，避免出现"僵尸桩"等现象，保障充电基础设施的健康发展。

（三）建立公众参与机制

社会公众有权对充电基础设施项目进行监督，同时对其建设、运营等

---

[1] 李冉：《我国 PPP 项目第三方监管机制研究》，硕士学位论文，天津理工大学，2018 年，第 15 页。

[2] 新能源网：《中国充电基础设施发展年度报告（2017—2018 版）》，2018 年 8 月 9 日（http：//www.china-nengyuan.com/news/127313.html）。

情况享有知情权和提出意见的权利，享有向有关监管部门投诉的权利，有权对损害公共利益或侵害自身利益的行为进行举报和投诉。建立公众参与机制的工作任务可以由行业主管部门和充电基础设施经营企业共同承担。首先，充电基础设施项建设、运营等信息应定期对外公示，扩大宣传。各个机构和部门应利用网站、地方电视台、公众号、公示栏等渠道对当地充电基础设施发展规划、充电基础设施项目开展等进行定期定点公示，以保障公众的知情权。只有保障公众的知情权，才能最大化地强化充电基础设施建设的公众参与和监督机制。其次，提供咨询服务，保障公众监督权。为充分发挥公众对充电基础设施建设的监督作用，各个地区应设置专门、统一的平台为公众提供咨询服务，保障公众能对充电基础设施建设、运营等情况进行充分监督。

第六章

充电基础设施的互联互通问题

第一节 充电基础设施互联互通的基本认知

一 充电基础设施互联互通的概念

电动汽车充电基础设施互联互通是指，为了满足用户通过手机、电脑等方式快捷地查询到充电设施的位置和状态，并且可以进行便捷的充电与统一的支付结算，从而使整个充电设施产业链信息打通、信息联通，形成不同品牌电动汽车在任意充电设施上可获取充电服务的状态。

二 充电基础设施互联互通的类型

电动汽车充电基础设施互联互通主要包括三种类型：一是充电接口物理上的电气互联互通，即充电硬件的互联互通。让不同电动汽车与不同充电设施间能够插得上、能够充上电；二是充电服务的信息互联互通，实现充电设施的位置、状态、充电参数、运营商信息等信息跨平台共享，便于电动汽车用户查询和使用；三是充电服务的支付互联互通，实现跨交易平台、跨运营商的充电支付无障碍。

要实现充电接口的物理电气互联互通，必须保证充电接口规格尺寸、电气要求和通信协议的一致；要实现充电服务的信息互联互通，必须要求充电设施的位置、状态、充电参数、运营商等信息的编码格式统一；要实现充电服务的支付互联互通，必须统一规定跨平台交易结算的信息参数和标准流程。因此，要实现充电服务互联互通，标准是技术基础。只有标准统一，各充电服务运营商执行统一要求，才能实现车桩兼容、信息互通、交易结算。

三 充电基础设施互联互通的价值

（一）有利于促进行业的良性发展

推广、应用电动汽车是实施能源安全战略、推进低碳经济转型、建设生态文明的有效途径。实现充电服务的互联互通，能大大提高充电设施的利用率，减少电动汽车用户的顾虑，提振用户购买、使用电动汽车的信心，促进电动汽车行业的良性发展。

（二）有利于降低行业的发展成本

电动汽车的充电服务互联互通，能实现信息资源的重复利用，降低企业和政府监管部门的信息收集成本，实现同类信息社会效益的最大化。在互联互通的大环境下，各主体可以更便捷地共享信息资源，一方面节省了成本，另一方面也创造了更大的社会效益。

（三）有利于加强行业的监督管理

电动汽车行业的有序健康发展，离不开政府的大力支持与引导。为了使得电动汽车行业长久发展，政府相关部门需要对行业充电基础设施的建设与运营进行规范管理。而充电服务的互联互通状态，很大程度上便利了政府对行业的管理。

第二节 充电基础设施互联互通的多重障碍

尽管我国现阶段电动汽车的车辆续驶里程不断增加，[1] 充电难的状况有所缓解，但我国充电设施产业依旧面临充电需求难以满足和设施利用率低等问题，这些问题与充电基础设施互联互通的障碍密切相关。

一 充电接口的检测机制不明确

新国标颁布以来，由于其推荐性特点，充电基础设施的检测、验收

---

[1] 万钢：《中国电动汽车百人会年度论坛 2017 演讲》2017 年。

等强制管理规范尚未形成，缺乏强制检测机制。充电接口检测机制不明确，加上我国充电基础设施运营商众多，导致充电接口新国标不能完全实施。

另外，即使有统一的充电接口标准，由于充电设施生产企业可能会对标准进行不相同或不准确的理解，电动汽车及充电基础设施也并不一定都能达到统一标准。可见，充电接口的检测机制不明确，造成了充电基础设施物理上的互联互通仍存在问题。

二　数据开放的风险管控不完善

在支付统一的问题上，各家企业的充电桩运营商一般都有自己的付费模式，目前部分充电桩企业开通了支付宝、微信、银联等支付方式。这种支付模式不统一的情况，在给用户造成消费不便的同时，也容易产生充电设施的地方保护。如果要避免此类问题，需要企业对数据开放持乐观态度。

当前，在我国充电基础设施建设领域，数据开发的风险管控机制尚不完善，造成了部分充电运营商对数据开放的安全性存有疑虑。由于担忧共享充电桩信息会使得用户个人信息及隐私泄露，甚至可能被商业化利用，因此各大运营商尚未规模化投入支付结算的互联互通。因此，数据开放的风险管控还有待完善。

三　充电平台的建设部门不统一

我国电动汽车和充电基础设施行业发展较晚，相关政策及法律法规中未明确规定充电基础设施建设的主管部门，这导致了我国不同区域的城市充电基础设施平台建设主管部门不统一、各地对地方主管部门的职责理解存在分歧。例如，江苏省平台建设实施单位是江苏省科技厅，其职能定位为收集和监控数据，但数据不向公众开放；上海市平台建设主管单位是上海市交通委员会，其职能定位为监控与服务；广东省平台建设实施单位是广东省发展改革委，其职能定位涵盖充电设施规划、建设、运营的全过程。

尽管我国各地政府已经慢慢认识到上述问题，并相继开展充电基础设施平台规划工作，但由于充电设施的建设问题牵涉电力、交通、发改、社区等多个相关部门和利益方，在没有一个统一的部门进行总协调的情况下，权责无法明确。充电平台的建设部门不一致，在一定程度上加大了充电基础设施互联互通的难度。

四 陈旧设施的改造升级成本高

由于新修订的电动汽车充电接口及通信协议5项国家标准是推荐性的，因此在缺乏强制的检测和认证制度的情况下，我国充电运营商对充电基础设施改造升级的程度和时间都难以明晰。并且，有些充电基础设施运营商因技术限制等问题，在充电产品研发期间并没有预留电子锁、自动断电和软件升级的空间，导致其改造升级困难，成本增加。此外，城市总体层面没有明确的改造规划，充电基础设施改造落实将缺乏导向，这些都加大了陈旧充电设施改造升级的难度。

第三节 推进充电基础设施互联互通的基本思路

充电基础设施互联互通对区域充电服务的网络发展具有基础性作用，建立和完善互联互通的基本功能，能赋予充电基础设施运营企业创新发展的空间，推动电动汽车产业的发展。因此，从推动充电基础设施互联互通出发，我国需要明确建设目标，以服务区域充电基础设施运营企业和新能源汽车用户为导向，加强顶层设计，逐年推进，并坚持充电基础设施互联互通平台的基础性、开放性、公益性和权威性。

一 加强充电互联互通顶层设计

为减小沟通障碍，降低协调难度，我国应该尽快建立由各省级政府充电基础设施主管部门共同组成的区域充电基础设施互联互通的推进机构。从标准、准入、数据交换和发布、城建规划等方面入手，制定详细的区域充电基础设施互联互通推进路线图，由区域充电基础设施互联互通的推进机构负责总体实施。

针对区域内各级政府、不同类型的充电基础设施运营企业、新能源汽车企业、电力公司、检测机构等相关主体，需要明确其参与区域充电基础设施互联互通的职责、责任和义务。

二 构建充电互联互通技术支撑体系

为加强充电基础设施物理上的互联互通,基于新的国家充电标准,①我国需要研究车桩兼容操作技术,提出检测规范及评估方法。针对互联互通信息交互的需求,提出接口规范,定义数据编码,明确数据共享范围。研究车辆、充电设施安全监控数据采集技术要求,形成新能源汽车运行安全监控数据采集规范,并进行推广。研究充电设施用户端身份识别技术,构建联机充值支付和营账清分的充电共享服务网络架构,提出跨平台结算交易规则。

有了规范的标准后,需要开展标准宣贯,掌握标准文本背后的内涵,真正做到"知其然,知其所以然",减少对标准的不同理解。充电的物理电气互联互通是电动汽车和充电基础设施相互配合的结果,车企和充电设备制造企业在学习标准时要研究双方的技术要求,加强沟通,做到技术协同。

为加强充电服务运营商行业管理,规范市场秩序,激励运营商提供优质充电服务,还要建立充电服务运营商行业规范条件。着重从规模、充电设备、技术能力、监管平台、信息开放接口等方面衡量充电服务运营商的能力。

三 健全充电互联互通的风险管控体系

充电交易结算是车主完成充电的最后一个环节,是充换电服务市场化运营的基础,其关键是实现交易结算的融通。为此,需要开展以下工作:

第一,推动各充电服务运营商按照《电动汽车充换电服务信息交换》系列标准改造充电服务系统及充电 App。各充电服务运营商应按照标准要求改造服务系统,按照统一规范,提供标准的对外接口,实现各运营商的标准充电流程。改造充电 App,实现 App 与运营服务平台的标准接口,打通跨运营商的充电流程。

第二,建立充电运营商的交易结算协议及统一标识。要实现"一卡在手,充遍天下"的目标,还需要建立各充电运营商之间的交易结算机制,

---

① 徐晨曦:《电动车充电设备互联互通新国标根治充电顽疾》,《中国战略新兴产业》2016年第21期。

实现各运营商的客户识别、充电策略、充电价格、账单对比等功能。充电运营商的交易结算协议包括双方签署协议的双边合同，也包括联盟交易合同。只有建立起交易结算机制，才能真正实现打通不同运营商交易系统之间的交易信息阻隔，实现支付互联互通。

第三，加强数据开放的风险管控。为降低充电运营商对数据开放安全的担忧，我国需要重视互联互通平台信息的数据监督管理，加强数据开放的风险防控，为充电运营商在支付结算上的互联互通打好风险防范的兜底基础。

四　完善充电互联互通保障措施

为全面加快推进充电互联互通的进程，需完善其保障措施，具体包括：

第一，制定支持和约束政策。对充电服务的运营商，可以制定区域充电基础设施互联互通的奖惩政策。具体而言，针对区域内率先实现互联互通的企业，可从运行效率、运营规模等方面进行考核，对考核结果较好的企业给予奖励；对不符合国标的新能源汽车、充电设备及充电基础设施运营企业，取消其区域内推广和使用资格；对于重点充电基础设施企业可给予集中扶持。

第二，建立监督惩罚机制。为打破行政壁垒，消除体制机制障碍，我国需建立区域充电基础设施互联互通推进及相关政策措施执行情况的督查机制，加快充电互联互通技术支撑体系建设，推动充电互联互通较好城市的企业与其他地区企业进行经验交流。

第四节　充电基础设施互联互通所涉的法律问题

在充电服务互联互通的过程中，信息的互联互通既包括企业对用户信息的互联互通，也包括企业之间站点和档案信息的互联互通。充电服务信息的互联互通既能节省成本，又能创造更大的社会效益，最大限度地攫取"信息金矿"。信息开发作为一个重要的产业兴起，很大程度上就是因为有信息共享。如果信息不能共享，其社会价值无法得到充分发挥，信息产业的发展必将受阻。信息共享也会对经济运行机制、社会生活方式和国家治理能力产生重要影响。但信息共享在为社会带来有利一面的同时，由此带来的用户个人信息的保护、商业秘密的保护与知识产权的保护等法律问题也越来越明显。

一 用户信息安全保护

"法与时转则治"，在互联网、大信息时代，信息的互联互通对电动汽车充电服务产业的发展具有基础性的意义，信息共享需要妥善平衡产业发展与个人信息保护之间的关系。[①] 信息的互联互通也包含个人信息的收集、储存、利用问题，因此充电服务的互联互通不仅是财产法问题，也涉及个人信息权、隐私权等的保护问题。

（一）用户信息安全保护的相关法律法规

信息互联互通是个人信息的再利用方式，除了共享本身是对个人信息的再利用，还包括被共享者获得了这些信息后，可能将它们再次加工、利用，甚至进行再次的共享。所以，信息持有者不能随意共享给他人，被共享者也不能在未授权的情况下将获得的二次信息共享或者允许他人利用，更不能将这些信息经过整合后再投入信息黑市进行交易。

2013年，《信息安全技术、公共及商用服务信息系统个人信息保护指南》颁布，其中第5.2.3条规定："处理个人信息前要征得个人信息主体的同意，包括默许同意或明示同意。收集个人一般信息时，可认为个人信息主体默许同意，如果个人信息主体明确反对，要停止收集或删除个人信息；收集个人敏感信息时，要得到个人信息主体的明示同意。"该规定将个人信息区分为个人一般信息和敏感信息，并对两种不同信息的保护程度进行了粗略的说明。

《网络安全法》第44条规定："任何个人和组织不得窃取或者以其他非法方式获取个人信息，不得非法出售或者非法向他人提供个人信息。"本条对窃取或以其他方式获取个人信息的行为进行了禁止性规定。

《消费者权益保护法》第29条第1、第2款规定："经营者收集、使用消费者个人信息，应当遵循合法、正当、必要的原则，明示收集、使用信息的目的、方式和范围，并经消费者同意。经营者收集、使用消费者个

[①] 张平：《大数据时代个人信息保护的立法选择》，《北京大学学报》（哲学社会科学版）2017年第3期。

人信息，应当公开其收集、使用规则，不得违反法律、法规的规定和双方的约定收集、使用信息。经营者及其工作人员对收集的消费者个人信息必须严格保密，不得泄露、出售或者非法向他人提供。经营者应当采取技术措施和其他必要措施，确保信息安全，防止消费者个人信息泄露、丢失。在发生或者可能发生信息泄露、丢失的情况时，应当立即采取补救措施。"本条从消费者的角度，对经营者收集与使用个人信息的情况进行了规范。在充电服务互联互通的大环境下，充电桩运营商需要采取必要的措施，防止电动汽车用户群体的个人信息泄露或丢失。

《民法总则》第111条规定："自然人的个人信息受法律保护。任何组织和个人需要获取他人个人信息的，应当依法取得并确保信息安全，不得非法收集、使用、加工、传输他人个人信息，不得非法买卖、提供或者公开他人个人信息。"本条规定了其他民事主体对自然人个人信息保护的义务。根据本条规定，其他民事主体对自然人个人信息保护有以下义务：一是任何组织和个人需要获取他人个人信息的，有依法取得并确保信息安全的义务。充电服务互联互通过程中，不可避免地会取得一些他人的个人信息，相关主体在取得个人信息后，有义务采取技术措施和其他必要措施，确保信息安全，防止个人信息泄露、丢失。二是不得非法收集、使用、加工、传输他人个人信息，不得非法买卖、提供或者公开他人个人信息。此义务既针对依法取得自然人个人信息的组织和个人，也针对非依法取得个人信息的组织和个人。

2017年12月29日，我国发布了国家标准《信息安全技术个人信息安全规范》（GB/T 35273—2017）（以下简称"《规范》"），该规范于2018年5月1日施行，规范中对隐私保护政策的内容进行了详细的说明，要求企业出台的隐私保护政策中表明对用户个人信息的收集、保存、使用、管理等内容。《规范》对于个人敏感信息予以更强的保护，控制者共享个人信息不但要征得个人的"授权同意"，而且该同意必须是明示的，即个人通过书面声明或主动做出肯定性动作，对其个人信息进行特定处理做出明确授权的行为，包括点击"同意"等。

《刑法》第253条之一规定："国家机关或者金融、电信、交通、教育、医疗等单位的工作人员，违反国家规定，将本单位在履行职责或者提供服务过程中获得的公民个人信息，出售或者非法提供给他人，情节严重的，处三年以下有期徒刑或者拘役，并处或者单处罚金。"在互联互通的推广过程中，如若不重视电动汽车用户信息的保护，相关主体可能会受到刑事处罚。

最高人民法院、最高人民检察院《关于办理侵犯公民个人信息刑事案件适用法律若干问题的解释》第1条规定，"公民个人信息"是指以电子或者其他方式记录的能够单独或者与其他信息结合识别特定自然人身份或者反映特定自然人活动情况的各种信息，包括姓名、身份证件号码、通信联系方式、住址、账号密码、财产状况、行踪轨迹等。在充电服务互联互通的语境下，个人信息主要包括车主的联系方式、地理位置、行程、银行账户、个人信用等。这些信息呈现出复杂的面向。研究这些面向是区分其与一般个人信息，进行妥适规制的前提。该解释第12条规定："对于侵犯公民个人信息犯罪，应当综合考虑犯罪的危害程度、犯罪的违法所得数额以及被告人的前科情况、认罪悔罪态度等，依法判处罚金。"

综上，企业间充电服务互联互通过程中违反个人信息保护义务的，应当依法承担民事责任、行政责任甚至刑事责任。

(二) 充电服务互联互通与用户信息安全保护相协调的途径

个人信息权利不可能完全转让，信息收集者不能随意共享个人信息。信息权利人允许信息收集并不等于允许信息分享。即便主体允许信息控制者收集并共享相关个人信息，这也并不意味着其让渡了所有个人信息权利。[1] 充电服务互联互通与用户信息保护相协调的途径，具体可从以下几个方面考虑：

第一，必须保障充电用户对个人信息流通过程的控制。

信息共享本质上就是信息的流通，这一过程的链条可能很长，而且可能向公众开放，在整个过程中，应当保障个人对其个人信息的控制。这就是说，充电服务的互联互通信息无论向谁共享，在共享的范围内，都应当经过信息权利人即充电用户的知情与同意。

虽然信息共享在形式上体现为信息共享者与被共享者的内部关系，且此种内部关系大多通过合同的形式连接，但由于信息共享行为也涉及个人信息的流通，因此，信息共享行为也应当受到信息权利人的控制。从这一意义上说，电动汽车充电用户虽然可以在共享协议中就信息共享的形式、范围、时间等做出约定，但信息共享一旦涉及个人信息，由于被共享者所

---

[1] 刘迎霜：《大数据时代个人信息保护再思考》，《社会科学》2019年第3期。

享有的相关权利来源于共享方,除信息权利人对被共享方做出特别授权外,被共享方对相关信息所享有的权限不能超过信息共享方。

第二,信息共享应遵循合法、正当、必要使用的原则。

相关充电运营商主体在获得信息共有的权利后,不能无限制地共享用户相关的个人信息。充电运营商在信息共享时仍应当遵循与初次收集个人信息相同的基本规则,包括遵循正当、合法、必要等规则。除上述原则之外,个人信息的收集、使用和共享还应当遵循"最小化使用原则"。同时,电动汽车充电服务信息共享过程中应当尊重充电用户的知情同意权、信息查询权、安全维护权、信息删除权等。

信息共享不等于信息倒卖,二者的根本区别在于是否获得了信息主体的授权,如果没有用户的授权,则相关信息可能异化为一种信息买卖,可能是非法的。信息共享之所以需要授权,也是因为信息共享包括个人信息的传输和收集,共享过程中可能对个人的信息和隐私带来一定的威胁甚至侵害,所以必须获得授权。

第三,在充电用户授权范围内使用共享信息。

一方面,除充电用户对被共享者有特别授权外,被共享者对相关信息所享有的权利不得超出信息共享者权利的范围。信息主体在进行初次授权时,实际上已经有了用途限制,那么分享给第三方也要有用途限制。另一方面,如前所述,要使充电用户在控制信息共享的过程中,个人信息的使用不至于失控,信息共享者即相关充电运营商应当在授权范围内共享信息。从实践来看,许多侵害个人信息的行为都源于信息权利人对其信息权利的失控。

第四,对充电用户的信息进行脱敏化处理。

对充电用户的相关信息进行匿名化处理,可以阻断信息与用户个人身份之间的关联性。但由于信息共享涉及个人信息权的再利用问题,相关主体在收集、利用个人信息的同时,应当以保护当事人对个人信息的控制权和隐私权为前提。"隐私增强技术"作为技术为主导的解决方案中较具代表性的做法,意在将充电用户实体性的隐私保护融入企业运作之中,且对企业产品和服务的整个生命周期予以关注,以实现全面保护个人信息安全的目的。隐私增强技术主要解决隐私和个人信息安全的单方面问题,以匿名化为例,通过对个人信息的技术处理,使得充电用户个人信息主体无法被识别,其是一种对产品或服务的后期设计与考量。

总之，相关充电运营商企业应承担起相应的企业责任，时刻牢记用户的信任是企业的生命线，必须加强内部管理，实行信息库分级密码权限管理，严禁"内鬼"见利忘义，坚决杜绝信息的非法使用和泄露；加大防护技术投入，防止"黑客"攻击盗取用户个人信息；同时在符合法律规定时要配合国家机关依法行使监督检查权或者刑事侦查权。

二 商业秘密保护

商业秘密，是商业社会的重要内容。在当前充电服务上升到一个新高度的情形下，商业秘密受到更大程度的关注，重视并加强保护商业秘密已成为主流趋势。在充电服务互联互通的过程中，企业与企业之间深入合作，双方既是信息提供者也是信息获取者，许多的商业秘密企业需要加强保护。

由于商业秘密对一个企业的持续发展有着重要的意义，世界各国都十分重视商业秘密的保护。立法上，自1996年国务院将"商业秘密法"纳入立法规划以来，我国制订"商业秘密法"或"商业秘密保护法"的呼声不断；欧盟委员会近年来着力于建立新的商业秘密保护框架及制订相应的统一指令；美国致力于立法上将盗用商业秘密纳入联邦民事诉讼范畴等。[1] 司法上，美国州法院曾将商业秘密视为"财产"从而对其提供更有力的保护；我国司法也不断加强商业秘密保护，遏制侵犯商业秘密的行为[2]。

（一）商业秘密的含义

尽管世界各国都十分重视对商业秘密的保护，但具体在商业秘密的定义上，学界并没有达成统一。不过商业秘密保护已经趋于国际化，受此影响，有关商业秘密的法律内涵也逐渐具有相似性。美国的《统一商业秘密法》提到配方、方法、技术、模型、计划、程序、设计等信息都属于商业秘密，该法认为商业秘密大都具备以下两个特征：一是具有较强的秘密性；二是它不易由他人获取，更不为公众所知，而一旦泄露或被他人获

---

[1] 《第26届中美商贸联委会联合成果清单》，2015年12月24日，商务部网站（http：//www.gov.cn/xinwen/2015-12/24/content_5027618.htm）。

[2] 最高人民法院：《关于充分发挥知识产权审判职能作用推动社会主义文化大发展大繁荣和促进经济自主协调发展若干问题的意见》，2011年12月16日，《人民法院报》（http：//rmfyb.chinacourt.org/paper/html/2011-12/21/content_37879.htm）。

取，便有可能让他人谋得一定经济利益。世贸组织在《与贸易有关的知识产权协议》(Trips)中认为，那些不对外公开、需要保密的、能够给经营者带来利益的信息是商业秘密。

我国在《反不正当竞争法》中也对商业秘密进行了释义，其内容与 Trips 协议内容有相同之处，认为商业秘密具有不公开性，能够为拥有者带来利益，主要包括经营信息和技术信息两种。在 2019 年第十三届全国人民代表大会常务委员会第十次会议决定中，《反不正当竞争法》中商业秘密的范围被扩展为更多的商业信息。具体而言，可从以下两个维度判断一个企业的秘密信息是否属于商业信息：

第一，商业秘密的特点。从我国法律法规中各种有关商业秘密的规定来看，商业秘密主要有四个特性：一是秘密性，即不为公众所知。该信息是否属于商业秘密，可从公众对此的知悉范围、认知难度与获取难度等来进行判断。二是价值性，即持有该秘密的权利人将比不知道该商业秘密的竞争者更具市场竞争力，权利人能通过对该秘密现在或将来的使用获得经济价值和竞争价值。三是实用性，即该秘密对于权利人而言，具有现实的或者潜在的使用价值。商业秘密的实用性和价值性有很密切的联系，但实用性有其自己的特殊内涵，就是说商业秘密必须是一种现在或者将来能够应用于生产经营或者对生产经营有用的具体的技术方案和经营策略等。四是受控性，是指该秘密是被权利人采取一定保密措施的。即除了要求具备前三项客观特征外，权利人主观上还必须具有保密意图，客观上也必须采取了保密措施。那么保密措施必须达到何种程度？现实中各个企业的做法各不相同，有的保密措施非常严格，比如举世闻名的可口可乐配方，可口可乐公司将它锁在银行的保险柜里，只有公司董事会有权决定开启，只有两名员工知道这个配方，这两个员工的身份永远对公众保密，而且，他们俩不能乘坐同一架飞机。上述四个法律特征，是商业秘密缺一不可的构成要件。

第二，商业秘密的范围。商业秘密主要可以分为两大类：技术信息和经营信息。技术信息主要包括：技术设计、技术样品、质量控制、应用试验、工艺流程、工业配方、化学配方、制作工艺、制作方法、计算机程序等。作为技术信息的商业秘密，也被称作技术秘密、专有技术、非专利技术等。经营信息主要包括：发展规划、竞争方案、管理诀窍、客户名单、货源、产销策略、财务状况、投融资计划、标书标底、谈判方案等。充电服务企业的站点和档案信息即为经营信息。2019年4月23日，第十三届全国人民代表大会常务委员会第十次会议决定，对《反不正当竞争法》等在内的八部法律做出修改。其中《反不正当竞争法》第9条第4款，商业秘密的定义被扩展为"本法所称的商业秘密，是指不为公众所知悉、具有商业价值并经权利人采取相应保密措施的技术信息、经营信息等商业信息"。商业信息作为新增的、技术信息和经营信息的上位概念，能够覆盖部分难以被界定为技术信息或经营信息但具有商业价值的信息，如某公司隐名股东的身份、持股比例、代持人等信息，其在修改之前将较难被纳入"经营信息"的范畴，修改后则可以作为商业信息被纳入商业秘密的保护系统中。

充电服务企业的站点和档案等信息因为具有秘密性、价值性、实用性、可控性四个特点，且是有商业价值的经营信息，属于该企业的商业秘密，该企业应当对此予以重视与足够的保护。在充电服务的互联互通过程中，企业与企业之间合作频繁，相关企业更需要采取相关措施如进行合同约定等方式对站点、档案等商业秘密进行全面保护。

（二）将站点和档案等充电信息作为商业秘密进行保护的优势

既然商业秘密存在于充电服务企业的各个方面，那么选择采用商业秘密保护手段的优势在哪些方面呢？

第一，保护对象的广泛性优势。商业秘密保护相较于专利保护而言，范围更加广泛，许多信息可以纳入商业秘密进行保护，但并不能获得专利法保护。商业秘密，包括技术信息与经营信息等商业信息。其中，经营信息显而易见是不可能得到专利保护的，此外，技术信息也是有一部分不可以获得专利保护。对于技术信息是否适合专利保护的方法也需要进一步加以区分。那些不为产品直接反映的结构、工艺，不能利用"反向工程"获取的技术，工艺性、配方性的技术信息，采取商业秘密保护的方法将更加适宜。

第二，期限优势。各种专利的法律保护都是有一定期限的，最长20年，期满后便进入了公共领域，任何人都可以自由使用。商业秘密的保护期则与此不同，如果能永久保密，则享有无限的保护期，可口可乐的配方已经保密了一个多世纪，成了最著名的例子。

第三，地域优势。商业秘密无地域性特征，它的所有人可以向任何国家的任何愿意得到它的人发放许可证。而知识产权则都有地域性限制，在一国有知识产权不一定在另一国有相应的权利,但该信息却是在世界范围内公开。

因此,充电设施运营商在充电服务互联互通的过程中,可对相关有重要经济价值的商业信息采用商业秘密保护手段进行保护。

(三) 我国关于商业秘密法律保护的相关规定

尽管我国并没用专门的商业秘密保护法,但我国在经济发展与法律建设过程中,已开始逐步意识到商业秘密在市场竞争中的重要性,并对其做出一些法律方面的保护规定,这主要体现在以下几个方面:

第一,民事保护。对商业秘密的民事保护,主要包括反不正当竞争法的侵权保护、合同保护及劳动法的保护。

一是反不正当竞争法对商业秘密的保护。我国《反不正当竞争法》不仅规定了商业秘密的含义还规定了侵害商业秘密的手段。该法第17条规定:"经营者违反本法规定,给他人造成损害的,应当依法承担民事责任。经营者的合法权益受到不正当竞争行为损害的,可以向人民法院提起诉讼。因不正当竞争行为受到损害的经营者的赔偿数额,按照其因被侵权所受到的实际损失确定;实际损失难以计算的,按照侵权人因侵权所获得的利益确定。经营者恶意实施侵犯商业秘密行为,情节严重的,可以在按照上述方法确定数额的1倍以上5倍以下确定赔偿数额。赔偿数额还应当包括经营者为制止侵权行为所支付的合理开支。经营者违反本法第6条、第9条规定,权利人因被侵权所受到的实际损失、侵权人因侵权所获得的利益难以确定的,由人民法院根据侵权行为的情节判决给予权利人五百万元以下的赔偿。"该条不仅规定了损害赔偿的计算方法还规定了无法计算损失情况下的赔偿,对于侵权人恶意的情况还规定了惩罚性赔偿。该条的规定有助于充电服务企业在站点或档案等商业信息被侵权之后,通过侵权之诉最大化保护自己的合法权益。

二是合同法对商业秘密的保护。对于商业秘密的合同保护,是指当事人之间通过合同约定保密的事项、范围等内容,并约定相关的违约责任承担。如果当事人违反了合同的规定,泄露或不正当使用他人的商业秘密,则该违约方应承担损害赔偿责任。合同体现的是当事人的意思自治,在某种意义上讲,也体现了当事人对商业秘密的重视程度。我国《合同法》第34条规定:"当事人在订立合同过程中知悉的商业秘密,无论合同是否成立,不得泄露或者不正当地使用。泄露或者不正当地使用该商业秘密给对方造成损失的，应当承担损害赔偿责任。"第 60 条规定："当事人应当按照约定全面履行自己的义务。当事人应当遵循诚实信用原则，根据合同的性质、目的和交易习惯履行通知、协助、保密等义务。"

商业秘密很多是在交易过程中泄露的，因此，通过合同的约定来保护商业秘密也是被比较广泛运用的手段之一。相关充电服务企业在互联互通的过程中，如果与其他企业进行合作并且签署相关合同，可在合同中单独设立商业秘密保护条款，对相关站点与档案等商业信息的共享期限、共享范围、保密对象以及违约后果等进行细致约定，具体条款的内容根据交易的性质有所不同，但其如果设立得当，对商业秘密的保护以及被泄露之后的维权救济能有很大的作用。

三是劳动法对商业秘密的保护。对于商业秘密的劳动法保护主要是通过用人单位和劳动者签订竞业限制协议来实现的，《劳动合同法》第 23 条规定："用人单位与劳动者可以在劳动合同中约定要求劳动者保守用人单位的商业秘密和与知识产权相关的保密事项。对负有保密义务的劳动者，用人单位可以在劳动合同或者保密协议中与劳动者约定竞业限制条款，并约定在解除或者终止劳动合同后，在竞业限制期限内按月给予劳动者经济补偿。劳动者违反竞业限制约定的，应当按照约定向用人单位支付违约金。"第 24 条规定："竞业限制的人员限于用人单位的高级管理人员、高级技术人员和其他负有保密义务的人员。竞业限制的范围、地域、期限由用人单位与劳动者约定，竞业限制的约定不得违反法律、法规的规定。在解除或者终止劳动合同后，前款规定的人员到与本单位生产或者经营同类产品、从事同类业务的有竞争关系的其他用人单位，或者自己开业生产或者经营同类产品、从事同类业务的竞业限制期限，不得超过 2 年。"商业秘密主要是通过人员的流动来泄露的，而用人单位中掌握商业秘密的人是泄露商业秘密的主要途径之一。因此，我国《劳动合同法》通过限制人员的流动来保护用人单位的商业秘密，由于这种方式限制了劳动者的就业权，通过这种方式来保护用人单位的商业秘密必须对劳动者进行一定的补偿，且限制期限最长不超过 2 年。

作为用人单位，充电服务企业可以通过适当地限制人员流动来最大程度保护企业互联互通所使用的相关站点与档案信息等商业信息。

第三，行政保护。商业秘密的行政保护是指通过行政机关的公权力来保护商业秘密。

我国前国家工商行政管理局曾发布《关于禁止侵犯商业秘密行为的若干规定》，该文件第2条对商业秘密进行了规范，即商业秘密是指不为公众所知悉、能为权利人带来经济利益、具有实用性并经权利人采取保密措施的技术信息和经营信息。该文件第3条规定："禁止下列侵犯商业秘密的行为：（一）以盗窃、利诱、胁迫或者其他不正当手段获取的权利人的商业秘密；（二）披露、使用或者允许他人使用以前项手段获取的权利人的商业秘密；（三）与权利人有业务关系的单位和个人违反合同约定或者违反权利人保守商业秘密的要求，披露、使用或者允许他人使用其所掌握的权利人的商业秘密；（四）权利人的职工违反合同约定或者违反权利人保守商业秘密的要求，披露、使用或者允许他人使用其所掌握的权利人的商业秘密。第三人明知或者应知前款所列违法行为，获取、使用或者披露他人的商业秘密，视为侵犯商业秘密。"该文件第7条规定："违反本规定第3条的，由工商行政管理机关依照《反不正当竞争法》第25条的规定，责令停止违法行为，并可以根据情节处以1万元以上20万元以下的罚款。工商行政管理机关在依照前款规定予以处罚时，对侵权物品可以作如下处理：（一）责令并监督侵权人将载有商业秘密的图纸、软件及其有关资料返还权利人。（二）监督侵权人销毁使用权利人商业秘密生产的、流失市场将会造成商业秘密公开的产品。但权利人同意收购、销售等其他处理方式的除外。"另外，我国《反不正当竞争法》第16条规定："对涉嫌不正当竞争行为，任何单位和个人有权向监督检查部门举报，监督检查部门接到举报后应当依法及时处理。"该法第21条规定："经营者以及其他自然人、法人和非法人组织违反本法第9条规定侵犯商业秘密的，由监督检查部门责令停止违法行为，没收违法所得，处10万元以上100万元以下的罚款；情节严重的，处50万元以上500万元以下的罚款。"

根据上述规定，充电服务企业在互联互通过程中，对于侵害商业秘密涉及不正当竞争的行为，相关企业可以向有关监督检查部门举报。如果监督检查部门查实存在侵害商业秘密的行为可以按该法21条的规定对侵权主体进行惩处，从而达到保护相关充电服务企业商业秘密的目的。

由于行政部门对侵害商业秘密的行为进行查处，相对于受害人提起民事诉讼而言，在调查取证方面具有强制力的优势。我国《反不正当竞争法》第13条规定："监督检查部门调查涉嫌不正当竞争行为，可以采取下列措施：（一）进入涉嫌不正当竞争行为的经营场所进行检查；（二）询问被调查的经营者、利害关系人及其他有关单位、个人，要求其说明有关情况或者提供与被调查行为有关的其他资料；（三）查询、复制与涉嫌不正当竞争行为有关的协议、账簿、单据、文件、记录、业务函电和其他资料；（四）查封、扣押与涉嫌不正当竞争行为有关的财物；（五）查询涉嫌不正当竞争行为的经营者的银行账户。"可见行政部门具有广泛的调查权，因此，通过行政机关来保护充电服务企业的商业秘密，是一种事半功倍而卓有成效的方式。

第四，刑法保护。对侵害商业秘密的人进行刑事制裁，这是最严厉的制裁，必须是侵害商业秘密的行为达到十分严重的程度。

我国《刑法》第219条规定："有下列侵犯商业秘密行为之一，给商业秘密的权利人造成重大损失的，处三年以下有期徒刑或者拘役，并处或者单处罚金；造成特别严重后果的，处三年以上七年以下有限徒刑，并处罚金：（一）以盗窃、利诱、胁迫或者其他不正当手段获取权利人商业秘密的；（二）披露、使用或者允许他人使用以前项手段获取的权利人的商业秘密的；（三）违反约定或者违反权利人有关保守商业秘密的要求，披露、使用或者允许他人使用其所掌握的商业秘密的。明知或者应知前款所列行为，获取、使用或者披露他人的商业秘密的，以侵犯商业秘密罪论处。本条所称商业秘密，是指不为公众所悉，能为权利人带来经济利益，具有实用性并经权利人采取保密措施的技术信息和经营信息。本条所称权利人，是指商业秘密的所有人和经商业秘密所有人许可的商业秘密使用人。"《刑法》第220条规定："单位犯本节第213条至第219条规定之罪的，对单位判处罚金，并对其直接负责的主管人员和其他直接责任人员，依照本节各条的规定处罚。"

对于何为"给商业秘密的权利人造成重大损失"，最高人民法院、最高人民检察院《关于办理侵犯知识产权刑事案件具体应用法律若干问题的解释》第7条第1款规定："实施刑法第219条规定的行为之一，给商业秘密的权利人造成损失数额在50万元以上的，属于'给商业秘密的权利人造成重大损失'，应当以侵犯商业秘密罪判处3年以下有期徒刑或者拘役，并处或者单处罚金。"对于何为"造成特别严重后果"该条第2款规定："给商业秘密的权利人造成损失数额在250万元以上的，属于刑法第219条规定的'造成特别严重后果'，应当以侵犯商业秘密罪判处3年以上 7 年以下有期徒刑，并处罚金。"

因此，在互联互通过程中，如果相关企业构成了刑法第 219 条中规定的行为方式获取其他充电服务企业的商业秘密，侵害其合法权益，给其造成损失达到 50 万元人民币以上的，受损失的充电服务企业可以向公安机关报案，追究侵权人的刑事责任。

此外，我国加入 WTO 之后，我国还需要遵循 Trips 协议中有关保护商业秘密的规定，它对我国的商业秘密保护也具有法律上的约束作用。

（四）互联互通过程中企业商业秘密保护的建议

商业秘密对企业的生产经营起着至关重要的作用，因此，企业应当不遗余力地采取一切行之有效的措施保护自身的商业秘密。在企业自行采取措施保护商业秘密并保证商业秘密具有秘密性的前提下，一旦发生商业秘密被侵犯的情形，我国的法律对商业秘密也进行了全方位的保护，主要有民事保护、行政保护和刑事保护。

但是，企业必须做到的是自行采取措施来保证自身商业秘密的秘密性。因为，商业秘密的专有性不是绝对的，不具有排他性，如果他人以合法方式取得同一内容的商业秘密，那么其将有着和第一人同样的地位。也就是说，如果企业自己对自身拥有的商业秘密未采取严格的保密措施、自己泄露了商业秘密、他人通过独立开发获得相同或近似的商业秘密、他人通过反向工程推知商业秘密产品具体技术方案的，那么商业秘密将失去法律的保护，他人获得后加以利用是不构成对商业秘密的侵犯的。

针对商业秘密泄密的常见原因，充电服务企业应当从组织制度、商业秘密及其载体的管理、涉密人员管理和辅助措施四个方面采取系统的保护措施以保护企业的商业秘密。

第一，建立健全商业秘密保护制度。

具有正规高效的商业秘密保护专门部门，是商业秘密得到有效保护的前提。充电服务企业领导应该高度重视商业秘密对于企业经营的重要作用及失密的严重后果。在具体落实方面，需要从组织上予以保障。例如，充电服务企业可以成立一个专门商业秘密保护部门，或以原有部门如经理办公室、知识产权部、法律事务部等下面的专门小组，专人负责商业秘密的认定、保护措施的开发与实施，以专门保护包括互联互通过程中产生的站点与档案等商业信息。

规章制度是落实相关理念的重要方式，因此，充电服务企业如果要企业全体员工都能在最大程度上保守企业商业秘密，需要合法、合理、可行性强的保密规章制度。为使得工作人员能清楚明了地执行保护商业秘密的相关制度，充电服务企业的保密规章制度一般应至少考虑以下几个方面：站点或档案信息等商业秘密的范围；商业秘密的直接管理者；商业秘密档案管理制度；商业秘密的申报与审查；商业秘密的保密义务；违反保密制度的处罚方式等。

第二，强化管理商业秘密及其载体。

关于强化管理商业秘密，首先需要充电服务企业明确商业秘密的范围及密级，这样有利于指引相关充电信息等商业秘密的保护。一方面，充电服务企业需要确定商业秘密的范围。根据商业秘密的前述四个法律特征，充电服务企业可以分别罗列本企业内部构成商业秘密的种类，这样才能提高警惕并确定应采取的各种措施。另一方面，充电服务企业需要确定商业秘密的密级。尽管目前我国的法律法规对商业秘密密级的划分没有规定，但从企业保密防范的原则来讲，划分和确定商业秘密密级，有利于商业秘密的分级管理。充电服务企业在确定站点等商业信息的商业秘密密级之后，有利于相关保密人员抓住重点、确保企业核心充电信息秘密的安全。对我国企业而言，熟悉而简单的分类就是"绝密""机密""秘密"三个等级。

关于强化管理商业秘密的载体，主要是指需要加强涉密文件的管理。于充电服务企业而言，涉密文件是指以文字、图表、音像及其他记录形式记载充电信息等商业秘密内容的资料，包括公文、书刊、函件、图纸、报表、磁盘、胶片、幻灯片、照片、录音带等档案。对这些充电信息等商业信息的载体，充电服务企业必须进行严格管理，限制其传阅和复制的对象及范围。

第三，适当约束企业内部涉密人员。

商业秘密的保护，最重要的是人，因此充电服务企业加强对涉密人员的管理至关重要。具体而言，关于保护商业秘密，企业可以选择与员工签订保密协议、加强员工保密教育、健全员工人事资料及与高管人员签订竞业禁止协议的方式保护充电信息等商业秘密。

第四，协议预防合作伙伴等第三人泄密。

充电服务企业商业秘密经常涉及其他合作运营商等第三人，而这些人既是生意上的重要伙伴，也容易成为商业秘密泄露的重要途径。因此，充电服务企业在与其他企业互联互通合作过程中，与得知充电信息等商业秘密的第三人签订适当的保密协议是极为重要的。在保密协议或保密条款中，充电服务企业需要明确其对相关文件享有的所有权，也需要明确这些文件包含的充电信息的专有性和机密性，以明确并强化合作伙伴的保密义务，减少其泄密的经济损失。

第五，其他辅助措施。

除了以上的保护措施外，充电服务企业也可以采取以下辅助措施对充电信息的商业秘密进行保护：（1）加强保卫区域的管理。充电服务企业要划定保密区域，在保密区域内加强保卫措施，确定诸如门卫、上锁、限定员工进入区域、密码钥匙或密码通行证，并经常变换密码等措施和管理办法，这将有助于防止充电信息失窃。（2）控制相关主体参观与实习。禁止参观或实习也许是不必要的，但对相关区域予以一定的控制却是保护商业秘密的重要措施。一切参观应避开敏感区域，勿做详细解释，勿对生产制造工艺进行演示。必要时，充电服务企业可要求来访者参观商业秘密设备时签订保密协议。（3）重点部位的管理。产生、处理、存储、使用商业秘密的部位，是保密管理的重点。企业应根据商业秘密信息产生、使用和保管的实际，把那些最集中、最核心的部门或者部位确定下来，在企业内部通报，使管理者和被管理者做到心中有数。商业秘密的重点部位应有必要的监控措施。例如：重点部位"红线区"管制，电子监控报警，人员身份识别系统，人员进出特别许可批准制度，进出特许身份牌标识，对外接待禁止参观区域和禁止行为标识明示，进出携带物品的禁止目录或检查措施，涉密人员离开工作地点前清理工作台面和计算机制度等。（4）防止关键信息的发表公开或广告、展览公开。充电服务企业必须使员工牢记，其出席的专业领域会议，学术著作的发表、演讲，经常有本领域内具有深厚专业背景的同行，这些同行经常能够捕捉到有关信息字里行间的言外之意。因此，某些员工认为微不足道、无足轻重的信息，很有可能正是竞争对手一直寻求的关键信息。所以，应对企业员工发表专业性文章、出版著作以及相关演讲等做相应教育，必要时，应进行适当监督及控制。同样，对于广告、展览等可能失密的活动也应进行相应的教育、检查与控制，以防止失密。

（五）合同到期后相关档案和站点信息的问题探析

根据我国法律规定，商业秘密的权利人包括商业秘密所有人和经商业秘密所有人许可的商业秘密使用人。当商业秘密遭到侵犯的时候，所有人和使用人都有权要求侵害人停止侵害并承担法律责任。因为经营秘密的归属问题通常是容易确定的，而技术秘密的归属确定情况比较复杂，因此需要重点讨论技术秘密的归属问题。

第一，雇佣关系下商业秘密的归属。

雇佣关系下商业秘密的归属分两种情况，即职务技术成果的归属和非职务技术成果的归属。

关于职务技术成果的归属。根据《合同法》第 326 条，职务技术成果属于单位所有，由单位拥有并行使技术成果的使用权、转让权。所谓职务技术成果是指执行单位工作任务，或利用本单位的物质技术条件所完成的技术成果。

关于非职务技术成果的归属。如果技术成果与职工的工作任务和责任范围没有直接关系，而且不是利用本单位的物质技术条件完成的，就属于非职务技术成果。非职务技术成果属于职工个人，其使用权、转让权由完成技术成果的个人拥有和行使。

第二，委托开发关系下商业秘密的归属。

充电服务企业除了自行研究开发之外，往往也会出资委托其他企业或科研机构研究开发生产技术。《合同法》规定，委托开发关系下商业秘密的归属由当事人自行约定，也就是说当事人可以约定委托关系下完成的技术成果属于委托人，也可约定属于被委托人。如果没有约定或约定不明的，委托人和被委托人都有使用和转让的权利，也就是说由当事人共同拥有。但是，被委托人在向委托人交付研究成果之前，不得转让给第三人。另外，除当事人另有约定以外，委托开发中完成的技术成果的专利申请权属于被委托人。

第三，合作开发关系下商业秘密的归属。

充电服务企业有时需要和其他企业或科研机构合作开发技术项目，以取长补短。合作开发关系下商业秘密的归属由当事人自行约定，也就是说当事人可以约定委托关系下完成的技术成果属于参加合作的任何一方或几方。如果没有约定或约定不明的，归全体合作人共同拥有，共同行使使用权、转让权和专利申请权。即使合作到期，也不影响当事人对商业秘密权利的约定。

三　知识产权保护

（一）互联互通与知识产权问题的相关法律法规

知识产权是国际上广泛使用的一个法律概念，是民事主体对其创造性的客体依法享有的专有权利。设立知识产权的目的在于调动人们从事智力创作和科学技术研究的积极性,从而创造出更多、更好的精神财富。

知识产权保护和信息共享有一致目标:创造社会财富,实现社会公共利益价值最大化。对知识产权的保护更能激发信息生成者共享信息的热情和动力。反过来,在信息价值大的情况下,利用共享信息创造出的智力成果也相应完善了知识产权制度,并为其提供有效保护。构建知识产权保护机制的初衷并非阻遏智力成果的社会普及,而是为了将之纳入法制化的可持续轨道。智力成果在社会上的流动共享既符合社会普及的文明价值,也与社会开放共享的品格契合。然而此种共享却与知识产权保护存在现实冲突,稍不注意,知识产权侵权事件就容易发生,导致企业利益受损。[①]

《民法总则》第 123 条规定:"民事主体依法享有知识产权。"这一条从总体上对相关主体拥有的知识产权进行了规范。

《反不正当竞争法》第 21 条规定:"经营者以及其他自然人、法人和非法人组织违反本法第九条规定侵犯商业秘密的,由监督检查部门责令停止违法行为,没收违法所得,处十万元以上一百万元以下的罚款;情节严重的,处五十万元以上五百万元以下的罚款。"本条对侵犯商业秘密的行为进行了规定。

《专利法》第 60 条规定:"未经专利权人许可,实施其专利,即侵犯其专利权,引起纠纷的,由当事人协商解决;不愿协商或者协商不成的,专利权人或者利害关系人可以向人民法院起诉,也可以请求管理专利工作的部门处理。"第 63 条规定:"假冒专利的,除依法承担民事责任外,由管理专利工作的部门责令改正并予公告,没收违法所得,可以并处违法所得四倍以下的罚款;没有违法所得的,可以处二十万元以下的罚款;构成犯罪的,依法追究刑事责任。"《商标法》第 60 条规定:"有本法第五十七条所列侵犯注册商标专用权行为之一,引起纠纷的,由当事人协商解决;不愿协商或者协商不成的,商标注册人或者利害关系人可以向人民法院起诉,也可以请求工商行政管理部门处理。"第 61 条规定:"对侵犯注册商标专用权的行为,工商行政管理部门有权依法查处;涉嫌犯罪的,应当及时移送司法机关依法处理。"综上所述,充电基础设施运营商在设

[①] 吴超鹏、唐菂:《知识产权保护执法力度、技术创新与企业绩效——来自中国上市公司的证据》,《经济研究》2016 年第 11 期。

备、信息以及支付结算的互联互通过程中,侵犯他人的专利权或者商标专用权,需要承担民事责任、行政责任乃至刑事责任。

(二) 充电服务互联互通与知识产权保护相协调的路径

在充电服务互联互通过程中,解决知识产权保护与信息联通的冲突关键在于实现智力成果的网络有偿使用并让成果的原创者得到由此带来的收益。[①] 知识产权与信息联通间冲突的本质在于利益分配的不公,即智力成果原创者并未从成果的网络流转中得到实际利益,而那些转载、复制乃至使用者却免费使用或借此牟利。因此,解决两者间的冲突,关键在于理顺利益关系。针对充电服务互联互通的知识产权保护的问题,以充电运营商发展的阶段为考量因素,可做如下尝试:

第一,企业发展初期,共享自身核心技术吸引合作创新。相关充电运营商主体可以通过共享自身核心知识吸引其他主体参与合作创新,依靠合作者之间的关系来获取、共享及保护充电设施的技术知识。在此阶段中,仍然存在合作创新未来价值不可预测和知识流失的风险不可避免等问题,因此,基于信任的关系机制比基于合同的合约方式更适合发展初期,其发挥的作用更强。

第二,企业发展中期,共享与契约并重,谋求长期发展。知识产权共享的两个企业之间相互信任度有所提高,为了合作的长久进行,就需要完善契约机制,完善合同具体条款内容。一方面,充电企业间较完备的合同、知识产权系统有助于合作创新的稳定及可持续进行,确保知识安全交换,也有利于促进合作伙伴之间信任的形成。另一方面,合作者之间信任关系的形成也在很大程度上帮助解决由于合约的不完备性而遇到的问题。此阶段,充电运营商基于信任的关系和基于合同的合约同等重要,两种方式下的知识产权保护模式相互依赖,相互促进。

第三,企业发展后期,完善分配机制以实现双赢。共享知识产权给充电运营商带来的收益较为明显,合作创新结果的可预测性较高,但创新成果分配问题凸显。此时,为保障利益分配,基于完善的合同的合约治理机制就比基于信任的关系机制发挥着更多的作用。

第四,妥善处理企业合作产生的新知识产权成果。合作开发关系下新

---

① 宗庆庆、黄娅娜、钟鸿钧:《行业异质性、知识产权保护与企业研发投入》,《产业经济研究》2015 年第 2 期。

产生的知识产权的归属是由当事人自行约定的。即当事人可以约定合作关系下完成的技术成果属于参加合作的任何一方或几方。如果没有约定或约定不明的，合作产生的知识产权成果归全体合作人共同拥有，即充电服务企业与其他合作企业共同对该新的知识产权成果行使使用权、转让权和专利申请权。

第七章

随车配建充电设施的法律问题

第一节 随车配建充电设施的发展现状

近年来,我国充电基础设施建设规模持续高速增长。根据中国电动汽车充电基础设施促进联盟统计,截至 2019 年 11 月,在充电联盟采样的约 100.2 万辆车的随车配建充电设施的信息中:建设安装私人充电桩约 67.8 万台,未随车配建私人充电桩 32.4 万台,整体配建率达 67.65%。在中央政府的大力推动下,我国的电动汽车充电基础设施建设取得了一定成绩,积累了一定的经验。但当前充电基础设施发展也存在一些问题,公共充电设施的"燃油车占位""僵尸桩"等问题尚待解决,电动汽车车主随车配建私人充电设施过程中的困境亦逐渐暴露在大众视野中。

随车配建充电设施的比例关乎电动汽车产业的发展,如果随车配建充电设施的配建率得不到有效提高,我国电动汽车行业的发展将会在很大程度上遭遇瓶颈。当前,新能源汽车的消费市场仍在不断扩大。据前瞻产业研究院 2019 年《中国新能源汽车行业市场前瞻与投资战略规划分析报告》统计数据显示:2018 年我国新能源汽车产销量分别完成了 127 万辆和 125.6 万辆,同比分别增长了 59.9% 和 61.7%;新能源汽车保有量大约 300 万辆,保有量占全球的 50% 以上。此外,根据国务院 2012 年《节能与新能源汽车产业发展规划(2012—2020 年)》的设定,我国计划到 2020 年,纯电动汽车和插电式混合动力汽车生产能力达 200 万辆,累计产销量超过 500 万辆。可见,当前电动汽车充电设施建设总数与电动汽车保有量的比例远不能符合国家这一发展规划要求的"桩站先行"和"适度超前"原则,不能满足我国电动汽车充电的需求。

第二节　随车配建充电桩的法律制度

鉴于我国随车配建充电设施主要在车主居住地建设,本书重点讨论电动汽车车主在居住地安装专用充电桩的情况。随车配建充电桩涉及的政策和法律与我国电动汽车充电设施建设和运营紧密相关,良好的政策与法律有助于推进建设的高效完成。通过对相关法规政策的梳理和解读,当前促进随车配建充电桩的法律制度主要包括随车配建充电桩的规划制度和扶持制度。

一　随车配建充电桩的规划制度

我国随车配建充电桩的规划制度主要体现在2015年《关于加快电动汽车充电基础设施建设的指导意见》《电动汽车充电基础设施发展指南(2015—2020年)》以及2016年《关于加快居民区电动汽车充电基础设施建设的通知》等一系列规范性文件之中。

2015年9月29日,国务院办公厅发布《关于加快电动汽车充电基础设施建设的指导意见》,其中明确规定:(1)鼓励充电服务、物业服务等企业参与居民区充电设施建设运营管理,统一开展停车位改造,直接办理报装接电手续,在符合有关法律法规的前提下向用户适当收取费用。(2)对有固定停车位的用户,优先在停车位配建充电设施;对没有固定停车位的用户,鼓励通过在居民区配建公共充电车位,建立充电车位分时共享机制,为用户充电创造条件。为贯彻落实该指导意见的要求,进一步落实地方政府的主体责任,充分调动包括开发商、物业服务企业、业主委员会等有关方面的积极性,国家发展改革委、国家能源局、工信部、住建部于2016年7月25日联合发布了《关于加快居民区电动汽车充电基础设施建设的通知》。通知要求:通过改造现有居民区的供电设施、规范新建住宅区设施建设、将充电基础设施的配套情况纳入整体工程验收范畴等各项措施,切实解决居民区电动汽车充电基础设施的建设难题。

《电动汽车充电基础设施发展指南(2015—2020年)》是上述四部委

制定的关于我国"十三五"期间电动汽车充电基础设施的发展规划。该规划在制定满足未来电动汽车充电需求的充电设施发展目标和建设规模的基础上，将之细分为总体目标、区域目标和场所目标三级。在按照建设场所不同划分的场所目标中，提出到 2020 年在居民区，建成超过 280 万个用户专用充电桩。

二 随车配建充电桩的扶持制度

我国对于随车配建充电桩的激励制度主要包括财政补贴、电价优惠两种形式。

财政补贴制度是对国民经济和社会生活进行调控的一种经济手段。我国的新能源汽车财政补贴多以直接定额补贴的形式进行，基本集中在购车补贴层面；其中，对汽车配套设施的补贴力度约为建设费用的 20%。[①]

电动汽车充电设施产业是一项投资较大、成本较高、回报周期较长的新型产业，产业发展相对缓慢。我国电动汽车充电基础设施的配比偏低。为切实解决这一问题，必须完善财政补贴制度。随着近年来我国开始重视电动汽车充电基础设施的建设和运营，新能源汽车产业的财政补贴政策在中央政策的指导下逐步调整，进入"车补"改"电补"的战略过渡期。财政部、工信部、科技部、国家发展改革委 2019 年《关于进一步完善新能源汽车推广应用财政补贴政策的通知》发出明确信号：2019 年补贴标准将在 2018 年基础上平均退坡 50%，国家补贴退坡 50% 以上；过渡期结束后，地方补贴全面取消。同时，该通知也为新能源汽车财政补贴政策的改革指明了方向，即向支持充电基础设施"短板"建设和配套运营服务转移。

由于中央层面尚未出台"车补"改"电补"的政策具体运行细则，全国各地的政策落地力度有所不同。随着过渡期在 2019 年 6 月 25 日结束，各地方政府已经全面响应国家政策，取消新能源汽车的地方补贴。此次政策变革势必让大量财政资金涌入电动汽车充电设施产业，随车配建充电桩环节从而受到惠及。私人在建设和使用专用充电桩的过程中的各项成本，将以用电补贴、建设补贴、物业奖励金等形式大大降低。例如，上海

[①] 谢昕霖：《我国新能源汽车产业扶持政策与法律制度研究》，硕士学位论文，广西师范大学，2019 年，第 12 页。

市2019年9月出台电动汽车充电桩补贴政策，企业和私人自建电动汽车充电桩，最高可享受30%的补贴。据上海市电力公司相关人员介绍，一个电动汽车充电桩的售价在2013年年初的市场价约为1万元，近期下降至6000元左右；在政府出台电动汽车补贴新政后，安装一个电动汽车充电桩最高可获得30%补贴，成本可降至4200元。

除财政补贴之外，在居民区安装自用充电桩的用户还可以享受电价优惠。国家发展改革委2014年《关于电动汽车用电价格政策有关问题的通知》明确确定，针对个人家庭自用充电设施以及住宅小区充电设施按照居民用电价格收取充电电价。此外，为引导电动汽车充电设施有序充电，避免因充电设施大规模用电导致电力供应不足的情况发生，执行峰谷分时电价政策。例如，上海市规定住宅小区内居民自用充换电设施用电，执行峰谷分时电价（峰时段0.641元/千瓦时、谷时段0.331元/千瓦时）。

第三节 随车配建充电桩的现时困境

随车配建充电桩经常受到来自物业管理企业、业主委员会的不合理阻挠，电动汽车车主面临来自现实和法律的多重困境。由此引发的"里程焦虑""充电难"等问题致使消费者仍旧更愿意购买燃油汽车，而对经济环保的电动汽车望而却步。

充电联盟针对2019年9月未能随车配建充电桩的31.34万台电动汽车进行了分类统计。据统计结果显示：集团用户自行建桩、居住地物业不配合、居住地没有固定停车位这三个因素是未随车配建充电设施的主要原因，三者占比达70.4%；居住地报桩接电难度大、工作地没有固定停车位等其他原因占比为29.6%。可见，排除集团用户自行建桩以及工作地没有固定停车位等在居住地之外建桩的情况，造成车主居住地未能随车配建充电桩的主要原因，一是居住地不具备客观建桩条件，二是物业管理企业、业主委员会的配合度不足。北大法宝的检索结果同样显示，由小区业主随车配建充电桩引发的与物业、业委会以及其他业主的物权、合同纠纷案件，近年来呈现增多趋势。如果放任发展，势必对电动汽车产业发展造成阻碍。

在上述背景下，下面结合有关案例，对随车配建充电桩的现时困境及其背后的法律问题进行分类剖析。

一 客观层面的困难

(一) 居住地无固定停车位

根据产权归属的不同,可以将车位分为以下三种情况:(1) 车位是业主的私有车位,即车位产权人是业主;(2) 车位建成后未出售,即车位产权人是开发商;(3) 车位是公共区域停车位,即车位产权人是全体业主。[①] 虽然相关法律法规并未禁止在非固定车位安装充电桩,但是各地配电部门在个人充电桩的报桩审批流程中,都以车主拥有固定车位所有权或使用权作为建设前提。

以上海市为例,提出充电桩用电申请的用户或其委托的电动汽车生产企业,必须持小区车位产权证明或者一年以上长期使用权证明,到供电单位营业厅办理相关手续。2015 年《上海市电动汽车充电设施建设管理暂行规定》第 19 条规定:"电动汽车用户在住宅小区有自有产权车位或经车位产权人同意,在租赁期一年以上的固定车位上安装充电设施的,物业服务企业应当予以支持和配合。"也就是说,物业服务企业仅在车主拥有固定车位产权所有权或使用权时,才有配合建设的法定义务;否则,车主无权要求前者协助安装。其他地方政府亦相继出台了类似规定。然而现实情况是,很大一部分的老旧小区在建设时就没有划分固定停车位,仅在小区绿化道、公共场所有少量临时车位。因此,有的车主不得不支付高昂的费用在小区外租赁车位,而有的车主无奈之下选择了"飞线充电"这种存在较大安全隐患的方式。

在小区停车资源本就紧张的情况下,电动汽车车主如果在临时车位安装充电桩,容易与其他业主就车位使用问题发生冲突,耗费较大时间成本,同时还存在法律层面的侵权风险。《物权法》第 74 条第 3 款规定,占用业主共有的道路或者其他场地用于停放汽车的车位,属于业主共有,即临时车位属于建筑物共有部分。另外,根据《物权法》对建筑物共有部分的有关条款规定,改建、重建建筑物及其附属设施属于必须由业主共同决定的事项,而且应当经专有部分占建筑物总面积 2/3 以上的业主且占总人数 2/3 以上的业主同意才可建设。也就是说,车主在建筑物共有部分安

---

① 赵暖:《一则新闻引出的物业服务相关法律问题思考》,《行业智库》2015 年第 2 期。

装供其专属使用的充电桩设施,前提条件之一是必须经过业主大会同意,经业主委员授权物业服务企业开具同意安装证明;否则,缺乏合法依据。此外,考虑到召开会议所花费的人力、时间、费用等,业主大会的定期会议一般不能频繁召开,而临时会议的召开却需要20%以上业主的同意。

(二) 居住地报桩接电难度大

在电动汽车车主出具相关产权证明后,供电企业为车主安装电表还须到小区进行实地勘察,判断是否具备安装充电桩的供电条件,确定供电方案。然而,一些建成交付时间较早的居民小区,没有预先单独配置可供电动汽车充电桩正常运行的供电线路,只能占用小区原有配电容量。普通充电桩的功率在7000瓦左右,而且瞬间充电电流很强,很多老旧小区的供电设施都难以承受,从而影响整个小区的正常用电。另外,在小区用电容量饱和的情况下,后期购买电动汽车的业主安装充电桩的需求就无法满足,导致业主之间的利益冲突聚焦于小区有限的配电容量。虽然公共充电设施可以缓解部分车主充电难的问题,但是也存在着"燃油车占位""排队充电"等痛点,而且相关部门尚未出台完备的解决方案。

在这种情况下,拥有固定车位的车主可以根据相关政策,要求物业服务企业配合,向供电企业申请整个小区的扩容改造,但同样会受到业主大会决议的约束。这是因为,公共线路改造必然涉及对小区相关设施的改造和公共资源的重新配置,涉及全体业主共同利益,属于《物权法》第76条"应由业主共同决定的事项"中的第7项:"有关共有和共同管理权利的其他重大事项"规定的范围。

此外,针对老旧小区扩容改造问题,国务院办公厅在《关于加快电动汽车充电基础设施建设的指导意见》中要求:各地方供电企业按"适度超前"原则,配合政府的老旧小区改造政策,主动开展现有居住区供电设施改造的工作;对专用固定停车位,按"一表一车位"模式进行配套供电设施增容改造。指导意见还提出,地方政府对居民区停车位的电气化改造可酌情给予国家专项建设基金等政策支持,统一协调有关部门和单位给予施工便利。然而,目前大部分地区该项工作进展滞缓。供电企业升级改造小区供电设施将产生巨大的费用和投入,地方政府的补贴和受益政策没有跟进亦是该项工作进展缓慢的主要原因之一。

二 主观层面的障碍

调研发现,电动汽车车主具备安装自用充电桩的客观条件,固定车位产权以及配电条件都达到建设标准,但是车主居住地物业公司仍旧不予配合甚至加以阻挠。其中的主要原因是物业公司的经济利益驱动不足。

如何调动物业公司的积极性,使得物业公司能够在充电设施的安装过程中积极地配合与提供相关支持服务,使其尽可能多地参与到充电桩的建设中来,是充电设施商业模式转型的重点。现有政策采取的主要方案是鼓励电动汽车生产企业及充电设施建设经营企业与住宅小区物业服务企业合作,建立社区充电服务共享模式。在该商业模式下,小区物业服务企业统一进行私人充电桩的投资和建设,承担运营和维护责任,并向购置电动汽车的小区业主收取充电费用。[①] 但是目前,私人车辆在私人场所的充电仍以车企主导的建设为主;虽然也有物业主导的建设案例,不过仍旧较少。这是因为,在小区内随车配建充电桩,如果物业公司全力配合,需要耗费较大的人力与物力。然而在充电桩建成后,在充电桩的使用过程中,物业公司本身所能获取的利益不足。因此,物业公司支持随车配建充电桩的动力不足。即使有小区配合业主安装充电桩,也多是出于自愿支持。

在物业主导建设小区充电设施的商业模式下,短期内仅仅单纯依靠充电服务、运营服务收取充电服务费用的方式实现盈利仍然很难。就长远来看,如果物业公司在随车配建充电桩的过程中利益驱动一直不足,那么,随车配建充电桩在小区的深入将举步维艰。国家发展改革委、国家能源局、工信部、住建部于2017年在《关于加快居民区电动汽车充电基础设施建设的通知》中规定:地方可充分利用财政资金杠杆作用,对配套服务与管理积极主动、成效突出的物业服务企业给予适当奖补。但是,由于国家相关部门未出台相应奖补细则,各地实施力度不同,政策无法落实到位。

第四节 推进随车配建充电设施建设的举措

推动充电设施建设、发展新能源汽车是国家的宏观战略,我国从中央到地方层面都出台了大量产业扶持政策。各类产业扶持政策的优势是能够

[①] 王娜、吴鹏飞、张博:《我国电动汽车充电基础设施商业模式典型案例研究》,《汽车工业研究》2017年第5期。

灵活指导相关产业发展，并快速适应现实情况。但是，由于政策往往不具有强制性，且缺乏制裁措施，可能会出现政策的制订和执行过于灵活而触碰法律底线的情况。扶持政策的变动性、临时性，往往会使得产业链上的各个主体担心政策的取消而不敢贸然投资相关产业。另外，随着补贴税收优惠政策的到期，原先依赖相关政策的企业会出现决策混乱的情形。因此，急需由法律制度为产业扶持政策的制订和执行提供"边界"。根据前文的梳理，我国目前充电基础设施产业相关的法律和政策尚未形成较为完整的建构，存在一定程度的缺失和滞后。特别是相关的法律责任制度、安全责任制度在法律层面有较大空白，致使政策类规范或停留于字面，或由于效力位阶受到其他法律的约束。

下面将从政策法律制定者的视野出发，针对随车配建充电桩面临的困境，提出运用经济和法律手段来解决或缓解问题的如下建议。

一 推广以物业公司为主导的共享充电设施建设商业模式

一般情况下，居民小区的不固定车位数量较大，而固定车位数量较少。在居民区配建公共充电车位，建立分时共享机制，已经成为亟待解决的突出问题之一。因此，需要延展物业公司的利益链，从经济上促进其改变消极的态度。我们建议：推广以物业公司为主导建设小区分时共享充电设施建设商业模式。国家层面上可以将充电桩纳入专项建设基金范畴，地方政府则可以出台相应的财政补贴政策，对物业公司在充电设施建设方面予以一定的资金支持。由政府以财政补贴的形式鼓励充电设施建设运营企业与小区合作投建公共充电基础设施，降低物业公司的建设和运营成本。同时，允许物业公司除充电服务费之外，可以适当收取充电设施日常管理的运维费用，从而扩大其收入来源。在小区停车位不足的情况下，发展充电设施共享经济，既有利于物业服务公司的可持续发展，也有利于优化小区业主充电基础设施的使用体验，尽可能满足业主对充电便利性的需求。

二 对物业公司设定强制性义务

我国《立法法》规定，全国人大或其常务委员会制定的法律，其效力位阶通常高于国务院及其有关部门制定的国家政策或指导意见。在实际案例中，业主以违反充电基础设施的国家政策为诉讼理由的，物业公司往往以《物权法》《消防法》的相关规定进行抗辩。一旦对物业公司主张的事实和理由适用这些法律有关条款的规定，诉讼结果难以预料，或者诉讼过程漫长。为促进物业公司加大协调力度，引导其执行国家政策，积极配合随车配建充电桩的申请和建设，我们提出如下建议：修改《物业管理条例》，给物业公司和业主委员会设定合理的配合有停车位产权的业主建设充电基础设施的强制性义务。

物业公司和业主委员会主要以《物业管理条例》作为其管理小区运作、服务全体业主的根据。《物权法》是指导物业服务活动的关键上位法。《物业管理条例》对物业公司和业主委员会强制性配合义务的设定，应该以不与《物权法》的内容发生冲突为限。《物业管理条例》规定，不得实质禁止或不合理限制业主在固定车位安装自用充电桩。"实质禁止"是指无理由地禁止任何情况下在小区范围内安装充电桩。"不合理限制"是指在不存在违反法律规定的情况时，以小区配电容量不足、存在安全隐患等理由，对业主安装充电桩不予配合。这样，就可以在很大程度上为随车配建充电桩提供最直接的法律保障，让物业公司和业主委员会在安装充电桩不违反法律规定的前提下，履行配合建设的强制性义务。然而，给予物业公司和业主委员会必须履行义务时有一定的弹性，例如，如果它是基于违反法律规定的"合理限制"应予以准许。

为鼓励物业公司主动加入小区充电桩的建设和运营，我国可建立行业奖罚机制。对设置障碍、拖延推诿、影响充电设施建设的物业公司，进行必要的处罚。对积极配合、主动建设、成果明显的小区物业公司，给予必要的奖励，并作为示范性项目予以宣传。在这方面，福州市的做法值得借鉴。福州市房管局对于开展电动汽车充电基础设施建设情况良好的小区，将其树为标杆向全市推广；相反，对于拒建充电设施的物业企业，将予以行业通报，扣减企业和负责人信用信息评分并责令改正。

三　填补老旧小区供电能力改造资金缺口

自用充电桩作为目前公认的最为便捷的充电方式，供电部门应尽力帮助电动汽车车主投建，负责升级改造老旧小区的供电设施，增加电网容量，逐步满足小区安装充电基础设施的条件。但是，一方面该项工作需要大量资金和人力投入，需要政府、供电企业、物业公司、业主委员会、居民共同参与；另一方面关于这项工作的财政补贴政策，目前难以也没有落地。由于缺乏充足的资金支持，改造工作进展缓慢。我们建议：

首先，地方政府应加大资金投入的力度。针对供电部门升级改造小区设施的费用和投入，尽快落实相关的财政补贴政策，结合城市创建工作中老旧小区改造的专项资金为其提供资金支持。其次，国家层面出台针对电动汽车充电设施基金的管理规定。缺乏充足的资金支持是各个国家在推动电动汽车充电设施建设过程中都会面临的相同问题，已经有不少国家先后建立了电动汽车充电设施发展基金制度，建立充电设施发展基金制度可以为电力设备改造提供大量的、专门的资金支持。例如，日本将电动汽车充电设施纳入"日本工业竞争基金"的支持范围之中。[①] 根据国际充电设施基金的募集经验来看，环境资源税、社保基金、保险基金都可成为我国投资基础设施发展基金的主力。但目前我国建立充电设施基金涉及的法律都较为概括，所以需要出台相应的实施细则，在立法上对发展基金的资金来源、发展基金规模、支持项目、申请使用程序以及基金管理作出明确规定。

[①] 张钰：《电动汽车充电设施建设和运营的法律保障制度研究》，硕士学位论文，西南政法大学，2018年，第21页。

第八章

"车补"改"电补"的法律问题

第一节 "车补"改"电补"的基本情况

一 电动汽车推广应用的补贴政策梳理

(一)"车补"政策的发育期

为支持新能源汽车产业高质量发展,国家在新能源汽车领域出台了多项补贴政策(见表8-1),以期这些补贴政策工具能发挥其应有的作用。

2015年之前,尽管国家未明确出台电动汽车产业补贴政策,但相关部门先后发布了《关于开展节能与新能源汽车示范推广试点工作的通知》《关于扩大公共服务领域节能与新能源汽车示范推广有关工作的通知》《关于开展私人购买新能源汽车补贴试点的通知》《关于扩大混合动力城市公交客车示范推广范围有关工作的通知》《关于继续开展新能源汽车推广应用工作的通知》《关于进一步做好新能源汽车推广应用工作的通知》《关于加快新能源汽车推广应用的指导意见》等政策文件,为电动汽车的发展奠定了政策基础。其中,《关于加快新能源汽车推广应用的指导意见》第5条提到:"中央财政安排资金对新能源汽车推广应用规模较大和配套基础设施建设较好的城市或企业给予奖励,奖励资金用于充电设施建设等方面。有关方面要抓紧研究确定2016—2020年新能源汽车推广应用的财政支持政策,争取于2014年底前向社会公布,及早稳定企业和市场预期",为电动汽车行业的全面发展拉开了序幕。

(二)"车补"政策的成熟期

2016—2018 年,为支持新能源汽车的推广应用、保持政策连续性、促进新能源汽车产业发展,财政部、科技部、工业和信息化部及国家发展改革委(本章简称四部委)不断推进新能源汽车推广应用补助政策的制定,先后联合发布了《关于 2016—2020 年新能源汽车推广应用财政支持政策的通知》《关于调整新能源汽车推广应用财政补贴政策的通知》《关于调整完善新能源汽车推广应用财政补贴政策的通知》等补贴政策文件。

总体而言,上述政策文件,一方面尽量保持了电动汽车补贴政策的总体稳定,体现了国家对电动汽车行业的大力支持;另一方面也在逐步落实补贴退坡,体现了国家对电动汽车行业运营商的期待,即期望政策的鞭策能催生企业内生动力,倒逼相关企业苦练内功谋发展。

(三)"车补"改"电补"的完善期

2019 年以后,电动汽车的补贴政策从"车补"逐渐向"电补"过渡。2019 年 3 月 26 日,四部委联合发布了《关于进一步完善新能源汽车推广应用财政补贴政策的通知》。该通知第 2 条规定:"完善补贴标准,分阶段释放压力。根据新能源汽车规模效益、成本下降等因素以及补贴政策退坡退出的规定,降低新能源乘用车、新能源客车、新能源货车补贴标准,促进产业优胜劣汰,防止市场大起大落。"第 4 条规定:"营造公平环境,促进消费使用。从 2019 年起,符合公告要求但未达到 2019 年补贴技术条件的车型产品也纳入推荐车型目录。地方应完善政策,过渡期后不再对新能源汽车(新能源公交车和燃料电池汽车除外)给予购置补贴,转为用于支持充电(加氢)基础设施'短板'建设和配套运营服务等方面。如地方继续给予购置补贴的,中央将对相关财政补贴作相应扣减。"这一通知明确了地补部分从"车补"变为"电补",其政策导向明显,对整车厂商提出了更高的要求。2019 年 5 月 8 日,财政部、工业和信息化部、交通运输部、国家发展改革委联合发布《关于支持新能源公交车推广应用的通知》,通知提到"在普遍取消地方购置补贴的情况下,地方可继续对购置新能源公交车给予补贴支持。有关部门将研究完善新能源公交车运营补贴政策,从 2020 年开始,采取'以奖代补'方式重点支持新能源公交车运营。"该通知对新能源公交车的财政支持方式作了说明,尽管目前地方可继续对购置新能源公交车给予补贴支持,但长期来看,其补贴方式也会由"车补"政策变更为其他政策,如奖励政策等。

表 8-1　　　　　　　　电动汽车推广应用补贴政策文本统计

时间	发布主体	政策名称	主要内容
2009.01.23	财政部、科技部	《关于开展节能与新能源汽车示范推广试点工作的通知》	中央财政重点对购置节能与新能源汽车给予补助，地方财政重点对相关配套设施建设及维护保养给予补助
2010.05.31	财政部、科学技术部、工业和信息化部、国家发展改革委	《关于扩大公共服务领域节能与新能源汽车示范推广有关工作的通知》	财政部通过省级财政部门将示范推广补助资金预拨给试点城市
2010.05.31	财政部、科技部、工业和信息化部、国家发展改革委	《关于开展私人购买新能源汽车补贴试点的通知》	选择 5 个城市编制私人购买新能源汽车补贴试点实施方案
2012.08.06	财政部、科技部、工业和信息化部、国家发展改革委	《关于扩大混合动力城市公交客车示范推广范围有关工作的通知》	中央财政对相关单位购买混合动力公交客车给予一次性定额补助，由生产企业在销售时兑付给购买单位
2013.09.13	财政部、科技部、工业和信息化部、国家发展改革委	《关于继续开展新能源汽车推广应用工作的通知》	2014 年和 2015 年，纯电动乘用车、插电式混合动力（含增程式）乘用车、纯电动专用车、燃料电池汽车补助标准在 2013 年标准基础上分别下降 10% 和 20%；纯电动公交车、插电式混合动力（含增程式）公交车标准维持不变
2014.01.28	财政部、科技部、工业和信息化部、国家发展改革委	《关于进一步做好新能源汽车推广应用工作的通知》	将《关于继续开展新能源汽车推广应用工作的通知》中上述车型的补贴标准调整为：2014 年在 2013 年标准基础上下降 5%，2015 年在 2013 年标准基础上下降 10%
2014.07.14	国务院办公厅	《关于加快新能源汽车推广应用的指导意见》	完善新能源汽车推广补贴政策。对消费者购买符合要求的纯电动汽车、插电式（含增程式）混合动力汽车、燃料电池汽车给予补贴。中央财政安排资金对新能源汽车推广应用规模较大和配套基础设施建设较好的城市或企业给予奖励，奖励资金用于充电设施建设等方面
2015.04.22	财政部、科技部、工业和信息化部、国家发展改革委	《关于 2016—2020 年新能源汽车推广应用财政支持政策的通知》	补助标准主要依据节能减排效果，并综合考虑生产成本、规模效应、技术进步等因素逐步退坡。2017—2020 年除燃料电池汽车外其他车型补助标准适当退坡，其中：2017—2018 年补助标准在 2016 年基础上下降 20%，2019—2020 年补助标准在 2016 年基础上下降 40%

续表

时间	发布主体	政策名称	主要内容
2016.12.29	财政部、科技部、工业和信息化部、国家发展改革委	《关于调整新能源汽车推广应用财政补贴政策的通知》	（一）提高推荐车型目录门槛并动态调整。（二）在保持2016—2020年补贴政策总体稳定的前提下，调整新能源汽车补贴标准。分别设置中央和地方补贴上限，其中地方财政补贴（地方各级财政补贴总和）不得超过中央财政单车补贴额的50%（详细方案附后）。除燃料电池汽车外，各类车型2019—2020年中央及地方补贴标准和上限，在现行标准基础上退坡20%。（三）改进补贴资金拨付方式
2018.02.12	财政部、科技部、工业和信息化部、国家发展改革委	《关于调整完善新能源汽车推广应用财政补贴政策的通知》	根据动力电池技术进步情况，进一步提高纯电动乘用车、非快充类纯电动客车、专用车动力电池系统能量密度门槛要求，鼓励高性能动力电池应用；根据成本变化等情况，调整优化新能源乘用车补贴标准，合理降低新能源客车和新能源专用车补贴标准；对私人购买新能源乘用车、作业类专用车（含环卫车）、党政机关公务用车、民航机场场内车辆等申请财政补贴不作运营里程要求；从2018年起将新能源汽车地方购置补贴资金逐渐转为支持充电基础设施建设和运营、新能源汽车使用和运营等环节
2019.03.26	财政部、科技部、工业和信息化部、国家发展改革委	《关于进一步完善新能源汽车推广应用财政补贴政策的通知》	地方应完善政策，过渡期后不再对新能源汽车（新能源公交车和燃料电池汽车除外）给予购置补贴，转为用于支持充电（加氢）基础设施"短板"建设和配套运营服务等方面
2019.05.08	财政部、工业和信息化部、交通运输部、国家发展改革委	《关于支持新能源公交车推广应用的通知》	在普遍取消地方购置补贴的情况下，地方可继续对购置新能源公交车给予补贴支持。有关部门将研究完善新能源公交车运营补贴政策，从2020年开始，采取"以奖代补"方式重点支持新能源公交车运营

二　"车补"改"电补"的过程与重点

（一）"车补"改"电补"的过程

1. "车补"改"电补"的原因

随着我国电动汽车产业规模的迅速扩大，产业发展过程中出现了一些新情况、新问题，具体表现如下：一是相关企业补贴依赖性过强。在政策完善的初期，一些企业过度依赖国家财政补贴，不注重技术研发，甚至有无良企业用各种手段"骗补","拿补贴"成为其最终目的,技术研发退居二线。长期实施补贴政策导致一些企业形成了"补贴依赖症",企业的核心竞争力不强,难以可持续发展。二是电动汽车的消费应用环境较差,消费动力受限。一些地方政府对电动汽车的使用环节投入不足,导致当地充换电等配套基础设施不健全,消费需求不足,无法拉动供给侧增长,严重制约了电动汽车的产业发展。三是地方保护主义明显。由于地方保护仍然存在,不利于形成统一、公平的竞争环境,不利于推动产业做大做强。四是电动汽车行业监管不足。随着保有量快速增长及车辆使用频率不断加大,电动汽车运行安全风险增大,亟须加强安全监管,确保产业健康发展。

党的十九大明确提出,必须把发展经济的着力点放在实体经济上,把提高供给体系质量作为主攻方向,加快建设制造强国,加快发展先进制造业。当前,我国电动汽车产业正处于攻坚克难、爬坡过坎的关键阶段,应加快从追求发展数量向以提高发展质量和效益为中心转变。

国家的财政政策对推动电动汽车产业创新发展具有积极的引导和撬动作用。2016年以来,经国务院批准,四部委建立了新能源汽车补贴政策动态调整机制,判断政策是否调整的依据主要有技术进步情况、成本变化情况,以及国内外产业发展情况等。实践证明,补贴政策动态调整机制,能够积极推动我国新能源汽车产业做优做强做大,提升竞争力,实现产业高质量发展。

2. "车补"改"电补"的具体过程

在调整完善新能源汽车补贴政策过程中,四部委对国内外主流企业产品技术情况、成本情况开展了全面深入的调研分析,并对未来发展趋势进行了预测。在此基础上草拟了政策调整方案,在征求行业专家和企业意见后做了进一步修改完善。

2018年3—10月,四部委对国内外行业发展情况开展了深入系统的调查,并对未来国际、国内产业发展趋势进行了预测,在此基础上起草了补贴政策调整的初步方案。

2018年11月至2019年1月,四部委广泛征求行业专家和企业的意见。其中,2018年11月,四部委参加全国政协双周协商新能源汽车专题座谈会,听取有关政协委员和企业代表意见建议。2018年12月,四部委赴上海实地调研,并召开座谈会听取企业代表意见。2019年1月8日,四部委联合召开了新能源汽车补贴政策调整座谈会,征求有关企业、机构和行业专家意见。

2019年1月,四部委委托第三方机构对补贴政策调整方案进行了独立评估。2019年3月26日,四部委联合发布《关于进一步完善新能源汽车推广应用财政补贴政策的通知》,"车补"改"电补"政策落地。

(二)"车补"改"电补"的重点

第一,加大退坡力度,分阶段释放压力。

2019年补贴标准在2018年的基础上平均退坡50%,2020年年底前退坡到位。主要包括以下几个方面:(1)纯电动乘用车国补基准整体降低两档,250公里以下不再补贴,250—400公里补贴1.8万元,大于400公里补贴2.5万元,降幅大约50%。插电混动车型补贴降至1万元,降幅55%。(2)纯电动乘用车能量密度补贴标准提升到125Wh/kg,能量密度分布在124—140、140—160和≥160的车型的补贴系数分别是0.9、0.9、1,取消1.1倍的超额补贴。(3)百公里电耗优于门槛值10%—20%的,0.8倍补贴;优于20%—35%的,1.0倍补贴;优于门槛值35%的,1.1倍补贴,较2018年有提升。(4)过渡期后3个月,符合2018年和2019年补贴要求的按2018年0.6倍补贴,不符合2019年要求的,按0.1倍计算,过渡期后地方补贴取消。(5)补贴现行拨付一部分,降低车企资金压力。[①] 从2019年开始,对有运营里程要求的车辆,完成销售上牌后即预拨一部分资金,这对企业现金流的改善较为明显。

第二,强化非补贴政策作用,鼓励新能源汽车消费。

自2019年起,新政策规定对符合汽车产品公告要求但达不到补贴技术门槛的产品,依然纳入推荐车型目录。是否进入推荐目录对车企来说非常重要,即使拿不到补贴,但进入推荐目录,依然有利于车企销售。

第三,地补部分从"车补"变为"电补"。

过渡期后不再对新能源汽车(新能源公交车和燃料电池汽车除外)给予购置补贴,转为用于支持充电(加氢)基础设施"短板"建设和配套运营服务等方面。地补部分从"车补"变为"电补",对整车厂商不利,但对提供充电(加氢)基础设施的服务商格外利好。

---

① 东方证券:《新能源汽车产业链2019系列报告(四):退补之下,电动车降本和盈利分析》,2019年。

三 "车补"改"电补"的进阶解读

此次"车补"政策调整服从的总体目标是发挥国家补贴政策基础性、导向性作用，加快促进电动汽车产业提质增效、增强核心竞争力、实现高质量发展，完成新能源汽车产业的战略转型。具体目标为：一是适度优化技术指标，坚持"扶优扶强"；二是加大退坡力度，分阶段释放压力；三是优化清算制度，缓解企业资金压力；四是强化非补贴政策作用，鼓励新能源汽车消费；五是营造公平环境，取消地方购车补贴；六是加强产品质量监管，提高产品综合性能。

新一轮电动汽车补贴政策的退坡已在行业发展预测之中，短期来看会给产业带来一定压力，补贴下降对产业链价格影响从2019年第二季度开始逐步显现。但从中长期来看，补贴政策的调整对电动汽车行业影响将大幅弱化。过渡期后，"电补"政策将会对汽车厂商尤其是对正在实现电气化转型或是依靠补贴支持的造车新势力产生巨大而深远的影响，这有利于市场加速出清，促进市场资源配置更加合理化，推动电动汽车整车、电池、材料等全产业链共同降本增效，应对补贴退坡影响。具体来说，从车企角度来看，此次50%的补贴退坡，将在短期内极大程度上影响车企的利润，但长期将倒逼车企降低制造成本，提高发展质量。从电池厂商角度来看，新一轮补贴政策的调整继续以续航里程为重要技术标准，以此提高补贴门槛。可见，汽车电池技术对于新能源汽车可持续发展十分重要，这势必会加速促进更多企业和资本的进入，加剧行业发展竞争。从消费者角度来看，补贴退坡所带来的价格压力，很可能会直接导致车辆终端价格大幅上涨，车企受政策影响的上涨成本将转嫁给终端消费者。但是，电动汽车充电成本下降，在一定程度上也能促进电动汽车消费。

受补贴政策逐步退坡的影响，新能源汽车的销量明显下滑，但这并不影响电动汽车的行业发展前景。工业和信息化部正在牵头编制《2021—2035年新能源汽车发展规划》，该规划将着重突出电动化、网联化、智能化、共享化的发展方向。目前，主要汽车大国都纷纷加强战略策划，跨国汽车产业也加大了研发投入，新能源汽车、智能网联汽车成为全球汽车产业转型发展的主要方向和促进未来世界经济持续增长的重要引擎，新能源汽车行业在政策的指引下前景更加光明。

第二节 "车补"改"电补"存在的政策缺失

一 政策的衔接性不足

尽管国家在出台"电补"政策以代替过去的"车补"政策时，给相关主体预留了过渡期，但仍存在政策衔接性不足的问题，[①] 具体表现在：

（一）补贴退坡的辅助措施过少

《关于进一步完善新能源汽车推广应用财政补贴政策的通知》规定："新的购置补贴标准在上一年的基础上平均退坡50%。"尽管这一补贴转移到了用电消费环节，但消费者并不能较快地享受利好政策，购车积极性不足，从而影响电动汽车的市场占有率，新能源市场发展整体放缓。工信部给出的信息显示：2017年，我国新能源汽车全年累计产销分别为79.4万辆和77.7万辆，分别同比增长53.8%和53.3%；2018年，新能源汽车产销分别为127万辆和125.6万辆，分别同比增长59.9%和31.7%；2019年1—11月，我国新能源汽车产销分别为109.3万辆和104.3万辆，分别同比微增3.6%和1.3%。尽管从大数据上来看，新能源汽车市场仍是处于增长状态，但相比上年，其增长速度不及去年同期的一半。

不论是"车补"还是"电补"，其目的都是对终端用户进行补贴，降低其用车成本，激发购买积极性。但由于电动汽车产业发展并未成熟，对于习惯于高补贴购置电动汽车的消费者来说，如果没有其他辅助激励措施，购置补贴退坡幅度过大会导致消费者心理落差大，购买意愿下降。

（二）充电基础设施存在供给过剩风险

从政策激励角度来看，当前充电基础设施建设与运营的补贴力度持续加大，正在逐步取代车辆购置补贴，成为电动汽车财政补贴的主要去向。由于行业壁垒较低，政策加码极有可能催生新一批充电基础设施运营商，加剧行业竞争，导致充电桩供给过剩风险进一步加大。对于此种供给过剩的风险，并没有相应的预防措施。

[①] 王潇爽：《基层政策容易"变形"的风险节点及防治思路》，《领导科学》2019年第5期。

二　政策落地有待推进

《关于进一步完善新能源汽车推广应用财政补贴政策的通知》规定，用于购置电动汽车的补贴转为支持充电基础设施建设和运维服务，但政策运行方式并未具体化，全国各地对政策的落实程度不同。到目前为止，出台具体"电补"政策的省份不多，政策的实际落地还有待推进。新政策的运行落实方式不具体，从而导致了相关企业无法做出合理预期，增加了企业的生存难度。

第三节　"车补"改"电补"的制度展望

补贴政策一度成为电动汽车行业发展的加速剂，最直观的表现就是销量的逐年增长。前瞻产业研究院相关报告显示，2015年国内销售新能源整车33.1万辆，而到2018年，销售新能源整车达到了125.5万辆，3年时间销量增长了4倍。但在补贴利好的同时，也存在"骗补"等现象。因此，"车补"改"电补"是加快充电基础设施建设、提高运营服务质量、带动电动汽车行业发展的关键一步。但为弥补"车补"改"电补"政策衔接性不足、解决政策落地困难问题，国家相关部门和企业自身都需要作出努力。

一　企业需积极构建内部新体系

随着国家补贴逐步退坡，地方补贴全面退出，"后补贴"时代的到来，意味着车企制造成本升高。如果将加大的成本嫁接到新能源终端产品的价格体系中，那么消费者对新能源汽车的购买需求也会随之下降。因此，在对抗补贴寒潮中，相关企业需要苦练内功。具体而言，企业可从以下三个方面进行考虑：一是促使供应商分担一部分成本，比如降低电池、电机、电控等关键零部件的成本；二是要集中资源对现有的产品进行优化升级来控制产品成本，实现产品的轻量化和集成化；三是加大技术研发，开发新产品，合理制定产品价格。

二　监管部门需完善相关政策法规

"车补"改"电补"政策目的的实现还需要对政策本身进行一系列完

善。首先,将具有续航优势的增程式电动车归类到纯电动车中,给予购置补贴;其次,完善政策的落实方案,或制订一个统一的落实办法,或设立一个省市制定政策落实办法的截止日期;最后,适当缩小退坡幅度,继续对购置给予补贴,在电动汽车达到一定的市场占有率后,再逐步切断前端补贴,缓和消费者的心理落差。

第九章

"车—桩—网"集群智能系统建设的法律问题

集群智能（Swarm Intelligence），是指在某群体中，众多无智能的个体通过相互之间的合作所表现出来的智能行为。

2011年，美国学者杰里米·里夫金在其著作《第三次工业革命》中提出了一种新的能源体系——能源互联网，即基于可再生能源、分布式、开放共享的网络。其构想的能源互联网有五大支柱：一是向可再生能源转型；二是建设成为微型的发电厂；三是储能技术与建筑广泛结合；四是利用互联网技术的电网成为能源共享网络；五是电动汽车融入电网。

随着全球能源革命的演进和中国政府的重视，杰里米·里夫金的能源互联网概念在中国得到了广泛传播。

2014年，中国提出了能源生产与消费革命的长期战略，并以电力系统为核心试图主导全球能源互联网的布局。2015年9月26日，中国国家主席习近平在纽约联合国总部出席联合国发展峰会发表讲话，宣布"中国倡议探讨构建全球能源互联网，推动以清洁和绿色方式满足全球电力需求"。

2016年2月24日，国家发展改革委、国家能源局、工业和信息化部联合发布了《关于推进"互联网+"智慧能源发展的指导意见》，该指导意见明确了能源互联网建设十大重点任务，其中包括发展储能和电动汽车应用新模式；发展储能网络化管理运营模式；发展车网协同的智能充放电模式；发展新能源+电动汽车运营新模式。该意见还提出，到2025年，要初步建成能源互联网产业体系。

2016年3月,全球能源互联网发展合作组织,由国家电网独家发起成立。该合作组织是中国在能源领域发起成立的首个国际组织,也是全球能源互联网的首个合作、协调组织。2017年9月26日,国家发展改革委副秘书长,在"2017全球能源互联网高端论坛"上表示,中国将稳步推进国内能源互联网建设,优化电网布局,提高国内能源资源优化配置能力。2017年7月,国家能源局正式公布首批55个"互联网+"智慧能源(能源互联网)示范项目,并要求首批示范项目原则上应于2017年8月底前开工,并于2018年年底前建成,其中包括6个基于电动汽车的能源互联网示范项目。中国能源互联网进入实操阶段。

第一节 "车—桩—网"集群智能系统建设现状

全球经济进一步发展,全球能源需求不断扩大;而囿于全球气候变化、环境污染和地缘政治问题的传统能源渐现窘境,这导致了能源供给矛盾日益突出。能源结构转型是应对气候变化等问题的现实需求,也是全球能源发展的必然趋势。作为推进能源结构转型的重要举措,近年来,世界各国都在大力发展新能源汽车产业。

2012年国务院印发了《节能与新能源汽车产业发展规划(2012—2020年)》,计划到2020年,我国纯电动汽车和插电式混合动力汽车生产能力达200万辆,累计产销量超过500万辆。2018年我国新能源汽车全年累计产量127万辆、销量125.6万辆,占汽车整体销量的4.5%,比2017年同期增长61.7%。[1] 据公安部交管局数据,截至2019年6月,全国新能源汽车保有量达344万辆,占汽车总量的1.37%,与2018年年底相比,增加83万辆,增长31.87%。与2018年同期相比,增加145万辆,增长72.85%。其中,纯电动汽车保有量281万辆,占新能源汽车总量的81.74%。新能源汽车市场发展势头良好。新能源汽车产业经过近10年的市场推广应用,产业链基本形成,动力电池、驱动电机等关键零部件形成

---

[1] 中国汽车工业协会、中国汽车工程学会联合研究小组:《从数据看市场——2018年新能源汽车产能、销量和市场分析》,2019年5月,中国汽车工业协会网(http://www.caam.org.cn/chn/8/cate_82/con_5223407.html)。

规模化生产，产业趋近成熟。①

充电设施是连接车辆、能源和移动出行服务的重要纽带，充电基础设施的发展是电动汽车应用推广的坚实基础。2015年国家发展改革委、国家能源局、工信部和住建部联合印发了《电动汽车充电基础设施发展指南（2015—2020年）》（以下简称《发展指南》），规划2015—2020年新建各类充换电站8748座、城市公共充电站2397座、城际快充站842座、用户专用充电桩430万个、分散式充电桩50万个，满足全国500万辆电动汽车的充电需求。据中国电动汽车充电基础设施促进联盟统计，截至2019年10月，联盟内成员单位总计上报公共类充电桩478132台。2019年10月较9月公共类充电桩增加12031台。从2018年11月到2019年1月，月均新增公共类充电桩约16125台，2019年10月同比增长68.0%。国家电网公司进一步加快全国各地充电基础设施的建设，预计到2020年实现电动汽车充电网络覆盖全国各地的郊区县，城市内基本实现电动汽车在"城区1公里、环城区3公里、郊区县不超过5公里"的快速充电目标。经过近几年的快速发展，我国充电设施产业从无到有，从小发展到已初具规模，产业链基本形成，成为世界上规模最大的充电设施产业，为我国的新能源汽车发展提供了重要支撑。但是，作为新兴跨界产业，我国的充电设施产业在产品技术品质、运营服务水平等方面比较粗放，且由于充电设施建设投入较大，充电设施利用率相对较低，总体投入产出效率较低等问题，可盈利、可持续的商业模式也还在探索之中，需要通过技术创新、商业模式创新、支持方式创新加大对产业的培育、扶持。②

国家发展改革委、国家能源局、工业和信息化部《关于推进"互联网+"智慧能源发展的指导意见》鼓励充换电设施运营商、电动汽车企业等，集成电网、车企、交通、气象、安全等各种数据，建设基于电网、储能、分布式用电等元素的新能源汽车运营云平台。构建智能电网将帮助充电桩之间、车与桩之间的互联互通，充电设施和充电信息的双重联通有助

---

① 中国电动汽车充电基础设施促进联盟：《中国充电基础设施发展年度报告（2017—2018版）》，2018年7月，国家能源局网（http://zfxxgk.nea.gov.cn/auto84/201808/t20180808_3223.htm）。

② 同上。

于创建一个有序高效的共享市场。2016年12月20日，国家发展改革委、能源局和工信部发布了《电动汽车充电基础设施接口新国标的实施方案》，该方案明确，2017年1月1日起，新安装的充电基础设施、新生产的电动汽车必须符合新国标。该方案要求，稳步推进旧标准升级转换，贯彻落实电动汽车充电基础设施接口新国标，实现新旧标准平稳过渡，提高设施通用性和开放性，推进电动汽车及充电基础设施互联互通，促进电动汽车推广应用。截至2018年，经过各方近两年的努力，充电设施行业基本建立形成了由企业服务信息平台、城市级监管平台、国家级信息平台构成的三级充电设施信息互联互通体系。[1]

电动汽车产业的快速发展对促进能源结构向绿色化、清洁化转型具有重要作用，但大量车辆的无序充电和聚集性充电将导致新一轮电网负荷的快速增长，这无疑会给用电负荷峰谷差本就日益增大的电力系统带来更大的调压挑战。

一 电动汽车充电对电网的影响

电动汽车是交通工具，也是用电设施。一方面，电动汽车的普及促进了可再生能源的消纳；另一方面，伴随无序充电等现实问题，电力负荷快速增长，预计将对电力系统健康稳定的发展不断增压。

据测算，中国大概有240万辆新能源乘用车。假设日均行驶60公里，百公里耗电20度的话，日均充电12度。那么，累计日均充电2880万度，全年不过105.12亿度。而2018年，中国全社会用电量6.84万亿度，城乡居民生活用电量也高达9685亿度。因此，相对于全国大电网而言，电动汽车的充电量并无太大影响，目前电网的输配电功能仍充分。根据近几年的数据，可合理推测中国新能源汽车的总量将持续上升，按照《发展指南》的规划，2020年全国电动汽车保有量将达到500万辆，充电需求将进一步扩大。《发展指南》规划的五年新建的用户专用充电桩和分散式公共充电桩的比例为8.6∶1，即确立了"用户专用充电桩为主、分散式公共充电桩为辅"的充电模式，可见扩大的充电需求极大部分被分配到了居

---

[1] 中国电动汽车充电基础设施促进联盟：《中国充电基础设施发展年度报告（2017—2018版）》，2018年7月，国家能源局网（http://zfxxgk.nea.gov.cn/auto84/201808/t20180808_3223.htm）。

民用电上，输配电压力集中可能导致问题。[1]

中国电力输配电网络，是高压输送，逐级降压配送的模式。电动汽车从业人员表示，目前发电端、送电端到500kV可以满足电动汽车的充电需求，大城市的220kV的电压负荷压力较大，由于110kV是配电主要线路，故问题最为显著。由于我国电动汽车的使用群体集中在大城市，且用户充电多集中在傍晚和晚上，这与电力峰谷负荷时间重合，用电量的增多加大了输电难度。面对电动汽车的新增充电需求，增容势在必行，但增容空间、线路廊道的缺乏，使得低电压配电等级增容遇到瓶颈。[2]

因此，电动汽车新增的充电需求，一方面要考虑到用电量的增加，另一方面还要考虑到供电能力与设施的跟进。

二 充电基础设施对电网的影响

充电基础设施是指为电动汽车提供电能补给的各类充换电设施，是新型的城市基础设施。随着电动汽车销售量的爆发式增长，充电基础设施作为电网与电动汽车用户之间的中间层网络，成为电动汽车推广应用的焦点。目前充电基础设施环节属于电动汽车整链条矛盾突出点，其中充电桩最具代表性。

由于已有的公共配电网和用户侧配电设施在早期建设时的供电容量规划未充分考虑电动汽车的充电需求，电动汽车产业的发展使得部分地区的局部配电网产生了增容改造的需求，对充电基础设施的数量和布局等也产生了新的要求。

部分老旧小区存在剩余空间少、电力负荷能力低下等现象，这导致充电桩等充电基础设施无处安放，直接导致了区域内电动汽车充电难的问题。有的老旧小区采用先到先得的策略，直至电力负荷难以承受即停止允许安装充电桩，这也产生了一些公平问题。无配套充电桩车位的车主可能利用家用配电进行充电，但家用配电在日常生活使用之后的余量可能难以满足电动汽车的充电需求，同时也存在安全隐患。

---

[1] 邱锴俊、电动汽车观察家：《电网难以承受的充电之轻》，2019年2月，第一电动网（https://www.d1ev.com/kol/86890）。

[2] 国网能源研究院有限公司、自然资源保护协会：《电动汽车发展对配电网影响及效益分析》，2018年7月，自然资源保护协会网（http://nrdc.cn/information/informationinfo?id=187&cook=2）。

2016年1月29日，住建部发布的《关于加强城市电动汽车充电设施规划建设工作的通知》明确，新建住宅配建停车位应100%预留充电设施建设安装条件，新建的大于2万平方米的商场、宾馆、医院、办公楼等大型公共建筑配建停车场和社会公共停车场，具有充电设施的停车位应不少于总停车位的10%。尽管政策层面已提出切实落实充电设施建设的要求，但由于政策未提出具体管理办法，未明确管理责任，导致落实存在偏差。

一般的充电桩功率都较大，存在开关跳闸、线路损坏起火等风险。充电桩作为终端供电用能设备，对配电网的增容有影响，不同功率的充电桩对配电网的调度也具有一定的影响。

改善住宅小区、大型公共建筑的充电基础设施现状，需要考虑到公平问题和用电安全问题。老旧住宅小区配电增容困难，新建小区申请程序复杂；同时用地成本、车位租赁成本等问题也会给充电用户增加服务成本。

虽然目前的电动汽车数量远少于传统汽车，但在电动汽车比例日趋增大的情况下，配电网增容成为一个亟须解决的问题。

三　微电网对电网的影响

随着电动汽车保有量的逐渐增加，电动汽车保有者对电能的需求将变得十分庞大。如果电动汽车消纳的是以光伏、风电为主的可再生能源，将会大大推进能源消费革命的进程。2017年《推进并网型微电网建设试行办法》中明确微电网是指由分布式电源、用电负荷、配电设施、监控和保护装置等组成的小型发配用电系统。微电网作为消纳可再生能源和分布式发电的有效形式，存在并网运行和独立运行两种模式，可实现自我控制和自治管理。并网型微电网通常与外部电网联网运行，且具备并离网切换与独立运行能力。不同于并网运行模式，独立运行的微电网与常规大电网不存在电气连接，仅凭借内部的分布式电源提供电能供应，通常以低电压等级用于距离主网架较远的偏远地区。[1]

由于电网投资水平欠缺，变压器等保护设施陈旧，容量电动能力低等问题，若同时带动3—5辆电动汽车，微电网可能出现断电的情况。同时，分布式电源接入的拓扑结构使线路电流存在更大的双向流动可能性，独立

---

[1] 戴明、贾科、方煜、杨哲、毕天姝、张弛：《独立运行微电网的故障特性分析及其线路保护研究》，《电力自动化设备》2019年第4期。

微电网中变流器接口的电源形式和电流限幅环节使线路短路电流幅值远小于并入大电网的情况,负荷电流对故障电流分布产生的影响比较明显。

并网运行的微电网在电力出现故障时,往往会形成孤岛效应,即一部分电网已经从电气上与电网的公共部分隔离,而同时这部分电网仅由一个或多个分布式电源在相应的公共连接点处提供电源。孤岛形成之后,由于规模较小,发电机出力和用户负荷难以实现匹配,电压调整能力也可能不足,因此孤岛内的电压和频率基本处于失去控制的状态,极有可能导致用户设备的损坏。

第二节 "车—桩—网"集群智能系统建设的政策支持

一 政策文件的梳理

2016—2019年,我国密集出台了与"车—桩—网"集群智能系统建设有关的政策,其中,有代表性的政策如表9-1所示:

表9-1　　我国"车—桩—网"集群智能系统建设的政策统计

时间	发布主体	政策名称	主要内容	政策解读
2016.03.22	国家能源局	《2016年能源工作指导意见》	鼓励发展新型消费业态,全面推进电动汽车充电设施建设。按照"桩站先行、适度超前"原则,用好财政支持政策,积极完善相关配套措施,保障工程建设顺利进行。加强与建筑、市政等公共设施的统筹衔接,研究编制充电设施工程技术标准规范。鼓励大众创业、万众创新,积极发展充电设施分享经济。2016年,计划建设充电站2000多座、分散式公共充电桩10万个、私人专用充电桩86万个,各类充电设施总投资300亿元	国家能源工作支持电动汽车充电设施建设,并指出充电设施工程技术标准规范的重要性,鼓励大众参与充电设施分享经济
2017.02.10	国家能源局	《2017年能源工作指导意见》	推进包括电动汽车充电设施在内的能源消费模式创新工程。积极推进充电桩建设,年内计划建成充电桩90万个。其中,公共充电桩10万个,私人充电桩80万个	进一步确定能源消费模式创新的必要性和必然性,将充电桩建设作为电动汽车充电设施发展的重中之重

续表

时间	发布主体	政策名称	主要内容	政策解读
2018.02.26	国家能源局	《2018年能源工作指导意见》	打造能源新模式新业态。积极推进55个"互联网+"智慧能源（能源互联网）示范项目、28个新能源微电网项目以及储能技术试点示范项目建设	中国能源互联网进入实操阶段
2015.07.06	国家发展改革委、国家能源局	《关于促进智能电网发展的指导意见》	明确智能电网是在传统电力系统基础上，通过集成新能源、新材料、新设备和先进传感技术、信息技术、控制技术、储能技术等新技术，形成的新一代电力系统，具有高度信息化、自动化、互动化等特征，可以更好地实现电网安全、可靠、经济、高效运行	明确新一代电力系统发展方向是智能电网
2016.02.24	国家发展改革委、国家能源局、工业和信息化部	《关于推进"互联网+"智慧能源发展的指导意见》	提出发展储能和电动汽车应用新模式：发展储能网络化管理运营模式，推动电动汽车废旧动力电池在储能电站等储能系统实现梯次利用；发展车网协同的智能充放电模式。同时鼓励发展智慧用能新模式，鼓励企业、居民用户与分布式资源、电力负荷资源、储能资源之间通过微平衡市场进行局部自主交易，通过实时交易引导能源的生产消费行为，实现分布式能源生产、消费一体化	以储能为切入点发展电动汽车，持续鼓励多方参与智能用能，鼓励市场交易
2016.05.16	国家发展改革委、国家能源局、财政部、环境保护部、住房和城乡建设部、工业和信息化部、交通运输部、中国民用航空局	《关于推进电能替代的指导意见》	指出电动汽车是电能替代在交通运输领域的有效手段之一，其能在终端能源消费环节，使用电能替代散烧煤、燃油的能源消费方式。针对电力消费市场，该指导意见提出在可再生能源装机比重较大的电网，推广应用储能装置，提高系统调峰调频能力，更多消纳可再生能源	指出储能装置有利维护电网稳定，提升电网调配能力
2017.07.17	国家发展改革委、国家能源局	《推进并网型微电网建设试行办法》	指出微电网应适应新能源、分布式电源和电动汽车等快速发展，满足多元化接入与个性化需求；微电网源—网—荷（分布式电源、配网、用户）一体化运营，具有统一的运营主体；电网企业应为微电网提供公平无歧视的接入服务；微电网运营主体要鼓励电源、用户积极参与负荷管理、需求侧响应	微电网能实现多方一体化运营，特别关注需求侧，是电动汽车发展的未来。要求电网支持微电网发展

续表

时间	发布主体	政策名称	主要内容	政策解读
2017.09.20	国家发展改革委、工信委、财政部、住房和城乡建设部、国资委、国家能源局	《关于深入推进供给侧结构性改革做好新形势下电力需求侧管理工作的通知》	指出智能用电是指通过信息和通信技术与用电技术的融合，推动用电技术进步、效率提升和组织变革，创新用电管理模式，培育电能服务新业态，提升电力需求侧管理智能化水平。要求政府主管部门和企业推进电力需求侧管理平台建设，完善平台主子站的互联互通与数据共享等功能，引导、鼓励电力用户和各类市场主体建设需求侧管理信息化系统并接入国家电力需求侧管理平台，为实施智能用电提供多方位的技术支撑；支持在集中用电区域开展"互联网+"智能用电示范，推进储能资源、分布式可再生能源电力以及新能源微电网的综合开发利用	强调储能、微电网在智能用电构成中的重要地位。推动建立需求侧信息平台，以实现互联互通
2018.11.09	国家发展改革委、国家能源局、工业和信息化部、财政部	《提升新能源汽车充电保障能力行动计划》	目标三年内显著增强充电网络互联互通能力，进一步优化充电基础设施发展环境和产业格局；该行动计划要求充电设施运营企业积极盘活"僵尸桩"，结合服务场景科学配置车桩比例，切实提升充电设施利用效率和服务能力；推进国家充电基础设施信息服务平台和国家新能源汽车监管平台协同发展，推进国家级信息平台与重点城市信息平台、企业平台的互联互通，逐步形成充电设施信息服务网络；研究电动汽车、充电设施与电网互动标准体系，结合有序充电、充电力需求侧管理、微电网—充放电示范试点，加快制定电网互动标准	强调充电桩在充电基础设施中的中坚地位；强调各级信息平台互联互通的迫切性；提出建立车—桩—网互动标准
2019.05.15	国家标准化管理委员会、国家能源局	《关于加强能源互联网标准化工作的指导意见》	要求结合智能电网、泛在电力物联网、智慧城市、智能网联汽车发展，制定能源互联标准。到2025年，形成能够支撑能源互联网产业发展和应用需要的标准体系。制定50项以上能源互联网标准，涵盖主动配电网、微能源网、储能、电动汽车等互动技术标准，全面支撑能源互联网项目建设和技术推广应用	建立能源互动标准，其中包括配电网、微能源网、储能、电动汽车等互动技术标准

续表

时间	发布主体	政策名称	主要内容	政策解读
2019.06.25	国家发展改革委办公厅、科技部办公厅、工业和信息化部办公厅、能源局综合司	《贯彻落实〈关于促进储能技术与产业发展的指导意见〉2019—2020年行动计划》	由能源局牵头组织首批储能示范项目，以促进储能技术创新为主线，推动储能在大规模可再生能源消纳、分布式发电、微网、用户侧、电力系统灵活性、电力市场建设和能源互联网等领域的示范应用；计划推进新能源汽车动力电池储能化应用，组织充电基础设施促进联盟等相关方面开展充电设施与电网互动等课题研究，持续推进停车充电一体化建设，促进能源交通融合发展，为新能源汽车动力电池储能化应用奠定基础	研究桩—网互动，为储能发展奠定基础，储能项目将作用于电网发展

梳理上述发现，2016—2018年的《能源工作指导意见》重心不断演进，初期注重电动汽车充电设施建设和充电设施工程技术标准规范，提出充电设施分享经济的概念；中期结合电动汽车充电设施和充电设施分享经济，推进能源消费模式创新工程；后期从工程过渡到行业，推动打造能源新模式新业态，提出建设能源互联网示范项目。从指导意见看，国家引导电动汽车行业发展方向的步调为"车—桩—网"。

除《能源工作指导意见》外，其他政策有关电动汽车发展方面，提及"新一代电力系统""智能电网""储能网络化""车网协同""智能用电""微电网"等字眼，希望从不同视角运用不同形态来减少和避免电动汽车及充电基础设施对电网系统产生的不良影响，提高电动汽车充电基础设施的智能化水平和协同控制能力。

二 产业实践的回应

政策与市场相互作用，市场顺应政策导向，一些充电运营商、电力企业在政策指导和市场需求下进行了新的探索，提出了新的解决办法。从绿电交易、能源项目建设、储能云、V2G等方面推进能源互联网、智能微电网、电动汽车、储能等技术的应用，以建立"车—桩—网"集群智能系统。

（一）储能

鉴于电动汽车充电对电网负荷的影响及电网增容的困难性，2014年，国家发展改革委出台了《关于电动汽车用电价格政策有关问题的通知》，鼓励电动汽车在用电低谷时段充电，以价格手段引导电动汽车有序充电，减少峰谷用电差。该政策虽对电网负荷曲线有所改善，但由于控制方式单一、方法简单，仍然存在负荷尖峰的问题。与此同时，无序充电也造成了大量可再生能源的浪费。

电动汽车是交通工具、用电设施，同时也是储能设备。2017年国家发展改革委、财政部、科技部、工信部、国家能源局联合发布的《关于促进储能技术与产业发展的指导意见》提出，要拓展电动汽车等分散电池资源的储能应用，并积极开展电动汽车智能化充放电业务，探索电动汽车动力电池、通信基站电池、不间断电源（UPS）等分散电池资源的能源互联网管控和智能化应用。

电动汽车在储能环节中占有很大比重，是电力消纳中最主要的环节，可以弥补可再生能源供电不稳定的缺点。电动汽车与电网进行实时通信，充电受电网控制，可在电网允许时进行充电，还可根据电网的需要为电网提供部分辅助服务。为进一步发挥电动汽车的储能作用，平滑可再生能源间歇性发电，国家发展改革委于2018年陆续出台了《关于提升电力系统调节能力的指导意见》《关于创新和完善促进绿色发展价格机制的意见》。这两个规范性文件的目的在于鼓励企业探索利用电动汽车的储能作用，对提高电动汽车充电基础设施的智能化水平和协同控制能力具有重要作用。

在"车—桩—网"智能系统的协调下，通过发挥电动汽车的储能作用，可利用谷峰充电、利用可再生能源充电，向电网放电，为电网提供备用容量，从而实现电动汽车与智能电网的能量和信息交互。在电力市场中，电动汽车用户、充电运营商或充电负荷集成商是电动汽车储能服务的提供方，其产生的成本可通过降低容量电费、电量电费等方式获得补偿。目前电动汽车生产企业、充电基础设施运营商都在积极建立储能云管理平台，比亚迪有比亚迪云，蔚来有蔚来云，国网电动汽车服务有限公司有储能云。但由于缺乏统一的标准体系，各平台的信息衔接度低，阻碍了"车—桩—网"集群智能系统的进一步发展。

（二）V2G

推进有序充电，发挥电动汽车移动式、分布式的储能设施的作用成为电动汽车新一轮发展的重要方向。早在2015年，国家发改委和国家能源局就联合发布了《关于促进智能电网发展的指导意见》，提出要推广V2G（Vehicle-to-Grid）及充放储一体化运营技术。V2G即"汽车到电网"或

"电动汽车入网",是电动汽车与智能电网的交互形式,也是"车—桩—网"集群智能系统建设的重要组成部分。V2G 的运行模式是当车载电池处于低电状态时,可由智能电网向电动汽车进行充电;当电动汽车暂停使用时,可由电动汽车向智能电网进行放电;其核心思想是利用大量电动汽车的储能源作为电网和可再生能源的缓冲。

V2G 相较于 V0G 和 V1G 更适应新能源汽车的发展。V0G 是指乘用车与电网的初级连接关系,能量只能由电网向汽车单向流动,且功率不可调;V1G 是指乘用车与电网柔性连接关系,能量依然只能是电网流向汽车,但是功率可调,其有效缓解了 V0G 条件下配电容量跳闸的问题。按照电动汽车保有量的发展趋势,未来全社会的电动汽车功率容量和储能容量不可小觑,电动汽车将补充储能系统。有部分学者指出,车网互动需要从单项无序(V0G)、单项有序(V1G)逐渐过渡到双向有序(V2G)。[①]

V2G 通过利用电动汽车电池的闲置价值,可以有效降低电网峰谷差,降低传统调峰备用发电容量,提高电网利用率,实现对电网的改善作用。同时,通过将电动汽车作为储能装置来储存风力和太阳能发出的电能,待其稳定后再送入电网,有利于提高电能的利用率。由此,在峰谷不同电价政策的作用下,电动汽车车主就可以通过"低谷廉价充电,高峰高价卖电"的方式获取一定的经济收益,有效降低电动汽车的使用成本。国家发展改革委和国家能源局联合发布的《关于提升电力系统调节能力的指导意见》再次提出,要构建充电智能服务平台,积极推进电动汽车与智能电网间的能量和信息双向互动,提升充电服务化水平,加快建设车网融合模式下电动汽车充放电智能互动综合示范工程。中关村储能产业技术联盟联合国家发展改革委能源研究所联合发布的《电动汽车储能技术潜力及经济性研究》报告显示,2030 年中国电动汽车保有量将超过 8000 万辆,V2G 理论上的储能潜力将超过 5000GWh。如果 V2G 能够发展起来,将对现有的储能模式将产生颠覆式影响。但在应用上述技术的同时,也需要采取配套优惠政策,如用户在高电价时将电动汽车所储的电能出售给电力公司,能够获得现金补贴等以推动技术的普及。但是从现实来看,目前的车企与电

[①] 国家发改委能源研究所、自然资源保护协会、中关村储能产业技术联盟:《电动汽车储能技术潜力及经济性研究》,2018 年 2 月,自然资源保护协会网(http://nrdc.cn/information/informationinfo? id = 184&cook = 2)。

网几乎没有互动性可言。

(三) 微电网与电网

大规模电动汽车随机接入充电将对电网的运行带来很大的不确定性，同时对配电网的灵活性和可靠性提出了更高的要求。对用电负荷峰谷差日益加大的电力系统而言，电动汽车每日充电所用的庞大电量加重了发、输、变、配电的压力。相对于电动汽车直接入网方式，将电动汽车接入微电网——由分布式发电、负荷、储能装置及控制装置组成的一个单一可控的独立发电系统，微电网再作为可中断负荷接入大电网，该方式可大幅度减小电动汽车直接入网对大电网的影响，更好地服务于大电网及微电网。① 在"车—桩—网"集群智能系统发展背景下，智能微电网无疑成为缓解电网压力的重要组成部分。当电动汽车接入微电网，要使微电网充分发挥分布式能源的优势，就必须解决微电网的电能质量、控制策略、优化管理及经济性研究等相关问题，实现智能微电网与智能电网在电动汽车领域的互动与兼容发展。2018年国家发展改革委、国家能源局、工信部、财政部联合印发《关于〈提升新能源汽车充电保障能力行动计划〉的通知》提出要研究电动汽车、充电设施与电网互动标准体系，结合有序充电、充电电力需求侧管理、微电网—充放电示范试点，加快制定电网互动标准。但由于微电网在最初建设时存在欠缺投资与技术监管，变压器等设备投资水平低的问题，导致智能微电网的广泛应用面临阻碍。

第三节 建设"车—桩—网"集群智能系统面临的多样问题

在新政不断出台，政策体系不断完善，市场持续探索新模式的良性大环境下，"车—桩—网"集群智能系统实际建设进程并非一帆风顺，政策、市场和技术仍存在协同性差等问题。

---

① 周灿、张明光、曾红艳、向加佳:《含电动汽车的智能微电网的最优潮流研究》,《电气应用》2018年第10期。

一 现行政策法律规范零散

首先，我国目前尚未出台专门的针对"车—桩—网"集群智能系统建设的政策法律规范；电动汽车储能、V2G 等运行模式都在不断的探索当中。同时，"车—桩—网"的交互接口与标准体系等也尚未有效建立。

其次，从 2015 年至今，国家相继出台了《关于电动汽车用电价格政策有关问题的通知》《关于促进智能电网发展的指导意见》《关于促进储能技术与产业发展的指导意见》《关于提升电力系统调节能力的指导意见》等一系列文件。但对于储能、V2G、微电网大多为分散规定，无法展现其关联性，也就无法连续性指引市场，同样市场难以对其进行高效适用。总体上，我国国家政策虽提倡鼓励和引导"车—桩—网"集群智能系统的发展，但政策落实时较为零散，不成体系。

最后，政策法律规范的类型按照其规制模式可分为"命令—控制型"的强制性规范和"经济—激励型"的引导型规范。从现行颁布的与"车—桩—网"集群智能系统建设相关的法律政策来看，其以鼓励、支持、探索、引导为主，但缺乏配套的支持政策、激励机制和商业模式。电动汽车与充电基础设施及电网的互动问题尚未受到关注。

二 V2G 互动成本高

虽然国家实行峰、谷、平不同分时电价，但由于受制于各种因素，分时电价并没有传递到终端的电动汽车车主，大多数车主还是被迫接受固定电价。如要享受峰、谷、平分时电价就需要安装核减电表，由于安装流程复杂，许多小区物业不愿意安装。物业虽在向电力局交电费时按峰、谷、平分时电价缴费，但物业向充电基础设施运营商和电动汽车车主收取的电价仍是固定价格。充电价格的变化是储能价值在各利益相关方分配最为直接的方式，固定不变的充电价格显然难以吸引电动汽车用户通过响应电价政策而参与储能服务，这不但抑制了储能价值的生成，更阻碍了价值在不同利益相关方间的流动。同时，目前的 V2G 互动也只能与特定的单位进行挂钩，电动汽车只能在单位电力负荷较大且不足以运行的时候放电给单位，才会获得相应的电价补偿。此外，V2G 互动也具有一定的地域限制，如电动汽车用户在北京将电动汽车的电传输给用电单位而获取的相应额度，只能在北京地区使用，而不能在其他地区使用该额度。

V2G 引导需求侧用户进入市场，使其转变为供给侧元素。电动汽车以供给侧形式存在时，供给侧成分复杂且分散，其电费、服务费等均无法规模管理形成统一标准，存在市场参差不齐的风险。

三　电动汽车动力电池衰减

V2G 模式下，用户虽然可以通过获取电价差额来增加收入，但其能否抵消充放电次数增加导致的动力电池寿命衰减的成本也是现实问题。一方面，目前动力电池续航能力仍然有限，而电动汽车储能必然牺牲部分电池循环寿命，若这种牺牲影响到车辆的出行需求，电动汽车储能模式势必难以得到推广应用。因此，如果动力电池的寿命远远超过车身的寿命，V2G 是有可能的，如果动力电池寿命短于车身的寿命，V2G 就是不现实的。另一方面，电动汽车动力电池技术路线也将最终影响电动汽车储能效果。当前提升能量密度是动力电池研发的首要目标之一，但由于电池材料的技术进步往往存在"木桶效应"，即提升某一方面性能势必牺牲其他方面性能，这将会影响循环寿命等其他电池参数进步速度，进而影响电动汽车储能的可行性。

四　消费者参与意愿低

与电力需求响应类似，电动汽车有序充电的成本很大程度上受用户参与意愿度的影响。电动汽车主要服务于出行，若电动汽车的储能应用影响到车辆的正常使用，以 V2G 为代表的"车—桩—网"集群智能系统建设模式显然难以被消费者接受。用户参与有序充电存在行为成本，不同种类电动汽车用户存在较大成本差异。与传统用电负荷不同，电动汽车充电与使用行为并不同步，在车辆停驶时段调节充电时间不会对用户出行带来显著影响，其参与需求响应的行为成本相对较低。对于私家车、商务车用户而言，由于出行/运营强度和续航能力要求相对较低、充电量需求较小、停车时间较长、调整充放电的弹性较大，其对电动汽车储能表现出较高接受度；相反，虽然出租车、公交车用户充电量需求较大，但运营强度同样较高，且大多已通过低谷充电降低电费，进一步调节充放电的空间十分有限，用户对有序充电或 V2G 的态度更为消极。总体而言，出租车、共享车等运营车队参与有序充电的行为成本较高，私家车参与有序充电的行为成本较低；公交、物流车辆在运营高峰时段有序充电的行为成本偏高，在运营低谷及夜间参与有序充电的行为成本较低。充电运营商、电力企业可根据不同车主的充电和使用行为分类客户群，形成格局化目标市场，以区别手段呼应客户群的特殊需求；政策已对专用充电桩、分散式充电桩区别规划，车主性质也应成为关注点。

第四节 "车—桩—网"集群智能建设的因应举措

一 引导用户参与有序充电

"车—桩—网"的协同发展，能明显降低电动汽车充电对电网负荷的影响。无序充电时，分散式专用充电桩充电高峰与基础负荷叠加，使得峰谷差变大，配电网的最大负荷增大，造成配电网线路超过负荷，局部电压过低。因此，有必要引导用户参与有序充电。为将电动汽车用户相对集中的无序充电行为尽可能分散到夜间低谷时段，以降低电动汽车充电对电网负荷的影响，国家可通过以下措施引导用户有序充电：

其一，完善充电基础设施建设。无序充电情况的出现在很大程度上是由于电动汽车充电基础设施建设不完善。对私家电动汽车用户而言，由于住宅、办公地点停车场有限及充电设施安装难等原因，存在小区的充电基础设施建设不够，用户抢占充电资源的现象。而这些现象，往往导致充电高峰与电力峰时负荷叠加，造成配电网负荷增大的结果。针对该问题，一方面，我国可放开住宅及办公地点充电市场，允许公共充电服务公司通过集中建设、集中运行的方式为私家电动汽车用户提供充电服务，从而为未来电动汽车充电行为集中引导奠定基础。另一方面，相关主体可挖掘现有电网设备利用潜力，尽可能满足"一车一桩"接电需求。住宅小区可探索配有充电桩的车位空余时的利用可能性，实现车位和电力资源的灵活互动。

其二，运用大数据、智能互联网技术，根据用户的用车行为、充电行为进行有效的经济或技术措施引导，控制电动汽车充电行为，对电网负荷曲线进行削峰填谷。首先，通过充电桩工作状态的实时监测，获得各个供电节点的动态负荷数据，结合车位空余信息，通过与用户的互动操作，实现停车位和充电时间双重引导。其次，当电动汽车进入充电车位区域时，根据车牌识别信息，询问客户并由客户主动预约时段，将没有即时充电需求的客户引导到充电低谷时段充电，将空余容量留给有即时充电需求的客户。最后，当实时负荷已经不允许新的充电桩启动时，可向客户提供一个可充电时段选项，为客户预约充电，以最终实现有序充电。充电桩工作状态等信息的互联互通，将有赖于电网和物联网两网互动的进一步推广应用。国家电网有限公司在2019年两会报告中提出建设世界一流能源互联网企业的重要物质基础是要建设运营好"两网"，即"坚强智能电网"和"泛在电力物联网"。

"坚强智能电网"和"泛在电力物联网"是国家电网有限公司目前的工作重心。2019年1月13日发布的国家电网有限公司2019年1号文件中，年度工作的首要重点是：推动电网与互联网深度融合，着力构建能源互联网。具体内容是："持之以恒地建设运营好以特高压为骨干网架、各级电网协调发展的坚强智能电网……充分应用移动互联、人工智能等现代信息技术和先进通信技术，实现电力系统各个环节万物互联、人机交互，打造状态全面感知、信息高效处理、应用便捷灵活的泛在电力物联网，为电网安全经济运行、提高经营绩效、改善服务质量，以及培育发展战略性新兴产业，提供强有力的数据资源支撑。承载电力流的坚强智能电网与承载数据流的泛在电力物联网，相辅相成、融合发展，形成强大的价值创造平台，共同构成能源流、业务流、数据流'三流合一'的能源互联网。"

在技术层面上，2018年的国网信通工作会议上提出了建设国网—电力物联网SG-eIoT（electric Internet of Things）的技术规划。整个SG-eIoT系统在技术上将分为终端、网络、平台、运维、安全五大体系，打通输电业务、变电业务、配电业务、用电业务、经营管理五大业务场景，通过统一的物联网平台来接入各业务板块的智能物联设备，制订各类电力终端接入系统的统一信道、数据模型、接入方式，以实现各类终端设备的即插即用。[1]

二 提升动力电池储能技术

目前动力电池续航能力仍然有限，电池充放电次数的增加会减少动力

---

[1] 智能输配电设备产业技术创新战略联盟：《国网要建"泛在电力物联网"干什么？》，2019年1月，智能输配电设备产业技术创新战略联盟网（http：//www.itdia.com.cn/Client/ArticleDetail.aspx? id=1014&sid=45&fid=11）。

电池的使用寿命。为推进车网协同发展，建设"车—桩—网"集群智能系统，提升动力电池的储能技术水平是首要前提。2016年国家发展改革委、国家能源局、工信部联合印发的《关于推进"互联网+"智慧能源发展的指导意见》提出，鼓励整合分散、冗余、性能受限的储能电池、不间断电源、电动汽车充放电桩等储能设施，建设储能设施数据库，将存量的分布式储能设备通过互联网进行管控和运营。推动电动汽车废旧动力电池在储能电站等储能系统中实现梯次利用。该意见还提倡构建储能云平台，实现对储能设备的模块化设计、标准化接入、梯次化利用与网络化管理，支持能量的自由灵活交易。

电动汽车虽是储能设备，但更是出行工具，以满足用户出行需求为首要目的。为满足用户的出行需求，一方面，企业需要不断提升电动汽车动力电池技术水平，延长电池的使用寿命，减缓充放电对动力电池的影响；另一方面，企业需要构建储能云平台，整合市场电动汽车信息，以对储能设备进行网络化、智能化管理，推进"车—桩—网"系统有效运行。

三　完善电价引导机制

现行电动汽车充电价格由电力销售价格与充电服务费构成，分别由充电电量及充电基础设施投资成本决定。发电侧售电时提出初始上网电价，电网侧在确定的峰谷变化比例下进一步制定分时销售电价。充电设施运营商在销售电价的基础上增添充电服务费，之后用户侧根据分时充电服务总价调整自身的充电行为，产生新的总用电负荷曲线。[1] 然而，与传统的用电负荷不同，电动汽车具有较强的灵活调度能力，当前电动汽车充电电价往往直接采用固定电价，无法形成对充电行为的有效引导。因此，适度扩大电价峰谷差及提升电价波动频次有助于激励电动汽车用户参与充电负荷调节，具体建议如下：

其一，鼓励对私人充电桩执行峰谷分时电价，逐步放开公共充电桩目录电价管理，鼓励有条件的地方基于当地负荷及新能源发电特性，引入灵活的分时充电价格机制。对于V2G及退役电池储能等具有放电能力的并网方式，建议参考用户侧峰谷电价制定放电价格，或将电动汽车V2G及退役电池储能纳入分布式发电资源管理，鼓励电动汽车放电参与电力就近

---

[1] 饶娆、张兴平：《电动汽车充放电模式及策略优化》，中国经济出版社2018年版。

交易。除提高电力系统灵活性外，充电服务还包含一系列商业推广及大数据价值。但现行充电设施建设成本的价格机制，难以充分激励社会资本投入充电设施投资运营。因此，相关部门应首先理顺电动汽车充电价格机制，有序放开电价与服务费政府管制，允许充电服务商与分散电动汽车用户签订灵活的充电服务价格套餐。此外，国家应鼓励充电服务商参与直购电和现货市场交易，消除上游波动性可再生能源电力与下游电动汽车灵活负荷之间互动的价格障碍。

其二，将绿色证书、碳积分奖励方式纳入电动汽车电力消费环节。即对参与电力需求响应及储能服务的充放电行为，按照单位千瓦时"转移"电量，并给予绿色证书或碳积分。对于未参加绿色证书或碳积分交易的有序充放电量，建议减免征收可再生能源电价附加。

四　推动微电网与电网的兼容发展

首先，微电网是促进可再生能源消纳的重要举措。大量的微电网都是以可能再生能源为发电来源，这对于电动汽车全生命周期的清洁化发展以及可再生能源的消纳都具有重要的作用。微电网在电力出现故障时，往往会形成孤岛效应，对用户设备造成一定的影响。因此，需要关注电源保证配继电保护装置技术与质量，在电网线路跳开后，由分布式电源所配继电保护装置检测到异常的电压和频率后自动跳开与电网脱离。

其次，微电网由于电网投资水平欠缺、变压器等保护设施陈旧、容量电动能力低等弊端，若同时带动 3—5 辆电动汽车则会断电。对已经安装运行的微电网，不符合标准的电能设备应被及时更换，以提高微电网的运行效率。同时，在未来新建的微电网中也应当不断选新用能设备技术，提高设备质量，并加强建设过程中的监管，以提高微电网的运行效率。

最后，对于并网运行的微电网，需要运用智能化技术实现与大电网的有效兼容发展。运用 5G 技术，在电网发电、输电、配电环节进行有效监控与技术控制，实现电网智能化发展。在发电端，5G 应用的主要场景有新能源功率预测与状态感知、分散式风电组网管理与控制等。在输电段进行输电线路状态监测和无人机巡检。在配电侧，将故障监测定位到精准负荷控制的全流程。以实现微电网与大电网的有效兼容性发展。

附录

美国电动汽车产业政策法律的主要内容

课题组对美国国会或其他专门委员会近10年的涉及电动汽车产业的法律法案进行了梳理,翻译并整理出了与本书契合度较高的相关法案文本,并按年度进行了排列。

一 2007年

《机场绿色车辆法》[①]——参议院—商业、科学和运输委员会,2007年9月25日

旨在废除固有的低排放机场车辆试点计划,并修改交通部授权制定的试点计划。根据该计划,公共机场的赞助商可以使用资金来开展与合格零排放车辆和设备的购置和运营相关的活动。交通部可以制定零排放技术计划。

二 2009年

(一)《2019年美国能源机会法》[②]——参议院—能源和自然资源委员会,2009年9月9日

能源部长建立或指定分布式能源机会委员会,由其实施相关计划,以

[①] S. 3514 - GREEN Vehicles at Airports Act,(Congress. Gov.,2019)(https://www.congress.gov/bill/115th-congress/senate-bill/3514? q=%7B%22search%22%3A%22electric+vehicles%22%7D&r=14&s=6).

[②] S. 2447-American Energy Opportunity Act of 2019,(Congress. Gov.,2019)(https://www.congress.gov/bill/116th-congress/senate-bill/2447/text? q=%7B%22search%22%3A%22electric+vehicle%22%7D&r=5&s=5).

促进对本地许可的分布式可再生能源，储能和电动汽车充电系统以及其他目的的自动精简流程。其中明确界定"合格的分布式能源系统"一词的概念，是指为支持现场或本地能源使用而安装在住宅、商业或工业建筑物中，附近或附近的任何设备或材料，包括：

（A）从分布式可再生能源发电，包括：

（i）太阳能光伏组件或类似的太阳能技术；

（ii）风力发电系统；

（B）从容量至少为 2 千瓦时的电池中存储和放电；

（C）以至少 2 千瓦的功率为充电式电动汽车充电；

（D）为燃料电池电动汽车加油。

（二）《电动汽车制造法》[①]——众议院—监督与政府改革、能源与商业、运输和基础设施、科学和技术，2009 年 12 月 16 日

《电动汽车制造法》指示能源部建立一个分两阶段的计划，包括：

（1）奖励用于制造、测试和交付至少 2 万辆电动美国邮政汽车或用于地方邮政服务其他公路车辆的资金。

（2）进一步部署电力驱动车辆并开发使用它们的电网服务，包括车辆到电网。

规定了第一阶段的计划要求，以指示能源部为生产和交付下列用途而拨款：

（1）2000 辆全电动卡车（包括更多数量的电动汽车电池组）运往美国邮政局；

（2）4000 辆新的美国邮政服务车辆，包括 200 辆新的衍生电动车，以替换现有的美国邮政服务车辆；

（3）1000 辆插电式混合动力汽车动力总成和 2000 辆全电动动力总成，用于改装现有的美国邮政车辆；

（4）1000 辆插电式混合动力汽车送往美国邮政总局。

要求：

（1）在美国邮政服务设施中安装 12000 万个充电站；

[①] H. R. 4399-American Electric Vehicle Manufacturing Act，（Gongress Gov.，2019）（https：//www.congress.gov/bill/111th-congress/house-bill/4399？q=%7B%22search%22%3A%22electric+vehicles%22%7D&s=1&r=14）．

（2）部署智能电网技术，主要是车辆到电网；

（3）增加锂离子电池再利用和锂离子电池回收基础设施的活动；

（4）制定用于部署第一阶段车辆测试车辆的标准和安全政策。

设立邮政服务可持续发展基金。指示能源部根据第一阶段绩效报告和美国邮政总监察长的建议，选择一名或多名收件人，以奖励该计划第二阶段用于生产和交付1万辆电动邮政车和12000万个充电站。

三 2010年

（一）《邮政服务电动汽车法》[①] **——众议院—监督与政府改革指示邮政局，2010年2月26日**

（1）从该法的颁布之日起五年内，每年用美国制造的电动汽车替换邮政车队中至少10%的汽油动力汽车；

（2）确保在该五年期限结束前，至少有75%的邮政车队由此类电动汽车组成；

（3）确保此类电动汽车的制造商向参与能源部电动汽车电池和零部件制造计划（或后续计划）的国内制造商招标购买电动驱动器零件和存储设备；

（4）通过实施本法报告邮政服务的支出，实现的节余以及收到的收入。

（二）《2010年促进电动汽车法》[②] **——参议院—能源和自然资源委员会，2010年6月15日**

分为国家插电式电动汽车部署计划、研究与开发及其他三个部分，主要内容如下：

第一部分：国家插电式电动汽车部署计划

（第101条）能源部制定了国家插电式电动汽车部署计划。要求能源部：

[①] H. R. 4711-Postal Service Electric Motor Vehicle Act，（Congress Gov.，2019）（https：//www.congress.gov/bill/111th-congress/house-bill/4711? q=%7B%22search%22%3A%22electric+vehicles%22%7D&s=1&r=13）.

[②] S. 3495- Promoting Electric Vehicles Act of 2010，（Gongress Gov.，2019）（https：//www.congress.gov/bill/111th-congress/senate-bill/3495? q=%7B%22search%22%3A%22electric+vehicles%22%7D&s=1&r=12&overview=open#content）.

(1) 应当地要求，为州、地方和部落政府提供插电式电动汽车的部署技术援助；

(2) 向公众提供有关插电式电动汽车和相关基础设施的成本、性能、使用数据和技术数据的信息；

(3) 进行国家评估并制定国家插电式电动汽车部署计划；

(4) 向州、地方和部落政府或政府与政府之间的组织提供赠款，以帮助他们制定社区部署计划以及制定和实施支持此类部署的计划。

要求能源部在与美国供热、制冷和空调工程师协会，国际法规理事会以及任何其他适当的组织协商后，制定并发布有关以下方面的指南：

(1) 包括在内的标准建筑规范分别为私人住宅、建筑物或其他建筑物的新建和大型改建中的基础设施充电的独立电路；

(2) 允许加快为插电式电动汽车购买者安装充电基础设施的模型构建许可或检查程序；

(3) 模型分区、停车规则或其他便于安装和使用收费基础设施的地方法规。

（第 104 条）要求部长向教育机构提供补助，以为职业劳动力发展提供培训和教育，以确保从事和维护插电式电动汽车所需的技能以及支持电动汽车的基础设施。

（第 105 条）指示联邦能源管理计划和总务管理局（GSA）评估并向国会报告联邦政府车辆转换为插电式电动汽车的情况。要求联邦政府的每个机构在该机构的预算中包括根据本法确定的插电式电动汽车的购买，以将其纳入总统提交的预算中。

要求总务管理局在五年内购置可插电式电动汽车和必要的充电基础设施，以在联邦政府的各个部门［包括美国邮政服务和国防部（DOD）］中进行部署。

修改 1992 年《能源政策法》，指示能源部将购置插电式电动汽车的优先级高于非电动替代燃料的汽车。

（第 106 条）在国家部署计划中建立插电式电动汽车部署社区计划。

第二部分：研究与开发

（第 201 条）指示能源部：

(1) 建立一项计划，资助先进电池、插电式电动汽车部件、插电式电动基础设施和相关技术的研究与开发；

（2）对插电式电动汽车及其电池材料的回收利用进行研究；

（3）为开发 500 英里车用电池而设立了"明日优秀电池奖"（the Advanced Batteries for Tomorrow Prize）。在财政部设立 500 英里电池基金。

（第 203 条）指示内政部研究并向国会报告制造插电式电动汽车部件所需的原材料以及支持此类车辆的基础设施。

（第 204 条）指示能源部与美国国家科学院达成一项协议，以研究可从插电式电动汽车中收集的数据。

第三部分：其他

（第 301 条）修正 1978 年《公共事业管理政策法》，要求每个电力公司制定计划，以支持在其服务区域内使用插电式电动汽车。

要求能源部在与根据该法设立的插电式电动汽车技术咨询委员会协商后，召集一组公用事业利益相关者、充电基础设施提供商、第三方整合商以及其他人员，确定使用电力作为车辆燃料所涉及的具有挑战性的问题的潜在模型。

（第 302 条）修改 2007 年《能源独立与安全法》，指示能源部为合资格实体提供贷款担保，以购买合计不少于 200 个合格的汽车电池（设计用于合格的插入式电动马达车辆，但为非汽车应用而购买的车辆），在一日历年内的总最低额定功率为 1 兆瓦，并采用先进的电池技术。

修改 2005 年《能源政策法》，授权部长为插电式电动汽车的充电基础设施和充电基础设施网络提供担保，前提是该基础设施将在 2016 年 12 月 31 日之前投入运营。

（第 303 条）要求根据《固体废物处置法》从插电式电动车辆中处置电池。

（第 305 条）指示总统成立插电式电动车辆跨部门工作组。

四 2011 年

（一）《1986 年〈国内税收法〉修正法》[①]——参议院—经济委员会，2011 年 1 月 31 日

增加了制造商对有资格获得信贷的新型合格插入式电动汽车的数量的

[①] S. 232 - A bill to amend the Internal Revenue Code of 1986, (Congress Gov., 2019) (https：//www.congress.gov/bill/112th - congress/senate - bill/232？q = % 7B% 22search% 22% 3A% 22electric+vehicles%22%7D&s = 1&r = 8)．

限制。

(二)《电动汽车部署法》① ——众议院—能源和商业委员会、运输和基础设施委员会、监督与政府改革委员会、筹款委员会、预算委员会,2011 年 5 月 3 日

要求能源部建立一个分为两阶段的竞争计划,向各州、部落或地方政府(或其团体)提供财政补助,以在该州部署 10 个电动汽车部署社区。要求部署社区的每位财政补助接受者向购买电动汽车的前 5 万名消费者中的每一个提供至少 2000 美元的补贴。

授权能源部长制定一项竞争性计划,向未根据电动驾驶汽车部署社区计划选择接受补助的城市提供财政支持。需要第二个计划来协助未选定的城市部署电动汽车,包括评估大规模部署此类汽车的可行性以及在该城市安装公共可用的电动汽车充电基础设施。

修改《国内税收法》:(1)增加并延长至 2016 年 12 月 31 日,以税收抵免替代燃料汽车为电动汽车提供燃料的财产支出;(2)对合格的电动汽车加油财产债券给予税收抵免。

修改 1978 年《公共事业管理政策法》,以建立有关电动车辆基础设施的电力事业的标准。

要求每个州的监管机构(对于拥有评级机构的每个电力公用事业公司)和每个公用事业(对于非受管制的公用事业公司):

(1)要求部署的基础架构符合联邦标准,并且能与其他所有制造商的产品互操作性实现兼容;

(2)建立将电动汽车集成到配电系统中的协议和标准;

(3)规定每辆车辆的识别能力和与车主的电力账户相关联的能力;

(4)审查它们的确定基于时间的计量和通信。

要求能源部长为有资格的个人和实体执行一项贷款计划,其费用为:

(1)在美国重新装备,扩展或建立制造设施,以生产合格的电动基础设施或合格的电动汽车零部件;

(2)在美国对合格的电动汽车部件进行工程集成。将此类贷款的

---

① H. R. 1685 – Electric Drive Vehicle Deployment Act of 2011,(Congress Gov.,2019)(https://www.congress.gov/bill/112th–congress/house–bill/1685?q=%7B%22search%22%3A%22electric+vehicles%22%7D&s=1&r=3).

25%专门用于小型制造商（少于500个人）和零部件供应商。

修改2007年《能源独立与安全法》，要求能源部部长制定计划，由私人机构向符合条件的实体提供贷款担保，以每年购买至少500枚合格的高级汽车电池。

要求总务管理局为联邦政府车队购买1000辆商用电动汽车（包括必要的合格电动汽车基础设施）。

（三）《2011年促进电动汽车法》[①]**——参议院—能源与自然资源委员会，2011年5月11日**

1. 概述：

能源部制定国家插电式电动汽车部署计划。

指示能源部长：

（1）根据要求向州、地方和部落政府提供技术支持，以部署插电式电动汽车；

（2）向公众提供有关插电式电动汽车和相关基础设施的成本、性能、使用数据和技术数据的信息；

（3）进行国家评估并制定国家插电式电动汽车部署计划；

（4）为制定社区部署计划和为计划提供奖励。

指示部长：

（1）制定和发布有关标准建筑规范的指南，以便在新建建筑和建筑物的重大翻修中包括单独的电路，为基础设施充电；

（2）授予职业和教育培训机构，以确保从事插电式电动汽车及其支持所需的基础设施工作和维护所需的技能，并提供紧急援助。

指示DOE联邦能源管理计划和总务管理局（GSA）评估联邦政府车队有关转换为插电式电动汽车的事宜。

指示总务管理局局长在五年内购买插电式电动汽车和必要的充电基础设施，以便联邦机构在多个地点进行部署。

修改1992年《能源政策法》，指示部长将购置插电式电动汽车的优先级高于非电动替代燃料的汽车。

---

① S. 948 - Promoting Electric Vehicles Act of 2011, (Gongress Gov., 2019) (https://www.congress.gov/bill/112th-congress/senate-bill/948? q = %7B%22search%22%3A%22electric + vehicles%22%7D&s = 1&r = 2).

在国家部署计划中建立竞争性补助计划：

（1）有针对性的插电式电动汽车部署社区；

（2）插电式电动汽车私人车辆升级。

修订了《2005年能源政策法》，授权为以下方面提供贷款担保：

（1）插电式电动车队；

（2）插电式电动汽车充电基础设施和充电基础设施网络将于2016年12月31日之前投入运营。

指示部长：

（1）制定计划，资助高级电池、插电式电动汽车部件、插电式电动汽车基础设施以及二次使用应用的研究、开发和演示；

（2）研究插电式电动汽车及其电池材料的回收利用；

（3）设立500英里车载电池奖项（Advanced Batteries for Tomorrow Prize）。

在财政部设立500英里电池基金。

需要将指定资金用于高级研究计划局能源（ARPA-E）插电式电动汽车研究和开发计划。

指示内政部组织开展研究：

（1）制造插电式电动汽车部件所需的原材料；

（2）支持此类车辆所需的基础设施。

要求能源部与美国国家科学院一起安排研究插电式电动汽车数据的收集和保存。

修改1978年《公共事业管理政策法》，要求每个电力公司制定计划以支持在其服务区域内使用插电式电动汽车。

修改2007年《能源独立与安全法》，指示部长保证向合格实体提供贷款，以在一个日历年内总计购买至少200辆合格的汽车电池（设计用于合格的插电式电动汽车）的总最低额定功率为1兆瓦，并使用先进的电池技术。

要求根据《固体废物处置法》处置高级电池（即不要在垃圾填埋场中）。

成立插电式电动汽车技术咨询委员会。

指示总统成立插电式电动车跨部门工作组。

2. 根据内容的相关性与重要性，具体内容如下：

其中第三部分：定义

（a）在本法中：

（1）代理机构："代理机构"一词的含义与《美国法典》第5条第105款中的"执行机构"一词相同。

（2）充电基础设施："充电基础设施"一词是指任何财产（不包括建筑物），如果该财产用于为插电式电动汽车充电，包括配电盘升级、布线、导管、挖沟、基座以及相关设备。

（3）委员会："委员会"一词是指第304条设立的插电式电动汽车技术咨询委员会。

（4）部署社区。"部署社区"一词是指局长根据第106条选择成为目标插入式电动汽车部署社区计划一部分的社区。

（5）公用事业："公用事业"一词的含义与1978年《公用事业管理政策法》(《美国法典》第16卷第2602号)第3条中的术语相同。

（6）高速公路的联邦辅助系统——"高速公路的联邦辅助系统"一词是指美国法典第23篇第103条所述的高速公路系统。

（7）插电式电动汽车。"插电式电动汽车"一词的含义与2007年《能源独立与安全法》（42 USC 17011（a）（5））。

（8）奖项："奖项"一词是指根据第202条设立的"明日高级电池奖"。

（9）部长。"部长"一词系指能源部长。

（10）专案组。"专案组"一词是指第305条设立的插电式电动汽车跨部门任务组。

（b）插电式电动汽车的定义。修改2007年《能源独立与安全法》(《美国法典》第42卷17011（a）（5）)第131（a）（5）条：

（1）通过分别将（A）、（B）和（C）项分别指定为（i）、（ii）和（iii）条款，并适当缩进；

（2）在（A）（iii）项中（重新命名），在末尾加句号，并插入"；和"；

（3）在末尾添加以下内容：

（A）任何其他汽车：

（i）可以从外部动力源为其补充动力；

（ii）最高时速超过每小时25英里。

101. 全国插电式电动汽车部署计划。

（a）能源部内部制定了一项国家插电式电动汽车部署计划，目的是协助插电式电动汽车的部署。

(b) 目标。所述的国家计划的目标包括：

(1) 通过加速在美国部署插电式电动汽车来减少和取代石油使用；

(2) 通过加速在美国部署插电式电动汽车来减少温室气体排放；

(3) 促进插电式电动汽车的快速部署，特别是进入主流消费市场；

(4) 插电式电动汽车在全国范围内实现了重要的市场渗透；

(5) 建立用于在全国范围内快速部署插电式电动汽车的模型，包括用于部署住宅，私人和公共可用充电基础设施的模型；

(6) 增加消费者的知识和对插电式电动汽车的接受程度；

(7) 鼓励实现插电式电动汽车的大众化市场所需的创新和投资；

(8) 在保持电网系统性能和可靠性的同时，促进将插电式电动汽车集成到配电系统和更大的电网中；

(9) 向美国各地的社区提供技术援助，以为插电式电动汽车做准备；

(10) 支持全美有关插电式电动汽车的劳动力培训。

(c) 职责。部长在执行本职时应：

(1) 向希望在其政府管辖的社区中为插电式电动汽车制定部署计划的州、地方和部落政府提供技术援助；

(2) 根据第 102 条，对插电式电动汽车的潜在部署进行国家评估；

(3) 综合和传播插电式电动汽车的部署数据；

(4) 制定最佳实践，以成功部署插电式电动汽车；

(5) 根据第 104 条进行劳动力培训；

(6) 根据第 106 条建立有针对性的插电式电动汽车部署社区计划；

(7) 与特别工作组一起，就减少插电式电动汽车部署障碍的方法向国会和总统提出建议。

(d) 报告。部长应在本法颁布之日后不迟于 18 个月，并且每两年之后，应向国会有关委员会提交关于执行（a）所述国家计划的进展的报告。包括：

(1) 对以下人员所取得的进展的说明：

(A) 第 103 条规定的技术援助计划；

(B) 第 104 条所指的劳动力培训计划；

(2) 部长为更改联邦计划以促进本标题的目的而提出的任何更新建议。

(e) 国家信息交换所。部长应及时向公众提供有关以下方面的信息：

(1) 有关插电式电动汽车和相关基础设施的成本、性能、使用数据和技术数据，包括根据第 106 条建立的部署社区的信息；

(2) 部长认为适当的其他任何教育信息。

(f) 拨款授权。在 2011—2016 财政年度，批准拨款 1 亿美元以执行第 101—103 条。

102. 国家评估和计划。

(a) 部长应进行国家评估，并制定国家插电式电动汽车部署计划，其中包括：

(1) 评估 2020 年和 2030 年之前插电式电动汽车的最大可行部署；

(2) 建立到 2020 年和 2030 年的插电式电动汽车市场渗透率的国家目标；

(3) 为全美社区提供技术援助的计划，以为插电式电动汽车的部署做准备；

(4) 量化因使用插电式电动汽车而减少的石油消耗和对温室气体排放的净影响的计划；

(5) 经与工作组协商，就修改联邦计划（包括法律、法规和指南）而向总统和国会提出的任何建议。

(A) 更好地促进插电式电动汽车的部署；

(B) 减少部署插电式电动汽车的障碍；

(6) 整合了根据第 106 条建立的部署社区计划确定的部署成功与障碍的计划，以为全美国的社区做好快速插电式电动汽车部署的准备；

(b) 时间。

(1) 初始草案。部长应在本法颁布之日后不迟于 1 年，完成包括 (a) 款 (1) 至 (5) 所述事项的国家计划初稿。

(2) 最终版本。部长应在本法颁布之日后 18 个月内完成国家计划的最终版本，其中应包括 (a) 款 (1) 至 (6) 所述的事项。

(c) 更新。部长应在 (a) 款所述的计划制定之日后的 2 年内，并且在其后每 2 年更新一次，至少应使用市场数据和目标插件提供的信息。根据第 106 条建立的电动汽车部署社区计划和其他相关数据，以更新计划以反映现实世界的市场状况。

103. 技术协助。

(a) 对州、地方和部落政府的技术援助。

(1) 在执行此职务时,部长应应州长、市长、县行政机关或指定官员的要求,向州、地方和部落政府提供技术援助,协助插电式电动汽车的部署。

(2) 第(1)款所述的技术援助应包括:

(A) 关于建筑和安全检查员的规范和标准的培训;

(B) 关于加快许可证和检查的最佳做法的培训;

(C) 就与各种类型的插电式电动汽车及其相关基础设施,电池技术和处置有关的常见问题进行教育和推广;

(D) 传播有关部署插电式电动车辆的最佳做法的信息。

(3) 优先权。在根据本款提供技术援助时,部长应优先考虑:

(A) 建立了公共和私人伙伴关系的社区,包括由以下各项组成的伙伴关系:

(i) 选出并任命各州、地方和部落政府的官员;

(ii) 有关的发电机和电力分销商;

(iii) 公用事业委员会;

(iv) 公共工程和运输部门;

(v) 为部署足够水平的公共可用充电基础设施(包括私人拥有停车场或构筑物)所必需的财产的所有人和经营者和具有公共访问位置的商业实体);

(vi) 插电式电动汽车的制造商或零售商;

(vii) 收费基础设施或服务的第三方提供商;

(viii) 将参加该计划的任何车辆的所有者;

(ix) 区域配电和输电设施的所有者和经营者;

(x) 能源部认可的其他现有社区联盟;

(B) 由部长确定的能够最好地表明公众可能会使用插电式电动汽车的社区,并特别考虑以下社区:

(i) 有记录在案的等待清单,以购买插电式电动汽车;

(ii) 对供应给经销商的插电式电动汽车的数量进行了预测;

(iii) 评估了已安装或已获得许可的充电基础设施的数量;

(C) 承诺满足各种消费者充电基础设施需求的社区,包括单户和多户住房以及公共和私有商业基础设施的充电基础设施需求；

（D）已经制定法规和教育措施以促进消费者接受插电式电动汽车的社区，包括通过以下方式：

（i）为住宅充电基础设施采用（或正在采用）简化的许可和检查程序；

（ii）提供客户信息资源，包括在社区或其他网站上提供插电式电动汽车信息。

（4）最佳做法。能源部应收集信息并将其分发给州、地方和部落政府，以制定计划，以使用来自以下方面的数据的最佳做法（包括法规和标准）来部署插电式电动汽车：

（A）第106条所建立的计划；

（B）专责小组进行的活动；

（C）关于有助于成功部署新技术的因素的现有学术和工业研究，特别是与替代燃料车辆有关的研究。

（5）补助。

（A）部长应制订一项计划，向州、地方和部落政府提供补助，以建立政府与私人实体之间的伙伴关系；

（i）根据第106条准备社区部署计划；

（ii）准备和实施支持部署插电式电动汽车的计划。

（B）申请——寻求根据本款获得拨款的州、地方或部落政府，应在该时间向能源局提交拨款申请，并以能源局规定的形式并载有能源局规定的信息；

（C）资金的使用。根据本款获得拨款的州、地方或部落政府应将资金使用到以下方面：

（i）制订社区部署计划，该计划将根据第106条提交给下一次可供竞争使用的计划；

（ii）开展鼓励部署插电式电动车辆的活动，包括：

（Ⅰ）规划和安装充电基础设施，尤其是开发和示范用于部署单户和多户住宅、工作场所和公共可用的，具有多样化和成本效益高的规划，安装和运营方案的充电基础设施；

（Ⅱ）更新建筑物、分区或泊车守则，以及审批和检查程序；

（Ⅲ）劳动力培训，包括准入培训；

（Ⅳ）拟议的营销计划中描述的公共教育；

（Ⅴ）补充（而非取代）州、地方和部落政府购买的插电式电动汽车的数量；

（Ⅵ）部长认为必要的其他活动。

（D）准则。部长应制订和发布选择技术援助补助的标准，包括根据本款提交申请的要求。

（E）拨款授权——授权将这笔款项用于执行本款所需的款项。

（b）更新示范建筑规范，许可和检查程序以及分区或停车规则。

（1）在本法颁布之日后的一年内，能源部长应与美国供热、制冷和空调工程师协会，国际守则理事会以及任何其他组织协商，部长认为适当，应为以下方面制订和发布指南：

（A）酌情在私人住宅、楼宇或其他结构的新建筑及主要翻新工程中纳入独立电路的建筑规范范本，可提供公共可用充电基础设施的建议；

（B）允许为插电式电动汽车购买者加快安装充电基础设施的建造许可或检查过程（包括允许汽车购买者在请求后不迟于1周内安装充电基础设施的许可过程）；

（C）划区，停车规则或其他地方条例：

（ⅰ）促进安装公共可用的收费基础设施，包括为公众提供基础设施的商业实体；

（ⅱ）允许公众使用公共可用的充电基础结构。

（2）选择性适用。根据本条选择技术援助或根据第106条选择作为部署社区的申请人，不得被要求使用建筑模型规范，许可和检查程序，分区、停车规则或其他条例，包括在第（1）款下的报告中。

（3）智能电网整合——在制订第（1）款所述的示范守则或条例时，能源局须考虑智能电网的整合。

104. 员工培训。

（a）维护和支援。

（1）部长在咨询委员会及专责小组的意见后，将补助金拨给高等教育机构和其他合格的培训和教育机构，以建立旨在通过英才中心（centers of excellence）等途径为职业劳动力发展提供培训和教育的方案；

（2）目的：根据本款提供经费的训练，确保工作人员具有插电式电动汽车和支持插电式电动汽车所需的基础设施相关的必要技能，并对其进行维修和提供紧急援助；

（3）范围：根据本款资助的培训应包括针对以下方面的培训：

（A）第一响应者；

（B）将要安装基础设施的电工和承包商；

（C）工程师；

（D）守则检查官员；

（E）经销商和技工。

（b）设计。部长应向高等教育机构及其他合格的培训和教育机构提供补助，用于制订计划，针对设计插电式电动汽车及其相关组件和基础设施提供培训和教育，以确保美国可以在这个领域领先世界。

（c）拨款的授权。执行本条的授权拨款为1亿5000万美元。

105. 联邦政府车辆。

（a）联邦机构为插电式电动汽车加油所消耗的电力：

（1）是替代燃料［如1992年《能源政策法》（42 U.S.C. 13218）第301条所定义］；

（2）应根据联邦政府车辆管理报告的要求而不是联邦建筑物管理报告的要求进行核算。

（b）评估和报告。能源部和总务署的联邦能源管理计划应与本工作组协商后，在本法颁布之日后至少180天及其后每3年，应完成对包括邮政署和国防部在内的联邦政府车辆的评估，并向国会提交报告，其中应描述以下内容：

（1）对于每个联邦机构，该机构使用哪种类型的车辆，哪些类型适合近期或中期适合转换为插电式电动汽车，同时考虑到以下类型的车辆：在电动汽车中可以提供可比的功能和生命周期成本；

（2）假设需要新车或更换现有车辆时，联邦政府在5年和10年内可以部署多少辆插电式电动汽车；

（3）根据第（2）款，联邦政府购买车辆的估计费用；

（4）基于新市场数据的评估更新的说明。

（c）库存和数据收集。

（1）在根据（b）款进行评估及报告时，联邦能源管理局在咨询总务管理局后。

（A）为经营至少20辆车的每个代理商制定信息请求；

（B）为每个机构建立指南以制定部署插电式电动汽车的计划。

（2）代理商的责任。经营至少20辆车队的每个代理商应：

（A）根据第（1）款所述的信息要求，收集有关该机构车辆的信息；

（B）制定部署插电式电动汽车的计划。

（3）责任分析。联邦能源管理局应：

（A）分析每个机构根据第（2）款提交的信息；

（B）批准或建议对每个机构的计划进行修订，以确保该计划与本法的目标和要求相一致；

（C）向国会和总务管理局提交计划，以用于制订（e）款所述的试验计划。

（d）预算请求。联邦政府的每个机构都应将根据（b）款的报告中确定的插电式电动汽车的购买包括在该机构的预算中，该预算应根据《美国法典》第31篇第1105条的规定，包括在由总统提交的美国政府预算中。

（e）在联邦政府车辆中部署插电式电动汽车的试验计划。

（1）在本法颁布之日起的5年期间，总务管理局应购置插电式电动汽车和必要的充电基础设施，部署在联邦政府的多个地点，其中可能包括美国邮政署和美国商务部。

（2）数据收集。总务管理局应收集有关以下方面的数据：

（A）联邦车辆中插电式电动汽车的成本、性能和使用；

（B）在联邦车辆中部署和整合插电式电动汽车；

（C）联邦车辆中的插电式电动汽车对减少化石燃料和温室气体排放的贡献。

（3）报告。在本法颁布之日后的6年内，总务管理局应向国会有关委员会提交以下报告：

（A）描述了联邦车辆中插电式电动汽车的状态；

（B）包括对根据本款收集的数据的分析。

（4）公共网站。联邦能源管理局应维护并定期更新可公开访问的网站，该网站提供有关联邦车辆中插电式电动汽车状态的信息。

（5）优先权。能源部应在切实可行的最大范围内，优先考虑购买插电式电动汽车［根据2007年《能源独立与安全法》42 USC 17011（a）］，而不是非电动替代燃料汽车。

（f）机动车的最高购买价。——《2010年综合拨款法》第702条

(《美国法典》第 1343 卷第 1343 条；《公共法》第 111—117 条）进行了修正：

（1）删去"1946 年 8 月 2 日法令第 16 条（60 Stat. 810）"，并插入《美国法典》第 31 条第 1343（c）条；

（2）在该句末之前插入以下内容："进一步规定，本条规定的限制不适用于任何商用车辆且使用新兴机动车技术（包括插电）运行的车辆，包括插电式混合动力电动汽车和氢燃料电池汽车。"

（g）拨款授权。联邦政府有权拨付购买或租赁插电式电动汽车和联邦政府车辆所需的充电基础设施的增量费用 2500 万美元。

106. 有针对性的插电式电动汽车部署社区计划。

（a）机构。

（1）根据第 101 条建立的国家插电式电动汽车部署计划中，有针对性的插电式电动汽车部署社区计划（在本条中称为"计划"）。

（2）在执行该计划时，部长应根据 2007 年《能源独立与安全法》（《美国法典》第 42 卷第 17011 条）第 131 条的规定，协调和补充而不是取代任何正在进行的插电式电动汽车部署活动。

（3）部署。

（A）部长应建立竞争机制，以选择计划的部署社区。

（B）合格实体：在根据第（1）款选择该计划的参与者时，部长应仅考虑州、部落或地方政府实体（或州、部落或地方政府实体组）提交的申请。

（C）选择：在本法颁布之起的一年内以及在为该计划分配任何后续款项之日后的一年之内，部长应根据本款选择部署社区。

（D）终止。该程序的实施期为 3 年，自根据本法提供的资金首次提供给部署机构之日起。

（b）目标。该计划的目标是：

（1）促进插电式电动汽车的快速部署，包括：

（A）在根据第（2）款选择的部署社区中部署 40 万辆插电式电动汽车；

（B）尽早在部署社区中实现重要的市场渗透；

（C）支持在全国范围内实现重要的市场渗透；

（2）建立用于在全国范围内快速部署插电式电动汽车的模型，包括用于部署单户和多户住宅，工作场所和公共充电基础设施的模型；

（3）增加消费者对插电式电动汽车的了解和接受程度以及对电动汽车的接触程度；

（4）鼓励实现插电式电动汽车的大众化市场所需的创新和投资；

（5）论证将插电式电动汽车集成到配电系统和更大的电网中并保持或改善电网系统的性能的安全性和可靠性；

（6）论证相关草案和通信标准，以促进车辆集成到电网中，并通过多个公用事业分配系统为出行的消费者提供无缝收费；

（7）调查部署社区之间的差异，并制订在各个社区中实现车辆电气化的最佳实践，包括规划和促进住宅，工作场所和公共基础设施建设以支持插电式电动汽车的最佳方案；

（8）收集有关插电式电动汽车的购买和使用的综合数据，包括单位和汇总的充电配置文件数据，以告知在其他地方快速部署插电式电动汽车的最佳方案，包括针对安装充电基础设施；

（9）通过加速在美国部署插电式电动汽车来减少和取代石油的使用并减少温室气体的排放；

（10）通过提高美国国内制造能力和商业化的方式，使美国成为插电式电动汽车技术的世界领导者。

（c）部署社区选择标准。

（1）部长应确保在切实可行的最大范围内，将选定的部署社区用作整个美国各个社区的部署模型。

（2）选择。——在选择本条所述的社区时，能源局局长：

（A）须在切实可行的最大范围内确保：

（i）在人口，人口密度，人口统计，城市和郊区构成，典型的通勤方式，气候和公用事业类型等方面，选定社区的组合是多样的；

（ii）选定社区的组合在地理分布上是不同的，并且每个国防石油管理局都设有至少一个部署社区；

（iii）至少选定的社区人口不少于500000人；

（iv）拨款数额足够大，以使每个部署社区都可以实现显著的市场渗透，尤其是进入主流消费市场；

（v）部署社区代表了美国其他社区的代表；

（B）鼓励选择部署社区的组合，其中包括能源局局长认为可能合理

有效的多种模型或方法来部署插电式电动汽车,包括部署充电基础设施的多种方法;

(C) 除 (A) 项中所述的标准外,还可优先考虑提议非联邦费用份额更大的申请人;

在考虑部署社区计划时,应考虑先前的能源部和其他联邦政府投资,以确保从联邦政府投资中获得最大的国内收益。

(3) 标准。

(A) 在不迟于本法颁布之日起 120 天之内,且不迟于为该计划拨付任何后续款项之日后 90 天之内,部长应发布标准部署社区选择的标准,其中包括要求州,部落或地方政府实体(或州,部落或地方政府实体组)提交申请要求。

(B) 申请要求。部长根据 (A) 项发布的标准应包括申请要求,至少应包括以下内容:

(i) 可实现的目标和方法;

(Ⅰ) 在社区内部署的插电式电动汽车数量;

(Ⅱ) 轻型车辆销售的预期百分比,即插入式电动汽车的销售百分比;

(Ⅲ) 在该计划的 3 年期间,在私人和公共车辆中采用插电式电动汽车的情况(包括中型或重型汽车);

(Ⅳ) 在计划终止后产生收益以维持计划所进行的基础设施投资的方法;

(ii) 论证以下各项的数据;

(Ⅰ) 公众很可能会使用插电式电动汽车,其中包括:

(aa) 购买的插电式电动汽车的数量;

(bb) 在轮候册(waiting list)上购买插电式电动汽车的人数;

(cc) 向经销商供应的插电式电动汽车数量的预测;

(dd) 对已安装或已获得许可的充电基础设施数量的评估;

(Ⅱ) 汽车制造商和经销商将能够在该项目期间提供和服务社区内的插电式电动汽车的目标数量;

(iii) 明确界定拟议部署区的地理界限;

(iv) 社区部署计划,用于在部署社区中部署插电式电动汽车,充电基础设施和服务;

(v) 确保计划中预期的大部分车辆部署将是获准在美国联邦政府援助

公路系统上行驶的私人车辆，其次是私人或公共部门的插电式电动车辆，但还可以包括：

（Ⅰ）私人或公共部门的插电式电动车辆；

（Ⅱ）中重型插电式混合动力汽车；

（Ⅲ）授权在美国联邦政府高速公路辅助系统上行驶的任何其他插电式电动汽车；

（ⅵ）部长确定的任何其他基于绩效的标准。

（4）社区部署计划。——插电式电动车辆的部署计划应包括：

（A）根据（d）（2）（C）款提议的成本分摊水平；

（B）论证与相关利益相关者建立了实质性合作关系的文件，其中包括：

（ⅰ）利益相关者名单，其中包括：

（Ⅰ）每个参加州，地方政府和部落政府的当选和任命官员；

（Ⅱ）所有相关的发电商和配电商；

（Ⅲ）国家公用事业监管部门；

（Ⅳ）公共工程和交通运输部门；

（Ⅴ）对于部署足够数量的公共收费基础设施（包括私有停车场或构筑物以及具有公共访问位置的商业实体）至关重要的财产所有者和经营者；

（Ⅵ）插电式电动汽车的制造商或零售商；

（Ⅶ）住宅，工作场所，私人和公共可用的充电基础设施或服务的第三方提供商；

（Ⅷ）将参加该计划的任何车辆的所有者；

（Ⅸ）区域配电和输电设施的所有者和经营者（如适用）；

（Ⅹ）能源部认可的其他现有社区组织；

（ⅱ）利益相关者承诺参与伙伴关系的证据；

（ⅲ）明确说明各利益攸关方的作用和责任；

（ⅳ）制订一项计划，酌情让利益相关方在整个部署计划的执行过程中继续参与和参与；

（C）阐明预期将成为插电式电动私人车辆的插入式电动车辆的数量；

（D）部署住宅，工作场所，私人和公共可用的充电基础设施的计划，包括：

（ⅰ）评估将在单户或多户住宅中使用私人住宅充电基础设施的消费者数量；

（ii）为无法在其居住地为车辆充电的插电式电动车的车主提供的选项；

（iii）评估将使用工作场所充电基础设施的消费者数量；

（iv）确保充电基础设施或插电式电动汽车能够发送和接收与电网交互所需的信息，并在可行的范围内与智能电网技术兼容；

（v）估计公共或商业途径获得的公共和私人充电站的数量和分布；

（vi）估计由私人出资或位于私人财产上的充电基础设施的数量；

（vii）对将要部署的设备的说明，包括保证在最大可能的范围内，将要部署的设备将符合公开的非专有标准，以连接至插电式电动汽车，这些电动汽车是：

（Ⅰ）购置设备时业界普遍接受；

（Ⅱ）根据2007年《能源独立与安全法》第1305条（美国法典第42卷第17385条），符合国家标准与技术研究院制定的标准；

（E）有关插电式电动汽车，充电服务和基础设施的有效营销和消费者教育计划；

（F）对更新的建筑规范的说明（或在补助期之前或期间更新建筑规范的计划），包括充电基础设施或充电基础设施的专用电路（视情况而定），用于新建和大型翻新；

（G）对更新的施工许可或检查程序（或更新施工许可或检查程序的计划）的说明，允许为插电式电动汽车的购买者加快安装充电基础设施，包括允许车辆购买者能够及时地安装充电基础设施的许可过程；

（H）对必要的更新分区，停车规则或其他本地条例的描述，以促进安装公共可用的充电基础设施并允许访问适当的公共可用的充电基础设施；

（I）对部署社区中购买和注册新的插电式电动汽车的居民的激励措施的说明，除联邦激励措施外，包括：

（i）返还车辆购买价格的一部分；

（ii）减少营业税或注册费；

（iii）折扣或减少许可，购买或安装家用插电式电动汽车充电基础设施的费用支出；

（iv）折扣或减少州或地方道路通行费；

（J）额外的消费者福利，例如优先使用停车位或单载客通道，供插电式电动汽车使用；

（K）拟议计划进行必要的公用事业和电网升级，包括经济上合理且网络信息安全的技术升级和员工培训，以及收回升级成本的计划；

（L）公用事业单位，电网运营商或第三方充电服务提供商的说明，目的在于适用插电式电动汽车部署的政策和计划，包括：

（i）适用插电式电动汽车充电的费率结构或规定以及计费协议；

（ii）分析对电网的潜在影响；

（iii）使用信息技术或第三方整合者的计划：

（Ⅰ）尽量减少充电对峰值负载的影响；

（Ⅱ）提高可靠性；

（Ⅲ）提供其他电网收益；

（iv）与智能电网技术或第三方整合者合作以实现智能充电和允许双向通信的计划；

（M）部署时间表；

（N）监测和评估计划执行情况的计划，包括评估部署成功与否的指标以及适当时更新计划的方法；

（O）对根据（d）款申请的任何补助资金将被使用的方式的说明，以及这些资金的拟议本地成本份额。

（d）申请和补助。

（1）应用。

（A）（c）（3）所述的选择标准由部长公布之日起不迟于150天，任何州，部落或地方政府，或州，部落或州集团地方政府可以向部长申请成为部署社区。

（B）联合赞助。

（i）根据（A）项提交的申请可以由电力公司，汽车制造商，技术提供商，汽车共享公司或组织，第三方插电式电动汽车服务提供商或其他适当的实体共同发起。

（ii）授予款项：根据本款提供的赠款应仅支付给州，部落或地方政府，或州，部落或地方政府团体，无论该申请是否根据第（i）。

（2）授予。

（A）在每次申请中，申请人都可以请求部长提供最高2亿5000万美元的财政补助，以资助部署社区中的项目。

（B）资金的使用。根据本款通过补助提供的资金可用于帮助实施应

用程序中包括的插电式电动车辆的部署计划,其中包括:

(ⅰ)通过第(c)(4)(I)款所述的激励措施,降低成本并增加消费者对插电式电动汽车的采用;

(ⅱ)规划和安装充电基础设施,包括提供本条(c)(4)(I)所述的其他激励措施;

(ⅲ)更新(c)(4)款(F),(G)和(H)项中所述的建筑法规,分区或停车规则,或许可或检查程序;

(ⅳ)劳动力培训,包括对许可官员的培训;

(ⅴ)拟议的营销计划中所述的公共教育和营销;

(ⅵ)补充(而非取代)州、地方和部落政府购买的插电式电动汽车的数量;

(ⅶ)如本条(c)(4)(K)所述进行必要的公共事业和电网升级。

(C)费用分摊。

(ⅰ)根据本款提供的补助应符合80%的最低非联邦政府费用分摊要求。

(ⅱ)非联邦政府资金来源。

(Ⅰ)为每个选定的申请人确定适当的成本份额;

(Ⅱ)要求非联邦政府资金来源提供不少于本款资金补助费用的80%。

(ⅲ)部长认为有必要,可以减少或消除本项(C)(i)所述的费用分摊要求。

(ⅳ)计算金额。在计算本条规定的非联邦政府份额的金额时,部长:

(Ⅰ)可以根据适用的成本原则包括允许的成本,其中包括:

(aa)现金;

(bb)人工费;

(cc)根据管理和预算办公室的适用通知确定的服务、其他资源或第三方实物捐助的价值;

(dd)间接费用或设施和行政费用;

(ee)根据田纳西河谷管理局(Valley Authority)或任何电力营销管理局的电力计划收到的任何资金(除非该资金是根据年度拨款法提供的);

(Ⅱ)应包括州、部落或地方政府实体和私人实体的补助;

(Ⅲ)不得包括:

(aa)某项活动在补助所考虑的时间之后的预期经营所产生的收入或

特许权使用费；

（bb）预期出售某项活动的资产所得的收益；

（cc）联邦政府其他的拨款。

（v）联邦政府份额的偿还。部长不得要求偿还本条规定的费用分担活动的联邦政府份额，以作为提供补助的条件。

（vi）财产权。部长可以将根据本法资助的项目获得的所有权或其他财产权益归属于包括美国在内的任何实体。

（D）其他联邦政府资助。在确定申请人的费用份额时，部长应考虑申请人收到的其他联邦政府资金。

（3）选择：根据第（1）款规定的申请截止日期不迟于120天，能源局应公布根据本款选择的部署社区的名称。

（e）报告要求。

（1）部长应与委员会协商：

（A）确定部署社区的参与者需要收集哪些数据并提交给美国商务部，以便对部署社区进行分析；

（B）酌情提供保护消费者隐私的规定；

（C）制定指标以评估部署社区的性能。

（2）提供数据。作为参与该计划的条件，部署社区应提供部长根据第（1）款确定的任何数据。

（3）报告。

（A）临时报告。部长应在本法颁布之日后三年内向国会提交包含以下内容的临时报告：

（i）对以下情况的描述：

（Ⅰ）部署社区以及每个部署社区的部署计划的执行情况；

（Ⅱ）插电式电动汽车的整车制造部署率和市场渗透率；

（Ⅲ）部署居民和公共基础设施；

（ii）描述从该计划至今所面临的挑战和汲取的教训，包括本款（i）所述的活动；

（iii）分析根据本款收集的数据。

（B）最终报告。在计划完成后，部长应向国会提交包含以下内容的最终报告：

（i）（A）项所述信息的更新；

(ⅱ) 对本计划成败的说明；

(ⅲ) 关于是否促进电动汽车进一步发展的建议；

(ⅳ) 如果建议使用其他部署社区，则有关以下信息：

（Ⅰ） 应该选择的其他部署社区的数量；

（Ⅱ） 更新选择标准的方式；

（Ⅲ） 改变激励机制的方式；

（Ⅳ） 是否应包括电动汽车的其他形式的车载能量存储。

(f) 专有信息。部长应酌情规定对专有信息和知识产权的保护。

(g) 拨款的授权。——本款已获授权执行20亿美元的拨款。

(h) 符合性修正案。——对《美国法典》第23条、第166条（b）(5) 进行修正。

(四)《混合动力和电动卡车与基础设施法》[①] **——参议院—经济委员会，2011年6月28日**

《混合动力和电动卡车及基础设施法》将《国内税收法》修改为：

（1） 增加并延长到2015年新合格混合动力汽车的税收抵免；

（2） 对某些省油的重型卡车和重型电动汽车给予这种抵免；

（3） 将替代燃料汽车加油财产支出的税收抵免延长至2014年；

（4） 扩大电动汽车加油性能的范围，包括面板升级、布线、导管、挖沟、基座和相关设备；

（5） 允许在2014年之前为安装在重型柴油动力公路车辆上的电动空转减少装置提供50%的新税收抵免，至多3500美元。

要求能源部发布用于认证空转减少装置的标准。

(五)《改变美国减少温室气体排放（CHARGE）法》[②] **——参议院—经济委员会，2011年9月22日**

扩大对新的合格插电式电动汽车的税收抵免，使其包括由除电池以外的其他电能存储设备供电的车辆。

---

① S. 1285 - Hybrid and Electric Trucks and Infrastructure Act，（Gongress Gov.，2019）（https：//www.congress.gov/bill/112th - congress/senate - bill/1285/text？q = % 7B% 22search% 22% 3A%22electric+vehicles%22%7D&s = 1&r = 10&overview = open#content）.

② S. 1602 - Changing How America Reduces Greenhouse Emissions （Charge） Act，（Congress. Gov. 2019）（https：//www.congress.gov/bill/112th-congress/senate-bill/1602？q =%7B%22search%22%3A%22electric+vehicles%22%7D&r = 11&s = 1）.

五 2012 年

《2012 年电动汽车购买抵免额扩充法》[①]——众议院—筹款委员会，2012 年 8 月 2 日

修改了《国内税收法》，以购买新的插电式电动汽车的税收抵免增加：

（1）每辆车的限额从 2500 美元增至 3750 美元；

（2）根据电池容量的限制，从 5000 美元增到 6250 美元。

六 2014 年

《EV-COMUTE 法》[②]——众议院—监督与政府改革委员会，2014 年 5 月 9 日

规定现代化的公用事业终端，授权拥有或运营停车区的任何联邦机构的负责人，供机构员工使用：

（1）安装、构造、操作和维护在该停车区以可偿还方式为私人雇员车辆使用的电池充电站；

（2）向使用者收取使用费，以支付该站的费用。

第二部分：

（a）授权。

（1）拥有或经营供其雇员使用的停车场的联邦政府任何办公室的负责人（直接或间接通过承包商）可以安装、建造、运营和维护有偿使用权在该地区建立一个电池充电站，以供办公室员工和其他有权在该地区停车的员工使用私人车辆。

（2）供应商的使用——办事处负责人可以通过与卖方的合同，在此类条款和条件（包括与办事处和卖方之间的分配费用相关的条款）下执行第（1）款签订合同作为办事处的负责人。

（b）收取费用以支付费用。

[①] H. R. 6323-Electric Vehicle Purchasing Credit Expansion Act of 2012，(Congress Gov.，2019) (https：//www. congress. gov/bill/112th – congress/house – bill/6323/text？ q =% 7B% 22search% 22% 3A%22electric+vehicles%22%7D&r=1&s=2）.

[②] H. R. 4645-EV-COMUTE Act，(Congress Gov.，2019) (https：//www. congress. gov/bill/113th-congress/house-bill/4645/text？ q=%7B%22search%22%3A%22electric+vehicles%22%7D&r=5&s=1）.

（1）根据本法运营和维护电池充电站的联邦政府办公室负责人，应向使用该充电站的个人收取必要的费用，以确保该办公室能收回所有的充电费用，安装、建造、运营和维护站所产生的费用。

（2）押金和可用费用——主管机关负责人根据本款收取的任何费用应为：

（A）存入财务处的办公室薪金和支出批款账户；

（B）在以下期间无须进一步拨款即可承担义务：

（i）所收的财政年度；

（ii）所收集的会计年度之后的会计年度。

（c）对众议院和参议院的现行计划没有影响。——本法的任何规定均不得解释为影响国会大厦建筑师对电池充电站的安装、建造、操作或维护。

（1）根据《112—170号公法》（《美国法典》第2卷第2171号），涉及众议院的雇员和被授权在国会大厦所在地国会大厦管辖范围内的任何停车场停放的个人；

（2）根据《112—167号公法》（美国法典第2卷第2170号），涉及参议院的雇员和被授权在国会大厦参议院管辖范围内的任何停车场停放的个人。

第三部分：生效日期

适用于2015财政年度及随后的每个财政年度。

七 2015年

（一）《电动充电和加油法》或《电动汽车法》[①]——众议院—筹款委员会，2015年3月26日

修改1986年《国内税收法》，以扩大和修改电动汽车充电设施的税收抵免。

第二部分规定，扩大和修改电动汽车充电的信贷。

1986年《国内税收法》第30条修改如下：

（a）应将该章规定的应纳税年度的税款作为贷项，金额等于任何合格的电动车辆充电成本的50%。纳税人在纳税年度内交付使用的财产。

（b）纳税人在纳税年度内在某地点投入使用的所有合格电动汽车充电财产的抵免额不得超过：

[①] H. R. 1697-E-Car Act, (Congress Gov., 2019) (https://www.congress.gov/bill/114th-congress/house-bill/1697? q=%7B%22search%22%3A%22electric+vehicles%22%7D&r=3&s=1).

(1) 对于具有折旧免税额条件的财产，以下列较大者为准——（A）10 万美元，或（B）1 万美元乘以纳税人在纳税年度内在当地投入使用的设备的数量；

(2) 在其他情况下为 2000 美元。

(c) 定义。

(1) 合格的电动汽车充电或重新充电的财产。——"合格的电动汽车充电的财产"是指在以下情况下的任何财产（不包括建筑物）：

(A) 该财产是（i）需计提折旧的；或（ii）安装在用纳税人主要住所的财产上；

(B) 该财产的最先使用始于纳税人；

(C) 此类财产用于为用电推动的机动车辆充电或加油，包括为插电式电动汽车提供电力的财产和为燃料电池电动汽车提供氢的财产；

(D) 此类财产包括为此类充电提供电力的相关财产，或为此类充电或加油财产所必需的其他财产。

（二）《快速法》①——众议院，2015 年 5 月 11 日

参议院修正案第 114—326 号众议院报告 B 部分中印制的第 16 号修正案，要求环境保护署确保在颁布法规时也向自然人提供对电动汽车的任何优惠或激励措施。

（三）《电动汽车法》②——众议院—监督与政府改革委员会，2015 年 9 月 15 日

授权拥有或经营停车区的联邦政府任何办公室，供其雇员在该区域内安装、建造、操作和维护电池充电站，以及用于其他目的。

第二部分：

(a) 联邦雇员在停车区的电池充电站的操作。具体地：

(1) 拥有或经营供其雇员使用的停车场的联邦政府任何办公室的负责人（直接或间接通过承包商）可以安装、建造、运营和维护有偿使用权在该地区建立一个电池充电站，以供办公室员工和其他有权在该地区停

---

① H. R. 22 — FAST Act, (Congress Gov., 2019) (https://www.congress.gov/amendment/114th-congress/house-amendment/822? q=%7B%22search%22%3A%22electric+vehicles%22%7D &r=21&s=6).

② H. R. 3509- EV - COMUTE Act, (Congress Gov., 2019), (https://www.congress.gov/bill/114th-congress/house-bill/3509? q=%7B%22search%22%3A%22electric+vehicles%22%7D&r=5&s=1).

(2) 供应商的使用——办事处负责人可以通过与卖方的合同,在此类条款和条件(包括与办事处和卖方之间的分配费用相关的条款)下执行第(1)款签订合同作为办事处的负责人。

(b) 收取费用以支付费用。

(1) 根据本法运营和维护电池充电站的联邦政府办公室负责人,应向使用该充电站的个人收取必要的费用,以确保该办公室能收回所有的充电费用,安装、建造、运营和维护站所产生的费用;

(2) 押金和可用费用——主管机关负责人根据本款收取的任何费用应为:(A) 每月在财政部存入拨款账户的贷方,用于支付办公室的薪金和费用;(B) 在以下期间无须进一步拨款即可承担义务:所涉收费的财政年度和下一财政年度;

(c) 对众议院和参议院的现行计划没有影响。——本法的任何规定均不得解释为影响国会大厦建筑师对电池充电站的安装、建造、操作或维护。

(1) 根据《112—170 号公法》(《美国法典》第 2 卷第 2171 号),涉及众议院的雇员和被授权在国会大厦所在地国会大厦管辖范围内的任何停车场停放的个人;

(2) 根据《112—167 号公法》(《美国法典》第 2 卷第 2170 号),涉及参议院的雇员和被授权在国会大厦参议院管辖范围内的任何停车场停放的个人。

第三部分:生效日期

适用于 2016 财年及以后的每个财年。

八 2016 年

《1986 年〈国内税收法〉修正法》[①]**——参议院—经济委员会,2016 年 9 月 28 日**

修改 1986 年《国内税收法》,将某些车辆的充电作为一种不包括在总

---

① S. 3450-A bill to amend the Internal Revenue Code of 1986 to include electric charging of certain vehicles as a qualified transportation fringe benefit excluded from gross income,(Congress Gov.,2019)(https://www.congress.gov/bill/114th-congress/senate-bill/3450/text?q=%7B%22search%22%3A%22electric+vehicles%22%7D&r=2&s=4).

收入中的交通附加福利。具体的对1986年《国内税收法》第132条（f）（1）进行了修改，在结尾处增加了："（E）为雇主营业场所内或附近提供的合格电动汽车充电。"

规定（i）"合格的电动汽车"一词是指符合以下说明的任何机动车：（Ⅰ）为《清洁空气法》第二条的目的被视为机动车；（Ⅱ）车辆总载重额定值小于14000磅；（Ⅲ）在很大程度上由电动机驱动，电动机从容量不少于4千瓦时的电池中汲取电能，并且能够从外部电源进行充电。（ii）两轮或三轮车辆。（Ⅰ）有2或3个轮子；（Ⅱ）符合第（i）条第（Ⅰ）、（Ⅱ）和（Ⅲ）款的要求（由第（i）（Ⅲ）条中的"2.5千瓦时"代替"4千瓦时"）；（Ⅲ）主要用于公共街道、道路和高速公路；（Ⅳ）能够达到每小时45英里或更高的速度。

九 2017年

（一）《销售中的电动汽车信贷准入法》或《电动汽车法》[①]——众议院—筹款委员会，2017年5月31日

修改1986年《国内税收法》，以增加和扩展新的合格插电式电动汽车抵免额，并使这种抵免额在销售点可以转换为回扣。

（二）《改变美国减少温室气体排放（收费）法》[②]——参议院—经济委员会，2017年6月1日

修改《国内税收法》，以扩大对新的合格插电式电动汽车的税收抵免，使其包括由除电池以外的其他电能存储设备供电的车辆。

修改1986年《国内税收法》，以扩大汽车获得新的合格插电式电动汽车信用额的技术。具体地，1986年《国内税收法》第30D（b）条第（3）款修改如下：在末尾新增："对于任何新的合格插电式电动马达使用电池以外的电源的车辆，本段的第一句应通过用适当的能量等效量度代替千瓦时数来适用。"

[①] H. R. 4584-Electric CARS Act，（Congress Gov.，2019）（https://www.congress.gov/bill/113th-congress/house-bill/4584/text? q=%7B%22search%22%3A%22electric+vehicles%22%7D&r=1&s=2）.

[②] S. 906-Changing How America Reduces Greenhouse Emissions（Charge）Act，（Congress Gov.，2019）（https://www.congress.gov/bill/113th-congress/senate-bill/906/text? q=%7B%22search%22%3A%22electric+vehicles%22%7D&r=4&s=1）.

（三）《2017年分布式能源示范法》[①]——**参议院—能源和自然资源委员会，2017年9月27日**

要求能源部建立拨款计划，以：

（1）促进将分布式能源（即，可以聚集在一起以提供电力的较小电源，例如屋顶太阳能电池板）整合和优化到电网中；

（2）利用和生产家用热水器设计储能示范方案；

（3）推进电动汽车技术；

（4）支持基于电力生产或消耗时间和地点的电力价值的自愿性的精细电力定价。

此外，该法还修改2007年《能源独立与安全法》，以在2025财年之前重新授权并修订能源部的智能电网投资补助计划。禁止联邦实体由于该法规定而创建、记录或收集敏感的个人数据。

十　2018年

《1986年〈国内税收法〉修正法》[②]，**以建立新的逐步淘汰插电式电动汽车抵免额的规定——众议院—筹款委员会、财政委员会，2018年10月16日**

针对新插电式电动汽车的税收抵免，修改《国内税收法》，将税收抵免的淘汰期限更改为从2022日历年开始的期限。（根据现行法律，从日历季度后的第二个日历季度开始，在一年期间内逐步淘汰制造商的车辆的信用，在该日历季度之后的第二个日历季度中，该制造商生产的至少20万辆合格车辆已在美国销售，2009年12月31日。）

[①] S. 1874-Distributed Energy Demonstration Act of 2017, (Gongress Gov., 2019) (https://www.congress.gov/bill/115th-congress/senate-bill/1874?q=%7B%22search%22%3A%22electric+vehicles%22%7D&r=9&s=1).

[②] H. R. 7065-To amend the Internal Revenue Code of 1986 to establish a new phaseout of the credit for plug-in electric drive motor vehicles, (Congress Gov., 2019) (https://www.congress.gov/bill/115th-congress/house-bill/7065/text?q=%7B%22search%22%3A%22electric+vehicles%22%7D&r=12&s=6).

十一 2019 年

(一)《驾驶员公平法》[①]——众议院—委员会，2019 年 2 月 6 日

修改 1986 年《国内税收法》，以终止新的合格插电式电动汽车的抵免额，并为替代燃料汽车提供联邦高速公路使用费；终止并废除了新的合格插电式电动汽车的税收抵免。对在美国使用的替代燃料汽车收取使用费，并要求将这些费用转入公路信托基金；规定"替代燃料汽车"包括任何插电式电动汽车、任何燃料电池电动汽车或任何其他替代燃料汽车，这些电动汽车不应收取任何燃油税。

(二)《电力运输委员会和国家战略法》[②]——参议院—商业、科学和运输委员会，2019 年 6 月 29 日

要求交通运输部和能源部在本法颁布之日后的 180 天内共同建立一个工作组，以就电动汽车的开发、采用以及将其整合到美国运输和能源系统中提出建议。此外，工作组必须制定、发布和更新资源指南，以提供有关电动汽车及其充电基础设施的信息。具体内容如下：

明确工作组成员构成如下：

(1) 部长（或其指定人员）应是工作组的联合主席；

(2) 由部长任命的成员，其不超过 25 名，其中联邦利益相关者不得超过 6 人；非联邦利益相关者不得超过 19 个。并明确联邦利益相关者包括：交通部、能源部、环境保护局、总务管理局以及可以包括部长认为适当的任何其他联邦机构的代表；非联邦利益相关者包括：电动汽车或电动汽车的相关部件的制造商、电动汽车充电设备的所有者，经营者或制造商、公用事业、公用事业监管机构或公用事业监管机构协会、运输加油业、能源供应业、汽车交易业、客运业、代表地方政府部门的组织、区域运输或计划机构、代表国家交通运输部门的组织、代表国家能源部门或国家能源计划者的组织、智能交通系统和技术专家、有组织的劳动、卡车运

[①] H. R. 1027 - Fairness for Every Driver Act, (Congress Gov., 2019) (https://www.congress.gov/bill/116th-congress/house-bill/1027?q=%7B%22search%22%3A%22electric+vehicle%22%7D&s=5&r=2).

[②] S. 2040-Electric Transportation Commission and National Strategy Act, (Congress Gov., 2019) (https://www.congress.gov/bill/116th-congress/senate-bill/2040?q=%7B%22search%22%3A%22electric+vehicle%22%7D&s=5&r=1).

输业、部落政府、房地产开发业以及可以包括部长认为适当的任何其他非联邦利益相关者的代表。

电动汽车应用、机遇和挑战的报告与战略，具体包括：工作组应定期向国会提交有关电动汽车采用状况的报告以及扩大电动汽车应用机会和挑战的报告，其中包括：

（1）说明在全国范围内扩大电动汽车普及的障碍和机遇，包括与以下方面有关的问题：消费者行为、收费基础设施需求，包括标准化、制造和电池成本、为中低收入个人和服务不足的社区采用电动汽车，包括收费的基础设施使用费用和购车融资、为户外电动汽车充电的商业模式、收费基础设施许可和监管问题、充电基础设施的网络安全、二级市场和电池回收、电网整合、储能、特定的区域或地方问题以及妨碍在全国范围内应用或协调电动汽车发展的其他问题；

（2）鼓励电动汽车应用的成功的公共和私人模型和示范项目的案例；

（3）报告当前为克服（1）中所述的障碍所做的努力。

工作组应描述联邦政府，各州、地方政府部门和行业如何能够采取以下行动的策略：

（1）克服（二）（1）项所述的障碍；

（2）确定研发领域的机会领域，以改善电动汽车的电池制造，矿产开采，回收成本，材料回收和电池性能；

（3）加强联邦机构间协调，以促进电动汽车的采用；

（4）在州和地方政府中推广电动汽车的知识和专长；

（5）通过与工会、大学和其他教育机构以及相关制造商的合作，为应用电动汽车做好准备；

（6）在联邦、州和地方政府、学区和私人实体之间，扩大电动汽车和充电基础设施的使用以及相关知识的传播；

（7）扩大公众对电动汽车的优势的了解；

（8）保持美国在电动汽车和充电基础设施市场的全球竞争力；

（9）明确规定，以提高电动汽车的国家统一性；

（10）确保将电动汽车可持续纳入国家电网。

电动汽车资源指南。工作组应制定、发布和更新资源指南，以为消费者、州、地方和部落政府（包括运输机构或主管部门）提供信息，以增加有关电动汽车和必要的充电基础设施的知识、公共收费机构、城市规划组织、公共事业委员会和公共服务公司以及销售汽车的企业。资源指南应包括：

（1）电动汽车的一般特征（包括乘用车、公共交通用电动汽车、校车和商业用电动汽车）；

（2）可供消费者使用的充电解决方案的类型，包括在切实可行的最大范围内，对美国公众可充电站点的现有地图进行数字访问；

（3）有关使企业和政府车辆车队电气化的信息；

（4）有关州和地方政府可购买联邦公共交通电动汽车的联邦拨款计划的信息；

（5）当前电动汽车财务和非财务激励措施的说明；和

（6）行业、州或地方政府的要求以及工作组认为适当的任何其他资料。

利用现有的互补性努力。资源指南外展，即工作组应对消费者，州、地方和部落政府（包括运输机构或当局、公共收费当局、城市规划组织、公共事业委员会和公共服务公司）进行外展。通过互联网，社交媒体和其他方式销售汽车的企业，向感兴趣的利益相关者，包括相关的消费者群体和运输相关组织，提供合适的资源指南，在政府和商业运输中促进电动汽车的使用，向参与销售汽车的个人宣传有关电动汽车的优势。

（三）《收费协助机构实现通用效率法》或者《收费法》[①]——参议院—国土安全和政府事务委员会，2019 年 7 月 18 和 9 月 10 日

要求总务管理局局长发布指导说明，以阐明联邦机构可以通过收费卡为联邦电动汽车的充电以及其他目的付费。第二部分对相关明确了电动汽车先关的概念，如"签账卡"是指为了获得金钱、财产、劳力或信贷服务而存在的卡、板、赠券簿或其他信贷设备；用充电卡付款给联邦电动汽车充电；"电动汽车充电站"是指允许电能（通过导电或感应方式）输送到电动汽车中的电池或其他存储设备的电池充电站。

[①] S. 2193-Charging Helps Agencies Realize General Efficiencies Act, (Congress Gov., 2019)（https：//www.congress.gov/bill/116th-congress/senate-bill/2193？q=%7B%22search%22%3A%22electric+vehicle%22%7D&s=5&r=4）.

（四）《2019 年分布式能源示范法》[①]——参议院—能源和自然资源委员会，2019 年 6 月 5 日

建立了几个可再生能源和能源效率补助计划。

要求能源部（DOE）为促进将分布式能源（例如可聚集在一起以提供电力的较小电源，例如屋顶太阳能电池板）整合和优化到电网中；展示使用家用热水器作为储能资源；先进的电动汽车技术；支持基于电力生产或消耗时间和地点的电力价值的自愿性的精细电力定价。此外，规定在2025 财年进行重新授权，并修订针对智能电网投资的能源部补助计划。

第二部分界定"分布式能源"一词包括：

（i）储能资源；

（ii）能源产生技术；

（iii）需求响应资源；

（iv）能源效率资源；

（v）电动汽车及相关的供电设备和系统；

（vi）集合和集成控制系统，包括虚拟电厂、微电网和微电网单元网络。

界定了"物联网"一词是指一套技术（包括端点设备，例如传感器，执行器，管理系统，用户界面，车辆，机械和家用电器）：（i）通过通信网络链接以实现高级控制和有价值的服务；（ii）可以酌情提供实时信息和可行的分析。

第 5 条——车辆到电网整合（VGI）演示项目。规定本法颁布之日起一年内，能源部应与交通运输部合作，制定一项研究，开发和应用汽车到电网的一体化示范补助计划。

（A）推进电气化运输和电力系统的共同优化，包括确定提高电网和运输系统的弹性、效率与环境绩效的方法；

（B）增进对以下方面的技术理解：

（i）控制和优化车辆充电系统的方式，包括通过推进车辆和充电站遥测和嵌入式计量技术；

（ii）通过互联网，公用事业系统或其他机制以诸如标准之类的实施

[①] S.1742-Distributed Energy Demonstration Act of 2019, (Congress Gov., 2019) (https://www.congress.gov/bill/116th-congress/senate-bill/1742/text? q=%7B%22search%22%3A%22electric+vehicles%22%7D&r=7&s=5).

手段来传输安全数据的做法；

（C）优化电动汽车以整合可再生能源技术并减少温室气体和其他污染物；

（D）调查将车队、运输和市政车辆电池用于一系列电网服务的技术、经济和法律细节：

（i）需求响应；

（ii）频率调节和其他辅助服务；

（iii）能量输出或完整的车辆到电网运行；

（E）研究交通电动化与自动驾驶汽车的进步以及共享交通工具的共同使用，包括：

（i）研究消费者的参与和其他行为挑战，包括促进共同优化的激励措施；

（ii）研究与自动驾驶汽车和乘车共享使用模式（包括在充电系统中使用能量存储）的电网运行优化相关的挑战和机遇；

（F）与欧盟委员会合作，研究电动汽车提供的电网服务的汇总，批发电力销售以及最大限度地电力销售的方法，包括研究使用无功能源系统作为实现车载电网整合的一种手段；

（G）实施创新的消费者营销和合同模式，包括定价方法（包括消费者对批发市场定价信号的访问权），共同优化运输收益和电网收益，包括最大限度地提高车辆服务对电网的价值同时也为消费者带来最大的价值（包括通过最大限度地提高驾驶员或骑乘者使用车辆的灵活性）；

（H）调查并实施与电网服务营销相关的用户友好型电动汽车和相关设备融资模式，包括电动汽车提供的电网服务可用来为汽车成本融资的方式；

（I）研究和实施计划，以改善低收入人群对电动汽车的使用和负担能力；

（J）

（i）推进电动汽车，充电设备和系统制造商的最佳做法；

（ii）将这些做法纳入计划，并为能源部提供机会，以利用竞争激烈的市场电动汽车产品，并鼓励更迅速和更广泛地采用电动汽车；

（K）协助电力公司和运输机构共同规划电气化车辆；

（L）调查在紧急情况下车队、运输和市政车辆电池的使用作为社区住房设施的动力；

(M) 开发分析工具和财务模型,以协助电力公司和运输机构评估电力公司和基础设施的需求,以支持选定的运输车辆技术和收费概况,包括分析工具:

(i) 优化总拥有成本;

(ii) 制定电气化路线图和过渡计划,并对特定路线的电气化(包括标准污染物和令人担忧的新污染物)的人口加权污染物排放量进行定量评估;

(iii) 阐明过渡到零排放车辆的战略和时间表;

(N) 研究共享电池资产的方案,以最大限度地提高成本效益和电池使用量,其中包括:

(i) 在电池的整个生命周期中优化运输机构和电力公司之间共享使用的方案;

(ii) 鼓励实体(例如电力公司)通过以下方式提供资金以减少初始保费成本:

(Ⅰ) 拥有过境机构过境车辆的电池;

(Ⅱ) 使用智能充电为电池充电;

(iii) 使该实体能够在电池已达到其在出行用途中的预期使用寿命后将其重新放置到固定使用状态;

(O) 开发一种方法来模拟运输行业电气化带来的预期负荷增加;

(P) 调查可扩展和集成的能源管理系统中电动汽车技术和充电基础设施的部署,这是社区能源基础设施发展的一部分。

(五)《清洁高速公路法》[①]——众议院—交通委员会,2019 年 5 月 9 日

修改《美国法典》第 23 条,建立一项补助计划,用于在国家公路系统沿线安装电动汽车充电基础设施和氢燃料基础设施,以及用于其他目的。

第二部分阐明:

(1) 零排放车辆的广泛采用将有助于:

(A) 减少排放,改善空气质量;

(B) 通过扩大零排放燃料的使用来增强美国的能源安全;

---

① H. R. 2616 - Clean Corridors Act of 2019,(Congress Gov.,2019)(https://www.congress.gov/bill/116th-congress/house-bill/2616/text? q=%7B%22search%22%3A%22electric+vehicles%22%7D&r=8&s=6).

（C）加强对电动汽车充电基础设施和氢燃料基础设施的燃料选择与利用，以使消费者受益；

（D）确保美国的交通基础设施具备管理经济需求和预期的未来需求的能力；

（E）在美国发展新的经济部门，这将创造中产阶级的就业机会。

（2）零排放车辆在消费者和企业中的使用部分取决于可靠和便捷的加油和充电基础设施的可用性。

（3）必须在战略上部署电动汽车充电基础设施和氢燃料基础设施，以确保零排放燃料的部署和采用。

（4）基础设施拥有者和经营者应做好充足准备，以满足电动汽车和氢能汽车的充电与加油需求。

第三部分：

为21世纪的美国现代化和互联互通提供收费与收费基础设施的许可。修改和删除了《美国法典》部分条款，并在增加了"采用最佳方式方法，并提供与能源部长协商制定的指南，以开发州、部落和地方一级的电动汽车充电基础设施和氢燃料基础设施，以实现可预测的基础设施部署"。

（六）《美国驾驶前瞻性法》——众议院—筹款委员会，2019年4月10日

修改1986年《国内税收法》，以修改插电式电动汽车和其他目的的信用额度限制。

扩大了新型插电式电动汽车的税收抵免，并扩大了新型燃料电池汽车的税收抵免。

（根据现行法律，购买合格的插电式电动汽车的纳税人有资格获得最高7500美元的税收抵免，一旦制造商销售了20万辆合格的汽车，该税收抵免就会逐步取消。）允许每个汽车制造商额外增加40万辆汽车有资格获得最高7000美元的抵免额，然后该抵免额就会逐步取消。

还将燃料电池汽车的税收抵免延长至2028年。（根据现行法律，该税收抵免将于2017年之后到期。）[①]

[①] H. R. 2256 - Driving America Forward Act, (Congress Gov., 2019) (https://www.congress.gov/bill/116th-congress/house-bill/2256/text? q=%7B%22search%22%3A%22electric+vehicles%22%7D&r=9&s=6).

参考文献

一 著作类

(一) 中文著作

李俨、曹一卿、陈书平等:《5G 与车联网——基于移动通信的车联网技术与智能网联汽车》,电子工业出版社 2019 年版。

李志明:《电气工程概论》(第 2 版),电子工业出版社 2016 年版。

饶晓、张兴平:《电动汽车充放电模式及策略优化》,中国经济出版社 2018 年版。

中国汽车工业协会、中国汽车技术研究中心有限公司、丰田汽车公司主编:《汽车工业蓝皮书:中国汽车工业发展报告(2019)》,社会科学文献出版社 2019 年版。

(二) 中文译著

世界银行:《1994 年世界发展报告:为发展提供基础设施》,毛晓威等译,中国财政经济出版社 1994 年版。

[日] 植草益:《微观规制经济学》,朱绍文、胡欣欣等译,中国发展出版社 1992 年版。

(三) 英文著作

David F. Cavers, James R. Nelson, *Electric power regulation in Latin America*, The Johns Hopkins Press, 1959.

James Foreman-Peck, Robert Millward, *Public and Private Ownership of British Industry 1820-1990*, Clarendon Press, 1994.

Michael Kerf, R. David Gray, Timothy Irwin, et al., *Concessions for Infrastructure: A Guide to Their Design and Award*, World BankTechnical Paper, 1998.

二 论文类

(一) 中文论文

白云龙、杨开欣、陈晓韦、董海博、郭谨玮：《5G+V2X 车联网自动驾驶》，《电脑知识与技术》2019 年第 8 期。

曹晓昂：《2017 年智能网联汽车产业盘点》，《汽车纵横》2018 年第 1 期。

陈汝吟：《论公寓大厦设置电动车充电装置之相关法律问题》，《海峡法学》2016 年第 3 期。

陈伟彬：《泛在电力物联网基本概念及当前建设中面临的挑战》，《科技创新导报》2019 年第 11 期。

陈毅洋：《区块链技术及其应用挑战研究》，《中国管理信息化》2019 年第 22 期。

楚峰：《直击充电基础设施痛点，政策加持下如何破茧》，《运输经理世界》，2019 年。

戴明、贾科、方煜、杨哲、毕天姝、张弛：《独立运行微电网的故障特性分析及其线路保护研究》，《电力自动化设备》2019 年第 4 期。

邓学飞、刘洪华：《探索泛电力物联网的关键技术与应用》，《中国科技纵横》2019 年第 15 期。

东方证券：《新能源汽车产业链 2019 系列报告（四）：退补之下，电动车降本和盈利分析》，2019 年。

范鹏飞：《基于 5G 通信的车联网自动驾驶关键技术》，《电子技术与软件工程》2019 年第 16 期。

冯帅：《智能网联汽车关键技术及其趋势研究》，《中国科技纵横》2019 年第 14 期。

邰建人：《城市基础设施的市场化运营机制研究》，博士学位论文，重庆大学，2004 年。

公维洁、李乔、于胜波：《国际智能网联汽车政策法规动态及展望》，《智能网联汽车》2019 年第 3 期。

顾文琰：《5G 时代车联网发展的机遇与挑战》，《科技视界》2019 年第 19 期。

黄钰峰、高艺鹏：《我国智能网联汽车技术及测试现状分析》，《智能网联汽车》2019 年第 15 期。

吉星、李维晋:《智能网联汽车技术应用与发展趋势》,《时代汽车》2019 年第 7 期。

李冉:《我国 PPP 项目第三方监管机制研究》,硕士学位论文,天津理工大学,2018 年。

李苏秀、刘颖琦、王静宇、张雷:《基于市场表现的中国新能源汽车产业发展政策剖析》,《中国人口·资源与环境》2016 年第 9 期。

李响玲:《中国基础设施特许经营法律制度研究》,硕士学位论文,清华大学,2006 年。

李小鹏:《公用事业特许经营权研究》,硕士学位论文,苏州大学,2011 年。

刘回春:《自动驾驶智能网联汽车频频亮相》,《中国质量万里行》2019 年第 10 期。

刘强:《政府特许经营权法律问题研究》,硕士学位论文,西南财经大学,2002 年。

刘迎霜:《大数据时代个人信息保护再思考》,《社会科学》2019 年第 3 期。

刘颖琦、王静宇、Ari Kokko:《电动汽车示范运营的政策与商业模式创新:全球经验及中国实践》,《中国软科学》2014 年第 12 期。

马建、刘晓东、陈轶嵩、汪贵平、赵轩、贺伊琳、许世维、张凯、张一西:《中国新能源汽车产业与技术发展现状及对策》,《中国公路学报》2018 年第 8 期。

马露:《西安市电动汽车充电站合作运营模式设计及投资决策研究》,硕士学位论文,西安理工大学,2017 年。

孟祥甫、郭志华、芮光辉、薛晓慧:《关于泛在电力物联网二重性的探讨》,《青海电力》2019 年第 2 期。

钱家骏、毛立本:《要重视国民经济基础结构的研究和改善》,《经济管理》1981 年第 3 期。

屈哲:《基础设施领域公私合作制问题研究》,博士学位论文,东北财经大学,2012 年。

尚文军、盛军辉、龚岩松:《无人驾驶汽车图像识别与底层控制技术》,《电脑迷》2018 年第 3 期。

唐兰文、王耀东、田儒贤：《基于区块链技术的车联网研究》，《电脑知识与技术》2018年第10期。

万予龙、匡芬：《基于区块链技术的车联网安全体系结构探究》，《网络信息安全》2019年第1期。

王娜、吴鹏飞、张博：《我国电动汽车充电基础设施商业模式典型案例研究》，《汽车工业研究》2017年第5期。

王守清：《BOT知识连载之一项目融资的一种方式——BOT》，《项目管理技术》2003年第4期。

王潇爽：《基层政策容易"变形"的风险节点及防治思路》，《领导科学》2019年第5期。

王永刚：《自然垄断理论研究》，博士学位论文，北京邮电大学，2012年。

魏艳：《特许经营抑或政府采购：破解PPP模式的立法困局》，《东方法学》2018年第2期。

吴超鹏、唐菂：《知识产权保护执法力度、技术创新与企业绩效——来自中国上市公司的证据》，《经济研究》2016年第11期。

谢昕霖：《我国新能源汽车产业扶持政策与法律制度研究》，硕士学位论文，广西师范大学，2019年。

徐晨曦：《电动车充电设备互联互通新国标根治充电顽疾》，《中国战略新兴产业》2016年第21期。

徐树杰、丁田妹、杜志彬、黄晓延：《关于我国智能网联汽车发展若干建议》，《时代汽车》2019年第4期。

许勇刚：《让泛在电力物联网安全落地》，《国家电网》2019年第6期。

杨柳青：《区块链技术在车联网中的应用研究》，《中国新通信》2018年第6期。

杨挺、翟峰、赵英杰、盆海波：《泛在电力物联网释义与研究展望》，《电力系统自动化》2019年第13期。

姚忠将、葛敬国：《关于区块链原理及应用的综述》，《科研信息化技术与应用》2017年第2期。

张登银、张敏、丁飞：《面向5G车联网连通性关键理论综述》，《南京邮电大学学报》（自然科学版）2018年第1期。

张平:《大数据时代个人信息保护的立法选择》,《北京大学学报》(哲学社会科学版) 2017 年第 3 期。

张翔、李智:《智能网联汽车技术的发展现状及趋势》,《汽车与配件》2018 年第 8 期。

张钰:《电动汽车充电设施建设和运营的法律保障制度研究》,硕士学位论文,西南政法大学,2018 年。

赵暖:《一则新闻引出的物业服务相关法律问题思考》,《行业智库》2015 年第 2 期。

中国公路学会自动驾驶工作委员会:《车路协同自动驾驶发展趋势及建议》,《智能网联》2019 年第 4 期。

周灿、张明光、曾红艳、向加佳:《含电动汽车的智能微电网的最优潮流研究》,《电气应用》2018 年第 10 期。

朱岩、甘国华、邓迪:《区块链关键技术中的安全性研究》,《信息安全研究》2016 年第 12 期。

宗庆庆、黄娅娜、钟鸿钧:《行业异质性、知识产权保护与企业研发投入》,《产业经济研究》2015 年第 2 期。

(二) 英文论文

Aivars Rubenisaivars, Aigars Laizans, Andra Zvirbule, "Latvian Electric Vehicle Fast Charging Infrastructure: Results of the First Year of Operation", *Environmental and Climate Technologies*, 2019, 23 (2).

Easwaran Narassimhan, Caley Johnson, "The role of demand-side incentives and charging infrastructure on plug-in electric vehicle adoption: analysis of US States", *Environmental Research Letters*, 2018, 13 (7).

Ian Irvine, "Electric Vehicle Subsidies in the Era of Attribute-Based Regulations", *Canadian Public Policy*, 2017, 43 (1).

Raphaela Pagany, Luis Ramirez Camargo, Wolfgang Dorner, "A Review of Spatial Localization Methodologies for the Electric Vehicle Charging Infrastructure", *International Journal of Sustainable Transportation*, 2019, 13 (6).

Simon ÁrpádFunke, FrancesSprei, TillGnann, et al., "How Much Charging Infrastructure do Electric Vehicles Need? A Review of the Evidence and International Comparison", *Transportation Research Part D: Transport and Environment*, 2019, 77.

后　　记

"纸上得来终觉浅，绝知此事要躬行。"行文至此，深感放翁先贤言语哲理之至深！与丰富多彩又变化万千的社会实践相比，起于书斋终于书斋的研究总有无据、无力的缺憾，尤其是面向实践并服务于实践的选题，如果没有一定规模和相当深度的实际调研，整个研究的基础难以得到保证，而脱离实际调研的研究成果，无论是宏观层面的构建，抑或是微观层面的建议，均易陷入自说自话、不切实际的窘境。

近年来，在各类利好的推动下，电动汽车在国内外均得以快速发展乃至一定程度的"普及"。人工智能技术和信息交互技术的进步更是引领了国内车联网业务实现了从无到有，由弱到强，并呈示出迅猛发展的态势。生态文明建设和能源革命所传导的压力，科学技术迭代更新所创造的动力，以及汽车消费与出行需求提质升级所内含的引力，均预示着我国电动汽车及车联网业务将迎来更大、更快和更好的发展。

电动汽车及车联网业务的快速发展中涉及一系列技术性问题，也关涉诸如合理补贴、保障信息安全、保护知识产权、特许经营等政策法律问题。对这些问题的精准发现、精确分析和精细解决，为从客观层面保障和促进电动汽车及车联网业务的健康、持续和快速发展创造了政策法律条件。

受国网电动汽车服务有限公司委托，由本书作者牵头的课题组就"电动汽车及车联网业务政策建议及立法跟踪项目"进行了为期10个月的研究。课题组克服了时间紧、任务重、调研难度大等困难，圆满完成了委托任务。课题组多次分赴北京、上海、深圳、青岛、西安、甘肃和重庆等地调研，形成了十余万字的研究报告。课题结项后，课题组又对研究报告进行了为期3个多月的多次补充、修改和完善,最终得以呈现在读者面前。

总体来看,本书主要对5G、自动驾驶以及区块链技术背景下,电动汽车和车联网企业业务决策有重大价值的七大关键问题进行了初步研究,提出了一些观点和建议。概括起来包括:一是电动汽车"充电模式"与"换电模式"的发展及其趋势问题。我们认为,"充电模式"有规模化、标准化优势,"换电模式"有利于电池梯次利用和清洁能源就近消纳,前景向好。未来,两种模式会竞争性发展,互促式提升。二是充电基础设施法律属性问题。我们认为,充电桩融合了云计算、移动互联、智能技术等技术;充(换)电站融合了发电、变电、电力传输与大数据和人工智能。两者均属新型电力设施。三是充电基础设施的特许经营问题。研究表明,对充电基础设施实行特许经营在一定程度上背离了"市场主导、统一开放、竞争有序"理念。不宜将其归为一般公用事业,宜尊其产品属性,市场化发展,鼓励竞争。四是车联网及其互联互通问题。研究发现,现存充电接口的检测机制不明、数据开放风险管控不力、充电平台建设部门混乱等问题。我们建议应加强充电互联互通顶层设计、构建充电互联互通技术支撑体系、健全充电互联互通风险管控体系和完善充电互联互通保障。五是电动汽车随车配建充电设施问题。我们发现,安装充电桩受主观(物业)和客观条件制约。为此,可以通过对物业公司课以法定义务、发展充电桩共享经济、降低共有部分充电桩安装准入门槛、明确物业消防安全责任等予以解决。通过填补资金缺口、开放配电扩容需求绿色通道、新建小区安装先行等方式,解决小区配电设施改造问题。六是电动汽车的"车补"改"电补"问题。我们主张,针对补贴退坡导致的电动汽车消费放缓、充电基础设施供给过剩风险增高和"车补"改"电补"落地迟滞问题,应该将增程式电动车归类为纯电动车并予以购置补贴,适当缩小退坡幅度,待电动汽车市场保有占比稳步后,再逐步切断前端补贴,消解市场反弹。七是"车—桩—网"集群智能系统问题,系统研究了电动汽车无序充电、充电基础设施无处安放、微电网投资水平欠缺等问题。我们提出应以引导用户参与有序充电、提升动力电池储能技术、完善电价机制、推动微电网与电网的兼容发展等措施解决。

需要说明的是,作为相对新生的电动汽车及车联网业务,国家层面的有关政策或处于变动当中,或处于缺失状态,地方层面的政策供给差异较大、短板明显,关于电动汽车及车联网的法律法规更是表现出较强的滞后性特征，尚有很大的发展余地和进一步完善的空间。聊以自慰并有些许自得的是，本书研究坚持了面向并服务实践的研究导向，采取了在实际调研基础上进行理论与实践结合的研究方法，贯彻了政策和法律融贯式研究的思路。话虽如此，由于我们的能力和见识均有不足，本书的研究还显粗疏、研究结论也不够精准，恳请并欢迎各位专家学者提出批评和指正。

本书成稿并最终得以出版，以下人员为调研提供了大力支持：国网电动汽车服务有限公司张影恬、张淼、包维琳、严喆、潘哲哲、张建；比亚迪股份有限公司朱旭东、房亚锦、马瑞杰、李明月、张媛媛；上海蔚来汽车有限公司刘隽、高维凤、马骏；特来电新能源有限公司丁巍。国家电网有限公司刘春瑞、葛得辉、刘树根、杨程程、王胜琦；中国电动汽车充电基础设施促进联盟张帆；清华四川能源互联网研究院李立理；国网中兴有限公司张韫；国网（北京）新能源汽车服务有限公司王计朝；国网电动汽车服务有限公司何博、秦俭为本书提供了宝贵的意见和建议。杨静、杨焱、胡园园、刘鹏、扎西巴姆、张明、刘浩、钟瑞、丁浩江、雷嘉琪、宋洋、谭燕、彭染宁、黄东、柏清、陈思源、郑瑶、王业凡、秦雪雅不仅参与了本书的前期调研并撰写了研究报告初稿，而且在本书的修改过程中也承担了资料收集、整理和校对工作。感谢中国社会科学出版社梁剑琴博士审阅书稿并提出了很多建设性意见。

胡德胜　王江

2020 年 3 月 17 日